O CAMINHO ESOTÉRICO DO
TARÔ

Rachel Pollack

Autora de *Setenta e Oito Graus de Sabedoria*

O CAMINHO ESOTÉRICO DO TARÔ

Uma Jornada Através dos Mistérios Ocultos dos 78 Arcanos para o Despertar Espiritual

– Mitos sobre sua origem – Cabala – I Ching – Mitologia
– Símbolos – Contos Antigos e Modernos

Tradução
Denise de Carvalho Rocha

Editora
Cultrix
SÃO PAULO

Título do original: *A Walk Through the Forest of Souls*
Copyright © 2002, 2023 Rachel Pollack.

Publicado mediante acordo com Red Wheel Weiser, Llc, através da International Editors & Yáñez Co' S.L.

Copyright da edição brasileira © 2024 Editora Pensamento-Cultrix Ltda.

1ª edição 2024.

Todos os direitos reservados. Nenhuma parte deste livro pode ser reproduzida ou usada de qualquer forma ou por qualquer meio, eletrônico ou mecânico, inclusive fotocópias, gravações ou sistema de armazenamento em banco de dados, sem permissão por escrito, exceto nos casos de trechos curtos citados em resenhas críticas ou artigos de revista.

A Editora Pensamento não se responsabiliza por eventuais mudanças ocorridas nos endereços convencionais ou eletrônicos citados neste livro.

Capa de Sky Peck Design.

Imagens interiores usadas com permissão; os créditos podem ser encontrados na página 315.

Editor: Adilson Silva Ramachandra
Gerente editorial: Roseli de S. Ferraz
Gerente de produção editorial: Indiara Faria Kayo
Editoração Eletrônica: Join Bureau
Revisão: Luciana Soares da Silva

Dados Internacionais de Catalogação na Publicação (CIP)
(Câmara Brasileira do Livro, SP, Brasil)

Pollack, Rachel
  O caminho esotérico do tarô: uma jornada através dos mistérios ocultos dos 78 arcanos para o despertar espiritual / Rachel Pollack; [tradução Denise de Carvalho Rocha]. – 1. ed. – São Paulo: Editora Pensamento, 2024.

  Título original: A walk through the forest of souls.
  ISBN 978-85-315-2348-9

  1. Cabala 2. Cartomancia 3. Esoterismo – Tarô 4. Misticismo 5. Mitologia 6. Origem da vida 7. Símbolos 8. Tarô – Cartas I. Título.

24-192266   CDD-133.3

Índices para catálogo sistemático:
1. Tarô: Esoterismo 133.3
Aline Graziele Benitez – Bibliotecária – CRB-1/3129

Direitos de tradução para o Brasil adquiridos com exclusividade pela
EDITORA PENSAMENTO-CULTRIX LTDA., que se reserva a
propriedade literária desta tradução.
Rua Dr. Mário Vicente, 368 – 04270-000 – São Paulo – SP – Fone: (11) 2066-9000
http://www.editorapensamento.com.br
E-mail: atendimento@editorapensamento.com.br
Foi feito o depósito legal.

*"Pelos seus insights e conhecimento,
pela sua inteligência e seu compromisso com
a verdade, e pela sua alma gentil,
este livro é dedicado a Zoe Matoff."*

Sumário

Agradecimentos 9

Uma Galeria de Citações 11

Diretivas 17

INTRODUÇÃO
Brincando nos Campos do Tarô.. 19

UM
Mitos de Origem 27

DOIS
Jogando com a Lua: Divinação e Liberdade........................ 43

TRÊS
O Instrumento da Nossa Sabedoria...................................... 57

QUATRO
A Pergunta de Duas Partes: Uma Leitura sobre Divinação 81

CINCO
Alguns Pensamentos Judaicos sobre o Tarô 91

SEIS
O Tarô Antes da Criação 109

SETE
A Leitura de Deus 137

OITO
Páscoa, 2001: Uma Leitura para a Ressurreição 159

NOVE
Alguns Pensamentos Cabalísticos (e Oníricos) sobre o Tarô 177

DEZ
Torne-se um Leitor 197

ONZE
A Mulher com o Camelo 227

DOZE
Abrindo o Coração: Uma Jornada Através de um Abismo 241

TREZE
Um Pequeno Salto até o Lugar do Louco 277

CATORZE
Um Jogo Final, Arcanos Maiores Alternativos 303

Agradecimentos pelo Uso dos Tarôs 315

Leituras Recomendadas 317

Agradecimentos

Muitas pessoas, conhecidas e desconhecidas, contribuem para a criação de um livro. Encontrei inspiração em muitos lugares, de diversas fontes. Embora nunca tenha conhecido David Rosenberg, minha dívida para com sua obra *Dreams of Being Eaten Alive* ficará muito clara para qualquer pessoa que ler este livro. Certamente conheci Stephen Karcher, cujo trabalho em divinação lança luz sobre todos os aspirantes a videntes. Para *insights* e conhecimentos sobre a Cabala, bem como por sua calorosa generosidade, agradeço especialmente a Judith Laura. Minha amiga e ocasional parceira de cursos, Mary K. Greer, continua a me inspirar e surpreender com sua erudição, sua habilidade para ensinar e seu amor pelo Tarô. Cynthia Giles e Camelia Elias mostraram, cada uma a seu modo, o que é possível no Tarô. Reb Avigayil Landsman me ensinou sobre letras, a alegria da Torá e o riso, além de portas para o coração. Agradeço a todos eles e a todos os outros citados neste livro, por sua sabedoria e seu conhecimento. Peço profundas desculpas por quaisquer erros ou uso inadequado que eu possa ter feito de suas ideias.

E, por fim, minha gratidão especial a Red Wheel/Weiser, e especialmente à maravilhosa Judika Illes, brilhante escritora e excelente editora, por seu amor e apoio a este livro.

Uma Galeria de Citações

Muitas pessoas presumem que a inspiração para um livro sobre o Tarô deve vir de outros livros sobre Tarô – sua história, os significados das cartas, as correspondências esotéricas, as tiragens. Para mim, os livros, ensinamentos e histórias (sempre as histórias) que ajudaram a dar vida a este livro muitas vezes nem mencionam o Tarô. Eles podem ser sobre outras formas de divinação (o *I Ching*, por exemplo), mas não técnicas ou listas de significados. Em vez disso, eles se referem às maneiras como a divinação nos permite vivenciar o mundo, seus mistérios, sua magia. "A primeira coisa que acontece é que o mundo ganha vida", escreve Stephen Karcher.

Durante a pesquisa para este livro, certas frases e declarações chegaram até mim de diversas fontes. Algumas abordam diretamente o Tarô, outras, a divinação, o desenvolvimento espiritual ou as maneiras pelas quais conhecemos as coisas. Há declarações sobre a Cabala, mas, nesse caso também, não se trata de listas de doutrinas ou fatos. (Como disse o poeta e tradutor David Rosenberg: "A coisa mais importante a dizer sobre a Cabala é que é sempre uma má ideia elucidá-la".) Cada uma dessas citações trata, de algum modo, da experiência de se trabalhar com o Tarô. Em vez de espalhá-las pelo livro, colocando-as no início de cada capítulo, decidi oferecê-las todas juntas, como um tipo de retrato desta obra. O nome do autor e a fonte vêm depois de cada citação. Quando eu escrever "dos cadernos", saiba que ela vem dos meus próprios apontamentos ou publicações anteriores. Quando apenas o título aparecer após a declaração, significa que a fonte é uma obra da minha autoria. Algumas são o que chamo de "Diretivas", maneiras de abrir esse panorama. O que une todas essas declarações e fragmentos é que eles abrem o caminho. Eles nos conduzem ao mundo do Tarô, um mundo muitas vezes mais estranho e maravilhoso do que esperávamos, e nos ajudam a encontrar nossos próprios caminhos pelo Caminho Esotérico do Tarô.

"O tarô é um sonho que se mantém imóvel."
— Joanna Young, em conversa

"Eu atuo como uma parteira da alma."
— Mary K. Greer, em aula

"Símbolos são a própria essência do tempo."
— Stephen Karcher, *Ta Chuan, the Great Treatise*

"Erga os portões
Então a transformação pode ocorrer entre eles."
— *Ta Chuan*, traduzido para o inglês por Stephen Karcher

"Se você tem um bom plano, siga-o.
Se não tem um bom plano, não o siga."
— Conversa com James Wells

"Não acredito que haja um resultado até que se esteja morto."
— Mary K. Greer, em aula

"Nada é aprendido se não for pela alegria."
— Ioanna Salajan

"Podemos tentar desarmar o outro lado com doses e mais doses de conhecimento. Mas nunca haverá conhecimento suficiente."
— DAVID ROSENBERG, *Dreams of Being Eaten Alive: The Literary Core of the Kabbalah*

"A coisa mais importante a dizer sobre a Cabala é que é sempre uma má ideia elucidá-la."
— DAVID ROSENBERG, *Dreams of Being Eaten Alive: The Literary Core of the Kabbalah*

"O que é o sagrado? O sopro divino que anima ossos mortos."
— CITAÇÃO PRÓPRIA, dos cadernos

"Onde você estava quando eu lancei os fundamentos do mundo?"
— DEUS, NO LIVRO DE JÓ

"Toda medida é uma mentira."
— CITAÇÃO PRÓPRIA, de *The Transsexual Book of the Dead*

"Olhe de perto."
— MOSES DE LEÓN, *The Zohar*, traduzido para o inglês por David Rosenberg

"Há algo que você deveria saber.
E a maneira certa de saber disso
É pôr uma cereja na sua mente."
— ANNE CARSON, "First Chaldaic Oracle", em *Men in the Off Hours*

"*A Linguagem Comum – osso, estrutura, música, sonho.*"
— Avigayil Landsman, correspondência particular

"*Antigos para o Futuro.*"
— Lema do grupo musical The Art Ensemble of Chicago

"*Não há regras, exceto a descoberta.
Não há tradição, exceto a invenção.*"
— Citação própria, de *Unquenchable Fire*

"*Ficar no meio e saber quem você é.*"
— Lyndel Robinson, correspondência particular

"*Deus vive nos espaços entre as cartas.*"
— Mari Geasair

"*Não está no céu nem está do outro lado do mar, pois está muito perto de vocês,
na sua boca e no seu coração, para que a cumpram.*"
— Deus, através de Seu porta-voz, Moisés, no Livro de Deuteronômio

"*A primeira coisa que acontece é que o mundo ganha vida.*"
— Stephen Karcher, *The Illustrated Guide to Divination*

"*Não me ofereça palavras de consolo. Me ofereça magia.*"
— Normandi Ellis, *Awakening Osiris*

"*E quanto a mim, minha oração é para Ti, Amável,
que seja para Ti um tempo de desejo.*"
— Do livro de orações judaicas da corrente reconstrucionista

"Bendito és Tu, o Inimaginável, que me fez à Tua imagem."
— BÊNÇÃO MATINAL DO LIVRO DE ORAÇÕES JUDAICAS
DA CORRENTE RECONSTRUCIONISTA

"Para quem serve o Graal?"
— PERGUNTA NÃO FEITA POR PERCIVAL NAS LENDAS MEDIEVAIS DO GRAAL

"Por que há uma praga em Tebas?"
— PERGUNTA FEITA POR ÉDIPO AO ORÁCULO DE DELFOS

"O tempo presente e o tempo passado
Estão ambos presentes no tempo futuro
E o tempo futuro contido no tempo passado."
— T. S. ELIOT, "Burnt Norton", de *Quatro Quartetos*

"Gire e gire, pois tudo está nele."
— RABINO BEN BAG BAG, em *Perkei Avot* (Dizeres dos Pais)

"Embaralhe e embaralhe, pois tudo está nele."
— CITAÇÃO PRÓPRIA

"Suponho que nos foram dados dois baralhos de cartas no Monte Sinai.
Um, a Torá, nos permitiria amar nossos semelhantes, aprender com
professores, cruzar o rio poderoso... As cartas desse baralho são
embaralhadas para nós e distribuídas para nós...
No entanto, os mistérios do outro
baralho, o Tarô, são as ações sobre as quais a Torá só pode ser
silente: o embaralhar, o puxar e o distribuir das cartas."
— JOEL NEWBERGER

"*Um modo proibido de conhecer e falar com um mundo vivo.*"
— STEPHEN KARCHER, *The Illustrated Guide to Divination*

"*O Tarô é uma estrutura de possibilidades que pode ser usada por quase qualquer pessoa, para quase qualquer motivo e de quase qualquer maneira.*"
— CYNTHIA GILES, *Tarot: History, Mystery, and Lore*

"*A única coisa que posso afirmar com certeza é que você nunca chegará ao fim disso.*"
— CITAÇÃO PRÓPRIA, em *The New Tarot Handbook*

Diretivas

Veja o que há para ser visto.

Ouça o que há para ser ouvido.

Toque em tudo o que tocar.

Diga o que você tem que dizer.

Citação própria,
de *Unquenchable Fire*

Preste Atenção!

O olho não pode atingir o que a mão não pode ver.

Sonhe como uma borboleta.

Vá para casa como uma abelha.

Embaralhe, garota do Tarô, embaralhe.

Citação própria, parodiando Muhammad Ali

Introdução

Brincando nos Campos do Tarô

O subtítulo deste livro pode surpreender algumas pessoas. O que significa "*jornada* com o Tarô"? Para alguns, a frase sugere previsões relacionadas a almas gêmeas, mudanças de carreira, conflitos familiares ou questões legais (todas elas importantíssimas para aqueles que buscam respostas).

Outros, que conhecem as tradições esotéricas do Tarô, podem pensar que sabem exatamente o que quero dizer com "jornada". Para esses, o Tarô contém as chaves para um imenso sistema de correspondências, que inclui leis da natureza, conhecidas e desconhecidas, magia, misticismo judaico, astrologia, deuses e deusas pagãs, revelações cristãs, conhecimento secreto, iniciações egípcias, anjos, demônios, mas especialmente jornadas ao longo dos 22 caminhos da Árvore da Vida Cabalística.

Este livro não trata de nenhuma dessas abordagens. Embora não ofereça instruções sobre como prever o futuro nem uma lista de significados para cada carta, ele de fato inclui algumas leituras. No entanto, em vez de perguntar com quem alguém vai se casar ou onde procurar um emprego, as leituras deste livro fazem perguntas do tipo: "Como eu abro meu coração?" ou "O que nutre a alma?" e até mesmo "Que leitura você fez a Deus para criar o universo?".

As leituras deste livro se tornam um meio de explorar territórios desconhecidos, em nós mesmos, mas também no mundo exterior e nos mistérios sagrados e enigmas da existência. Elas tiram vantagem da característica mais distintiva do Tarô. Ao contrário de livros sobre noções espirituais e lições de mestres renomados, as páginas do Tarô não estão vinculadas a uma ordem real. As cartas parecem conter uma mensagem linear, pois nos chegam numeradas e rotuladas, com títulos como "A Sacerdotisa" ou "O Julgamento". Muitos livros descrevem o desenvolvimento passo a passo dessa grande mensagem, mas, ao contrário de livros sagrados ou das obras de sábios psicólogos, o Tarô pode mudar e se tornar novo toda vez que o pegamos nas mãos. Isso porque podemos embaralhá-lo. Podemos pegar as cartas, com todos os seus símbolos intensos, embaralhá-las e dispô-las como um novo trabalho.

No filme *O Silêncio dos Inocentes* (*The Silence of the Lambs*, 1991), o genial psicopata dr. Hannibal Lecter diz à agente do FBI Clarice Starling que, para pegar o assassino, ela precisa voltar ao que Marco Aurélio chamou de "primeiros princípios". O que é a essência de algo (nesse caso, o assassino não identificado)? O que é isso "em si"?

Para mim, isso se refere ao fato de que, ao contrário de um livro, as "páginas" do Tarô não estão fixas. Elas podem ser numeradas e organizadas em grupos (os Arcanos Maiores nomeados e numerados e os quatro naipes dos Arcanos Menores), mas a qualquer momento podemos embaralhá-las e obter um *deck* totalmente novo.

Sistemas divinatórios que não são fixos são chamados de "aleatórios", ou seja, um conjunto de símbolos ou fragmentos de informação que podemos randomizar e, assim, criar uma nova ordem toda vez que os usamos. O *I Ching* e o Tarô são ambos aleatórios. Assim como o Ifá, um sistema africano que usa areia espalhada ou conchas de caramujo para criar imagens que, em seguida, levam o adivinho a dar instruções para orientar o consulente.

Interessante notar que não conheço nenhum termo genérico para o que eu entendo como sistemas de divinação "fixos". O grande exemplo é a astrologia. Não importa quantas vezes você calcule o seu mapa astral, ele sempre será igual. A habilidade do adivinho está em entender o que ele diz. Você pode "progredir" seu mapa astral até o dia de hoje e obter uma estrutura de vida completamente nova, mas, ainda assim, cada vez que você progredi-lo para um momento específico, o resultado será igual. Acontece o mesmo com a quiromancia ou a frenologia.

Confesso que às vezes brinco que faço parte da "Equipe dos Aleatórios". Para mim, o Tarô abre o mundo e se renova a cada instante. Neste livro, as leituras não revelam um futuro fixo. Pelo contrário, elas se tornam um meio de obter novas perspectivas e explorar possibilidades fora dos nossos modos normais de pensamento.

Aqueles que conhecem a tradição esotérica do Tarô, com seus símbolos e listas, também podem se deparar com algumas surpresas nestas páginas. Assim como não fornecemos receitas para a divinação, não vamos oferecer tabelas de correspondências ou listas de ideias rígidas que o leitor tem que memorizar para o avanço espiritual. Vamos nos basear nesses sistemas e em sua longa história, mas não os apresentaremos de forma simples, pois nosso propósito aqui é *buscar* significado. Vamos explorar os mistérios que podem se desdobrar diante de nós quando permitimos que símbolos, histórias e a beleza das imagens nos seduzam e levem a novas formas de compreensão.

Uma antiga história rabínica fala de um fazendeiro cuja cabra se extravia um dia e volta com um ramo de aroma doce na boca. No dia seguinte, a mesma coisa acontece, e o fazendeiro fica intrigado. No dia seguinte, ele segue a cabra enquanto ela entra em uma caverna. A caverna se abre e dá em um túnel, e, enquanto caminham, o fazendeiro inexplicavelmente se alegra; todo o cansaço da sua vida começa a se dissipar. Por fim, ele vê uma luz e sente o ar adocicado. Ele emerge do túnel e vê árvores e flores perfumadas, uma luz suave e gloriosa, e percebe que o animal o conduziu ao Éden, o jardim perdido de nossos primeiros ancestrais imaginados (e presumivelmente a uma porta dos fundos desprotegida, já que a lenda sugere que o portão da frente é guardado por um anjo com uma espada flamejante, colocado lá após a expulsão de Adão e Eva).

A carta da Estrela do Tarô Waite-Smith.

Eu penso no Tarô um pouco como aquela cabra. Se deixarmos de lado o desejo de definir as imagens ou explicá-las de uma vez por todas, ou determinar seus significados e propósitos exatos, se simplesmente seguirmos as imagens, quem sabe para onde elas podem nos levar? Isso não significa que vamos descartar a erudição ou o grande trabalho dos intérpretes esotéricos. Eles se tornaram parte das imagens e podemos usá-los para encontrar o túnel, talvez até para abrir a porta.

Na carta da Estrela do Tarô Waite-Smith*, o Tarô mais famoso do mundo, da autoria de Arthur Edward Waite e Pamela Colman Smith, um pequeno pássaro aparece em uma árvore ao fundo da imagem.

Uma examinada rápida na imagem pode nem mesmo registrar a presença do pássaro. Ou ele pode parecer apenas um detalhe decorativo. Alguém que reflita sobre a imagem pode pensar sobre pássaros e o que eles inspiram

---

* O Tarô Rider-Waite passou a ser editado pela empresa americana U.S. Games Inc. com o título de Tarô Waite-Smith, em homenagem à artista plástica Pamela Colman Smith, que pintou à mão suas imagens. (N. da T.)

em nós. Mas se soubermos que o pássaro é, na verdade, um íbis e que um íbis representava o deus egípcio Thoth, então o pássaro de repente nos dá acesso a toda uma série de histórias e ideias. Thoth é o deus do conhecimento, da magia, da ciência e da escrita, bem como o lendário criador do próprio Tarô.

Por meio do íbis (e nosso conhecimento do seu simbolismo esotérico), franqueamos nosso acesso a mitos egípcios, com toda a sua história e sabedoria. Voltaremos a Thoth e suas histórias muitas vezes neste livro.

E quanto à mulher da imagem? Notamos em primeiro lugar sua nudez, sua naturalidade, e reconhecemos a esperança e a confiança na vida. Mas observe as duas cabaças de água, que se derrama tão livremente. No final dos Maiores Mistérios de Elêusis, uma iniciação em massa realizada durante mais de dois mil anos na Grécia Antiga, a deusa Perséfone retorna do Hades, o Mundo Subterrâneo dos Mortos. No momento visionário do seu retorno, seus celebrantes derramavam água de dois recipientes em duas rachaduras na Terra. Perséfone é a Rainha dos Mortos, uma deusa que morreu e voltou à vida e que prometeu vida após a morte aos seus iniciados.

Nisso ela se assemelha não apenas a Jesus, mas também a Osíris, um deus egípcio assassinado por seu irmão e trazido de volta à vida por sua esposa Ísis, com a ajuda de... Thoth.

Será que precisamos saber todas essas histórias para apreciar a carta da Estrela? Certamente que não e, na verdade, se permitirmos que nosso conhecimento dessas coisas nos distraia, podemos acabar nos esquecendo de seguir a cabra pelo túnel. Mas as histórias estão lá, escondidas nas imagens, junto com muitas outras coisas. Por que não fazer uso delas? Talvez possamos pensar nos vários mitos e doutrinas codificadas no Tarô como o ramo na boca da cabra. Eles nos seduzem e nos levam a seguir adiante. Ou talvez possamos trocar de metáfora (para que servem as metáforas, senão para trocá-las e brincar com elas, assim como embaralhamos as cartas?) e descrever o simbolismo como o próprio túnel. Precisamos do simbolismo porque ele nos levará ao jardim, mas não podemos confundi-lo com o objetivo. Não queremos ficar presos no túnel.

Este livro é para qualquer pessoa interessada na descoberta espiritual. Também é para qualquer pessoa interessada em Tarô. Tentei escrevê-lo de tal maneira que pessoas que não sabem nada sobre o Tarô possam acompanhá-lo (um túnel não serve para nada se você não consegue atravessá-lo), enquanto pessoas que passaram a vida estudando o Tarô ainda possam encontrar coisas novas nele. Essa pode parecer uma tarefa impossível, mas não é tão difícil quanto parece. Requer apenas disposição para olhar o Tarô de maneira renovada.

Não vamos discorrer sobre cada carta de maneira sistemática, embora o curso de nossas explorações nos leve a um grande número de significados tradicionais. Outros livros já elucidaram as maravilhas e os significados das cartas em sua ordem numérica. Nosso objetivo aqui é usar as imagens do Tarô como aberturas para as maravilhas espirituais.

Para o recém-chegado ao assunto, uma breve descrição: o Tarô consiste em 78 cartas. Há quatro naipes de catorze cartas cada, mais 22 cartas de "trunfos", numerados de 0 a 21. *Trunfo* significa "triunfo", pois, no jogo de cartas italiano conhecido como *tarocchi* (semelhante ao *bridge* e ao *whist*), essas cartas acabam por triunfar sobre as 56 cartas de naipe. Os trunfos contêm nomes peculiares, como "o Mago" ou "o Pendurado", e cenas vívidas e radiantes. Na tradição esotérica, os 22 trunfos passaram a ser conhecidos coletivamente como os Arcanos Maiores (*arcano* significa "segredo"), enquanto as cartas de naipe recebem o título coletivo de Arcanos Menores.

Do ponto de vista estrutural, os quatro naipes se assemelham às cartas de jogar comuns e vão do Ás ao Dez, além do Pajem (ou Valete), do Cavaleiro, da Rainha e do Rei. O Pajem é equivalente ao Valete dos baralhos comuns, sendo o Cavaleiro uma carta extra. Em uma determinada época, a maioria das cartas de jogar tinha os mesmos emblemas dos naipes do Tarô. Eles eram Bastões, Copas, Espadas e Moedas (Discos ou Pentáculos, em muitos Tarôs modernos). Com o tempo, os naipes das cartas de jogar comuns mudaram, pelo menos em países do norte da Europa e nos Estados Unidos, onde o naipe de Bastões se tornou Paus, o de Copas se tornou Corações, o de Espadas se tornou Pás e o de Moedas se tornou Diamantes. Em alguns países, como a Espanha, as cartas de jogar ainda conservam os mesmos emblemas das cartas de Tarô.

Vamos abordar a questão da origem do Tarô no primeiro capítulo, mas, por enquanto, podemos dizer que, pelo que a pesquisa pode nos dizer, ele começou como um jogo. Isso pode surpreender muitas pessoas, especialmente aquelas que ouviram histórias exageradas sobre a origem mítica do Tarô. Quanto mais penso sobre isso, no entanto, mais me agrada que as cartas do Tarô sejam cartas *de jogar*. Quando jogamos, podemos fazer muito mais (podemos *nos permitir* muito mais) do que quando tornamos tudo solene e literal.

Este livro contém algumas ideias e perguntas audaciosas. Vamos brincar com a ideia de que as imagens do Tarô já existiam antes da criação do universo, que Deus de alguma forma consultou as cartas para fazer o mundo e até mesmo que podemos usar as cartas para encontrar a própria leitura que Deus recebeu. Agora, eu nunca esperaria (ou desejaria) que alguém aceitasse essa ideia como uma verdade literal. Se tivéssemos que limitar todas as nossas investigações do Tarô a ideias que consideramos literalmente verdadeiras, como descobriríamos coisas novas? Se lembrarmos que o Tarô é um jogo, cartas que embaralhamos e tornamos novas toda vez, as imagens nas cartas podem nos levar a jardins maravilhosos.

Isso torna o Tarô algo frívolo? De maneira nenhuma. Aprender a brincar com coisas sérias é um dos grandes segredos da exploração espiritual. É por isso que tantas tradições transmitem sabedoria na forma de histórias engraçadas ou charadas. Se este livro transmitir ao menos a ideia de brincar com seriedade com as cartas de Tarô, ficarei mais do que satisfeita.

Vamos explorar vários Tarôs diferentes na nossa brincadeira. Isso também pode surpreender as pessoas. Parte do mito do Tarô é a ideia de que existe um único Tarô verdadeiro, com simbolismo correto, do qual todos os outros se desviam. Repito, até onde a pesquisa pode nos dizer, simplesmente não existe um Tarô original, oficial e puro. Os Tarôs mais antigos conhecidos são muito diferentes das imagens que posteriormente se tornaram padrão, ou clássicas. Hoje em dia, existem literalmente milhares de Tarôs disponíveis, e estes são apenas uma parte de todos os que já existiram.

Praticamente todos os novos Tarôs dos últimos anos abandonaram qualquer pretensão de ter "restaurado" um Tarô "original" há muito perdido.

Ainda vemos esse tipo de reivindicação, mas a maioria prefere dizer que está *abrindo* o Tarô para uma nova consciência e novas possibilidades.

Não existe um Tarô que seja o único verdadeiro. O Tarô se tornou uma forma de arte, talvez um arquétipo. O conjunto de todos os diferentes Tarôs, com todas as suas variações, compõe o Tarô. Voltaremos a essa ideia ao longo deste livro.

Dos vários Tarôs utilizados, o mais comumente citado aqui será o *Shining Tribe Tarot*. Em parte, isso se deve simplesmente ao fato de que eu mesma projetei e desenhei esse *deck*. Também é porque eu fiz o melhor possível para tornar as cartas do *Shining Tribe* um instrumento para as pessoas desbravarem caminhos sagrados. As imagens desse Tarô derivam em parte da arte tribal e pré-histórica do mundo todo. Por favor, note que eu não *copiei* nenhuma dessas imagens culturais e certamente não afirmo que seja uma adoradora de suas tradições. Eu deixei que elas me inspirassem, assim como as histórias e ideias simbólicas de muitas tradições (incluindo a teoria da relatividade de Einstein) inspiraram partes deste livro.

Outros tarôs usados aqui incluem o Tarô Waite-Smith, por seu simbolismo abrangente; o Tarô de Thoth, de Aleister Crowley e Lady Frieda Harris, por seus significados esotéricos profundos; o clássico Tarô de Marselha e uma variedade de Tarôs contemporâneos.

A palavra "Deus" aparece com certa regularidade neste livro. O mesmo ocorre com "Deusa" e os nomes de várias figuras mitológicas, bem como ideias do paganismo, judaísmo, Cristianismo e outras religiões estabelecidas. Nenhuma dessas referências pretende endossar qualquer uma dessas tradições, muito menos as igrejas ou organizações que afirmam falar por elas. *Deus* nestas páginas se torna uma forma de expressar nosso desejo universal de conhecer e compreender o sagrado.

Ofereço este livro a todos os buscadores brincalhões, a todos aqueles que desejam viajar pelo túnel até o jardim do deleite.

Um

Mitos de Origem

◆◇◇◉◇◇◆

De onde vem o Tarô? Não importa como tratamos o assunto, quer mergulhando profundamente nos mistérios simbólicos, recitando fórmulas de divinação ou brincando com as imagens, não podemos escapar da pergunta. Há certamente respostas em número suficiente. Adentre no mundo do Tarô e histórias sobre sua origem adejam ao seu redor como pássaros agitados. Aqui está uma amostra:

- O Tarô retrata os mitos sagrados dos Romani, ou "ciganos", disfarçados em cartas pelos séculos de exílio da terra natal dos Romani, na Índia (ou no Egito) ou no espaço sideral (esta última possibilidade é defendida por muitos ciganos).
- O Tarô é um jogo de cartas renascentista, inspirado em procissões anuais de carnaval chamadas de "Triunfos".
- O Tarô é um jogo de cartas derivado de procissões anuais chamadas "triambos", em homenagem ao deus Dionísio, o criador do vinho.
- O Tarô esconde/revela os ensinamentos numéricos secretos de Pitágoras, um místico grego que viveu na época de Moisés e que influenciou Platão.

- O Tarô retrata os ensinamentos secretos orais de Moisés, que os recebeu diretamente de Deus.
- O Tarô contém o conhecimento perdido de Atlântida, um continente que afundou nas águas do mar e que foi descrito pela primeira vez por Platão.
- O Tarô é um jogo de cartas importado da Palestina e do Egito durante as Cruzadas.
- O Tarô é um vasto sistema mnemônico para a Árvore da Vida, um diagrama das leis da criação.
- O Tarô esconde a sabedoria do deus egípcio Thoth, mestre de todo o conhecimento.
- O Tarô mostra iniciações de templos egípcios.
- O Tarô mostra iniciações de templos tântricos.
- O Tarô preserva a sabedoria de bruxas iniciadas pela Deusa durante os longos séculos de religião patriarcal.
- O Tarô mapeia os padrões da Lua na astrologia caldeia.
- O Tarô foi criado por guildas de fabricantes de papel, os últimos remanescentes dos cátaros, cristãos considerados hereges pela Igreja de Roma e brutalmente reprimidos.

Autores de livros sobre o Tarô proclamaram tudo isso e muito mais como a única verdadeira e autêntica origem do Tarô.

O grande mitógrafo Joseph Campbell uma vez comentou que o mundo está repleto de histórias de criação e todas elas estão erradas. O Tarô é assim, cheio de histórias de origem, e provavelmente todas elas estão erradas. Estão erradas porque tratam uma ideia cativante como uma verdade literal. Erradas porque precisam dessa crença literal para levar a ideia a sério e, se alguém conseguir desmentir de uma vez por todas essas histórias de origem, perderão sua influência sobre o significado e o valor do Tarô. Mas, se pudermos aprender a ver essas histórias de origem como mitos, como um jogo divino, então não apenas poderemos nos livrar dessa necessidade de provar a superioridade de uma sobre as outras, como também poderemos apreciar a verdade poética de cada uma delas. Poderemos nos maravilhar com essa obra incrível, esse conjunto de 78 imagens, que de alguma forma se adapta a tantas tradições espirituais e históricas.

A origem secreta do Tarô é parte do seu mito. Uma das coisas mais notáveis sobre as cartas é a maneira como as pessoas aderiram a essa ideia assim que ela surgiu e a mantiveram com tenacidade desde então. Aqui está uma história pessoal. Anos atrás, eu estava na Dinamarca pouco depois da publicação da edição dinamarquesa do meu livro *Seventy-Eight Degrees of Wisdom**. Duas estações de rádio queriam me entrevistar. A primeira entrevista, na rádio nacional, correu muito bem. A segunda era para um programa da Nova Era e eu estava ansiosa para discutir o Tarô com um pouco mais de profundidade. No dia anterior, o apresentador me ligou para discutir alguns tópicos. Quando eu disse a ele que não acreditava que o Tarô tivesse vindo da Atlântida, ou que mestres ocultistas secretos o tivessem criado e disfarçado como um jogo, ele cancelou minha participação.

Ironicamente, embora não possamos determinar a origem exata das cartas, na verdade, podemos identificar a origem do mito. Nos anos de 1770 e 1780, um ocultista chamado Antoine Court de Gébelin publicou um estudo em nove volumes de ideias esotéricas, chamado *Le Monde Primitif* [O Mundo Primitivo]. A própria ideia de um estado humano primitivo é em si um mito. Em nossa época, o termo "primitivo" sugere pessoas não instruídas, ignorantes, selvagens. Em tempos passados, significava o oposto: uma suposta Era Dourada na qual as pessoas conheciam a verdade espiritual e viviam em paz perfeita. O Jardim do Éden é uma variação desse mito.

No decorrer de seu trabalho, Court de Gébelin visitou uma amiga, a Madame la C. d'H., que lhe mostrou a última moda: um jogo de cartas italiano popular nos países ao sul, chamado de *tarocchi*, na Itália, e *les tarots*, na França. Court de Gébelin examinou as imagens coloridas e teve uma epifania: o jogo de cartas comum era, na verdade, uma grande obra

---

* *Setenta e Oito Graus de Sabedoria: Uma Jornada de Autoconhecimento Através do Tarô e seus Mistérios.* São Paulo: Pensamento, 2022.

disfarçada de mistério ocultista! Ele o chamou de *Livro de Thoth*, a própria soma de todo o conhecimento.

Thoth é um deus egípcio, o mestre de sabedoria por excelência. Thoth guiava o barco do deus do Sol Rá pelo céu, inventou a mumificação para ressuscitar o deus assassinado Osíris, ajudou a julgar a alma dos mortos ao entrar na vida após a morte e até mesmo jogou com a Lua para criar dias extras no ano (mais sobre *essa* história em breve). Os gregos associavam Thoth ao seu próprio Hermes, deus da magia, da cura, da sabedoria, da ciência, do comércio e, não por acaso, patrono dos trapaceiros e ladrões. (Você tem que amar uma religião com um deus dos trapaceiros.)

Grande parte da tradição esotérica tem origem em uma figura obscura conhecida como Hermes Trismegisto, ou Hermes, o Três Vezes Grande, autor da *Tábua de Esmeralda*, uma obra composta no Egito alexandrino no início da era cristã. O mito da Tábua de Esmeralda considera Hermes Trismegisto como outro nome para Thoth. Ora, Antoine Court de Gébelin havia descrito o Tarô como uma obra divina ainda mais fundamental do que a própria Tábua de Esmeralda. Thoth, ele afirmava, havia dado as imagens simbólicas a seus discípulos humanos e as disfarçado como um jogo para que pudesse atravessar os séculos sem ser detectado.

Que ideia maravilhosa! Como é incrível que a inspiração desse momento tenha tido um impacto tão poderoso na imaginação das pessoas a ponto de reverberar até hoje. Court de Gébelin e seus nove volumes teriam sido completamente esquecidos se não fosse por esse único ensaio curto no oitavo volume. A parte mais cativante do mito não era na verdade a alegação de suas origens egípcias. Esses eram apenas os detalhes. A ideia central, aquela que teve um domínio tão poderoso que está presente nas histórias subsequentes de origem (pelo menos as ocultistas), é que o Tarô forma a base de todo o conhecimento, a chave das chaves, ou a *clavícula*, como os ocultistas às vezes a chamam. Em outras palavras, o Tarô está por trás de todos os outros sistemas de conhecimento. Ele resume todos os mistérios e descobertas dos antigos mestres. Conheça o Tarô, entenda-o corretamente, e você saberá tudo. Quando os intérpretes do Tarô dizem que ele não é egípcio, mas hebraico, ou não é hebraico, mas tântrico, ou caldeu, ou cristão herético, ou wiccano, eles partem da mesma premissa: seja qual for a origem, o Tarô *tem* de conter segredos supremos. Eles podem discutir sobre quais segredos exatamente ele contém, mas nunca duvidam de sua importância esotérica.

Se abandonarmos a crença literal em todas essas histórias, se aceitarmos a forte probabilidade de que o Tarô tenha começado no século XV como um jogo de cartas popular com imagens alegóricas bem conhecidas, perderemos o valor do mito? Podemos brincar com o mito em vez de acreditar nele? Parece-me, e também a muitos tarólogos modernos, que na verdade ganhamos quando vemos as múltiplas origens do Tarô como histórias em vez de um fato histórico. Por um lado, podemos parar de discutir, de tentar provar que nossa versão da origem está correta. Em vez disso, podemos apreciar a beleza sutil e as verdades interiores dos diversos sistemas esotéricos entrelaçados com o Tarô.

Uma das principais tradições considera o Tarô como uma representação da Cabala, um vasto sistema de ideias e práticas místicas judaicas. Veremos em breve como essa ideia se originou, mas, por ora, existe um mito cabalista que esclarece a questão da crença literal. Os cabalistas ensinam que o universo existe em dez níveis de energia divina, as *Sephiroth* (a palavra está relacionada à "safira"). Eles representam essas *Sephiroth* de várias maneiras, às vezes como círculos concêntricos, com Deus no centro e o mundo físico no círculo mais exterior, ou mais comumente com as *Sephiroth* dispostas como pequenos círculos em uma "Árvore da Vida", com a energia máxima na *Sephirah* superior, chamada *Kether* (palavra hebraica para "coroa"), e o universo material, chamado *Malkuth* (palavra hebraica para "reino"), na parte inferior. Deus criou Adão, o primeiro ser humano, com a capacidade de ver e compreender todos os níveis. No entanto, Adão olhou para a beleza de Malkuth e permitiu-se confundir isso com toda a criação. E assim Adão "pecou" e perdeu a proximidade com Deus, e nos levou junto com ele. Ou talvez nós próprios repitamos o erro de Adão por nossa própria conta e confundamos continuamente o mundo material com a totalidade da existência.

Uma crença literal em qualquer origem específica do Tarô me parece um pouco como o grande erro de Adão. Ficamos enfeitiçados pela afirmação e perdemos de vista os níveis poéticos e o que eles realmente podem nos ensinar. Do mesmo modo, se descartarmos as afirmações específicas (se dissermos que não, o Tarô não veio do Egito, ou de Atlântida, ou de antigos rabinos), cometeríamos um grande erro em pensar que tais crenças não significam nada.

A ligação entre o Tarô e a Cabala também remonta a *Le Monde Primitif* e a um certo Conde de Mellet, que escreveu um ensaio apoiando os comentários de Court de Gébelin sobre o Tarô. Court de Gébelin escreveu "o conjunto de XXI ou XXII trunfos, as XXII letras do alfabeto egípcio comuns aos hebreus e aos orientais, que também serviam como números, são necessários para conter tantos países".*

Ao contrário da crença popular sobre os hieróglifos egípcios, eles são, na verdade, um alfabeto, não uma escrita pictográfica. No entanto, não existem 22 hieróglifos. Também não podemos determinar exatamente quem possam ser "os orientais". Por outro lado, o alfabeto hebraico tem realmente 22 letras e o pensamento místico judaico considera essas letras a base da existência.

Eles conectam as emanações das *Sephiroth* na Árvore da Vida através de 22 caminhos, cada um com a qualidade especial de uma das letras. Assim como Court de Gébelin disse, elas têm um valor numérico, de modo que cada palavra totaliza um número, e podemos descobrir conexões secretas em pares de palavras que têm os mesmos números (essa prática é chamada *gematria*). Também podemos percorrer mundos místicos com as letras e realizar atos de magia usando os nomes divinos e outras combinações de letras. Foi ideia do Conde de Mellet ligar cada trunfo do Tarô a uma letra hebraica específica, para que as cartas individuais assumissem os poderes mágicos das letras.

A estudiosa e professora de Tarô Mary K. Greer sugeriu uma interessante história revisionista dos artigos em *Le Monde Primitif*. Tanto Court de Gébelin quanto de Mellet eram maçons. Greer considera provável que

---

* Citado em *A Wicked Pack of Cards*, Decker, de Depaulis e Dummett. Bristol Classical Press, 1996.

As cartas do Louco e do Enamorado do *Tarot of Ceremonial Magick*.

os maçons tenham desenvolvido a teoria esotérica do Tarô ao longo do tempo e tenham dado permissão aos dois escritores para torná-la pública (ela também acredita que o ensaio de de Mellet veio primeiro). Madame la C. d'H. pode ter sido uma história de fachada. Mesmo que Greer esteja correta em suas especulações, isso ainda não diminui o impacto notável que o anúncio teve na história do Tarô.

Místicos e magos cristãos ficaram interessados na Cabala por volta da mesma época em que o jogo de cartas italiano *tarocchi* apareceu pela primeira vez, então não é impossível que o Tarô de fato tenha derivado de ideias cabalísticas (embora a pesquisa moderna sugira que as cartas já existiam algumas décadas antes do primeiro uso cristão da Cabala). E as comparações estruturais são realmente impressionantes. O 22 não é um número místico tão comum quanto, digamos, o 21. (Os numerólogos descrevem o 22 como um número "mestre", mas isso provavelmente é uma influência cabalística). A Cabala descreve quatro mundos distintos de criação, cada um com dez *Sephiroth*. No Tarô, encontramos quatro naipes com cartas de Ás a Dez. A Cabala também atribui muito significado místico às quatro letras no nome mais sagrado de Deus: יהוה. Enquanto isso, o Tarô possui quatro cartas da Corte: Valete, Cavaleiro, Rainha e Rei em cada naipe. Não é surpresa que a ideia tenha tido um impacto tão poderoso.

No século XIX, um ocultista e mago chamado Éliphas Lévi (originalmente Alphonse Louis Constant) desenvolveu em grandes detalhes o simbolismo cabalístico do Tarô, especialmente para as cartas dos trunfos e suas letras hebraicas. No final desse século, um grupo rosa-cruz, com o maravilhoso nome de Ordem Hermética da Aurora Dourada (Golden Dawn), pegou o trabalho de Lévi e o expandiu e revisou para construir um universo mágico composto da Cabala, de rituais, deuses pagãos, filosofia hindu, maçonaria e outras tradições ocultistas, astrologia, alquimia e nomes secretos. A chave para tudo isso, a Chave das Chaves que permitiria aos adeptos mais elevados (*adepto* era uma palavra muito usada e havia muitos níveis) percorrer todos esses diferentes mundos de consciência e poder mágico, era, é claro, o Tarô. Antoine

Court de Gébelin o havia chamado de *Livro de Thoth*. Éliphas Lévi o transformou na encarnação das letras hebraicas. Agora, a Aurora Dourada havia transformado essas crenças em realidade, ou pelo menos em um sistema totalmente desenvolvido.

Importa que não haja evidências históricas de uma origem cabalística, ou, aliás, egípcia, para o Tarô? Importa se você precisa acreditar na verdade literal do seu sistema mágico. A Aurora Dourada incluía poetas, artistas, estudiosos, até mesmo alguns cientistas. Para um grupo tão intelectual, eles parecem ter sido notavelmente ingênuos. Um dos fundadores, Samuel Liddell "MacGregor" Mathers, produziu o baralho oficial de Tarô do grupo, que diferia de maneiras interessantes das cartas tradicionais.

Aparentemente, uma noite Mathers pegou um conjunto de cartas em branco, entrou em uma sala por um breve período de tempo e saiu de lá com um baralho completo de cartas pintadas. Isso foi o suficiente para convencer o grupo da inspiração divina do Tarô. Não parece ter ocorrido a eles que Mathers (ou possivelmente sua esposa artista, Moina) poderia ter pintado 78 imagens da maneira usual e as escondido em algum lugar da sala. Mas, na época, os fundadores da Ordem (Mathers, dr. Wynn Westcott e o reverendo W. R. Woodman) basearam a coisa toda em uma fraude. Eles afirmaram ter recebido um "manuscrito cifrado" que continha uma página com informações sobre uma Frau Sprengel na Alemanha, que poderia autorizá-los a iniciar um ramo inglês de uma ordem mística secreta. Depois de décadas de debate, estudiosos como Israel Regardie (ele próprio ex-membro da Aurora Dourada) demonstraram que Frau Sprengel nunca existiu. Westcott parece ter escrito a página vital. Será que essa prova descredita a Aurora Dourada e todas as suas produções? A palavra "Hermética" no título da ordem vem de Hermes Trismegisto, mas em última instância do deus grego dos trapaceiros. Hermes poderia ter se deliciado com um empreendimento tão audacioso. Talvez o grande sucesso da Ordem deva muito à bênção de Hermes.

* * *

Nota: a história pessoal abaixo é da edição anterior deste livro. Desde então, minha cadela, Wonder, morreu. Sentimos falta dela. Ela era uma alma especial e sua memória é uma bênção.

Uma história pessoal: enquanto eu escrevia os parágrafos acima, minha cadela, cujo nome é Wonder, decidiu mastigar um dos meus baralhos, algo que ela nunca havia feito antes (ou desde então). Para fazer isso, ela teve que puxar as cartas de uma mesa, depois morder o lenço de seda que as envolvia e espalhar as cartas pelo chão. Ela, na verdade, mastigou apenas uma carta antes de voltar para a sala onde eu estava sentada à minha mesa. Quando descobri o que ela tinha feito (e me recuperei do choque), verifiquei qual carta ela havia destruído. O baralho não é de Tarô, mas um oráculo baseado no Egito chamado *The Book of Doors*, e a carta que Wonder mastigou se chamava *Kerhet*, em homenagem à deusa egípcia de iniciação secreta. Iniciações secretas eram o modo de operação por excelência da Aurora Dourada.

Os criadores do baralho, Athon Veggi e Alison Davidson, escrevem sobre essa carta: "a qualidade do segredo é reconhecida no juramento de Guardar Silêncio, de manter a operação criativa em perfeito segredo". A Aurora Dourada levava esse conceito tão a sério que os membros faziam um juramento, com uma espada nos ombros, convidando espíritos a matá-los se eles revelassem algo ao mundo exterior.

Será que Hermes, ou para usar seu nome egípcio, Thoth, estava mostrando seu desagrado pela minha falta de respeito pelas crenças dos seus seguidores? Ele estava me advertindo? Pessoalmente, eu prefiro acreditar que ele estava fazendo uma piada. Ou talvez Thoth estivesse até mesmo endossando a abertura, afinal, agora que *Wonder* tinha removido a carta do *segredo*, nenhum embaralhamento podia mais trazer uma carta que significasse "o juramento de Guardar Silêncio".

✹ ✹ ✹

O maior de todos os textos da Cabala, a fonte de muito do que veio depois dele, uma obra chamada *Zohar*, se descreve como o produto de um rabino de dois mil anos atrás, chamado Shimon bar Yochai, que ditou o *Zohar* para seu filho enquanto eles estavam escondidos dos romanos em uma caverna, onde ficaram por treze anos, ou pelo menos é o que conta a história. O *Zohar* apareceu por volta do ano 1100 e foi revelado por um escritor na Espanha chamado Moses de León. Mais de oitocentos anos depois, na década de 1930, um estudioso chamado Gershom Scholem demonstrou que o próprio de León é que criou o *Zohar*.

De León cometeu fraude? Os cabalistas precisavam acreditar em uma autoridade antiga do *Zohar* para levá-lo a sério? David Rosenberg, um poeta contemporâneo cujo livro *Dreams of Being Eaten Alive: The Literary Core of the Kabbalah* influenciou enormemente este livro, escreve que Moses de León não foi o único autor do *Zohar*, mas sim o líder de um grupo que trabalhou nele junto. A própria esposa de de León posteriormente afirmou que ele o havia escrito. Ou seja, de acordo com um relato que li, após a morte dele alguém lhe perguntou: "Moses escreveu o Zohar?" ao que ela respondeu: "Sim, claro". Isso sugere que as pessoas na época sabiam muito bem quem havia produzido o *Zohar*, e foram apenas gerações posteriores que de algum modo precisaram levar o texto ao pé da letra.

Sugiro que abordemos o Tarô no espírito do grupo de escritores de Moses de León: que o levemos a sério não o tomando literalmente, que brinquemos, com todo o nosso coração, com as ideias mais ousadas.

Aqui está um mito da origem do Tarô. Em contraste com todas aquelas histórias de um passado misterioso, este é um mito do futuro. Em um contraste adicional, eu não espero que as pessoas o levem com o máximo de seriedade. É uma estratégia para abrir a maneira usual como vemos a realidade. E não é por isso que muitas pessoas buscam o Tarô, afinal?

Como sabemos que o tempo funciona da maneira que pensamos que funciona? O tempo parece avançar de maneira linear, do passado para o futuro. Acontecimentos do passado, aparentemente, causam o surgimento do futuro. Eu existo porque meus pais se conheceram, se apaixonaram e tiveram relações sexuais. O passado deles causou meu presente. Esse é simplesmente o senso comum. Mas às vezes o senso comum só é "comum" porque é comumente aceito. Por muitos séculos, as pessoas presumiram que a Terra estava no centro de uma série de esferas concêntricas, em grande parte porque era assim que parecia, e porque esse era simplesmente o senso comum. Claro que o Sol gira em torno da Terra: você pode ver isso todos os dias. Ele se levanta no leste, passa por cima do planeta, num arco, e se põe no oeste, apenas para fazer isso novamente no dia seguinte. O Sol se move e nós ficamos onde estamos. Levou muito tempo para as pessoas cogitarem que talvez o Sol fique parado e a Terra gire em torno dele.

Observe que nossa linguagem faz com que seja muito difícil descrever eventos de qualquer outra maneira que não seja do passado para o futuro. Dizemos que as pessoas *costumavam* acreditar que o Sol se movia, *depois* perceberam que a própria Terra se movia. Nosso senso comum sobre o tempo reside, em parte, em nossa linguagem. O passado vem antes porque causa o presente. Mas suponha que fosse o contrário? Suponha que tornemos a existência agora um fato primário e o passado secundário? Então poderíamos dizer, por exemplo, que minha presença agora retrocedeu no tempo e fez meus pais se encontrarem para que eles me gerassem. E talvez as pessoas no futuro que estão lendo este livro me fizeram escrevê-lo.

Já está com uma certa vertigem? Pense em como as pessoas se sentiram no Renascimento, quando os naturalistas disseram que o Sol na verdade não se move, a Terra é que gira.

Os físicos há muito notaram uma qualidade estranha nas equações que envolvem um processo ao longo do tempo. Nada nas equações implica uma direção. Elas funcionam com a mesma eficácia do futuro para o passado quanto do passado para o futuro. A teoria quântica (o ramo da física que estuda o comportamento de partículas infinitesimais) produz uma visão ainda mais interessante do tempo. Os acontecimentos ocorrem por meio de um processo chamado "interpretação transacional". Uma onda se espalha a partir do momento presente, o agora. Essa onda tem de encontrar uma onda ressonante do futuro. A interação entre essas duas ondas produz um campo de probabilidade no qual os acontecimentos ocorrem. Em qualquer momento, o futuro é tão real quanto o presente.

O futuro pode "causar" o passado tanto quanto o passado causa o futuro. Na verdade, nenhum dos dois causa o outro, eles existem em um relacionamento que segue em muitas direções ao mesmo tempo. Imagine uma teia com uma vasta quantidade de pontos, todos conectados entre si, sem um único ponto como origem ou causa primária dos outros. Nossa consciência nos coloca em um ponto, nos convencendo de que uma única linha do passado fez nossa situação atual surgir. Mas isso pode ser uma ilusão. O físico Louis de Broglie escreveu que partículas elementares às vezes parecem surgir do nada porque podem se mover livremente pelo espaço-tempo, e nossa percepção alcança um ponto em que por acaso elas existem.

Se você acha difícil acompanhar essas ideias, tente vivenciá-las como uma espécie de meditação. Fique ao ar livre num dia agradável (para que a chuva ou o vento frio não o distraiam), feche os olhos e tente sentir *este* momento, o agora. Depois, veja se consegue sentir o passado se propagando de volta a partir de onde você está. Pense em seus pais, nos pais deles e nas pessoas que o influenciaram, nos acontecimentos que moldaram e até mesmo criaram você, como o primeiro encontro dos seus pais e, de maneira mais sutil, o momento em que um amigo mostrou a você o Tarô, ou a primeira vez que você viu aquele livro ou filme que mudou sua vida. Agora, veja se consegue sentir uma onda de tamanho igual que se propaga para o futuro, tão real quanto a que vai para o passado. Pense nos amigos que você influenciará, nos amores que passarão pela sua vida, nos filhos que você tem ou terá, e nos filhos deles, e nos filhos dos filhos deles. O *agora* se desloca constantemente e é diferente para cada pessoa, mas sempre contém o passado e o futuro, ambos talvez tão reais quanto o presente.

Eis como o poeta T. S. Eliot (cujo grande poema "A Terra Devastada" me apresentou ao Tarô) expressou isso em "Burnt Norton", dos *Quatro Quartetos*:

O tempo presente e o tempo passado
Estão ambos presentes no tempo futuro
E o tempo futuro contido no tempo passado.

A imagem de uma teia não implica que todo o tempo seja fixo e rígido. Isso aconteceria se a "teia" fosse uma estrutura sólida. Mas, se pensarmos em seus muitos caminhos como probabilidades ou simplesmente energia, na verdade chegaremos a um senso maior de liberdade do que a visão habitual do tempo como um passado fixo determinando um futuro provável. Todo o tempo e todos os acontecimentos existem e se influenciam mutuamente, mas nada disso nos controla.

Essa visão do tempo é um mito, assim como o das três deusas chamadas de Moiras, que tecem o padrão da nossa vida e cortam o fio no momento exato da nossa morte, ou a ideia medieval de que uma alma desencarnada passa por sucessivas esferas planetárias quando está a caminho de se alojar em um corpo. Podemos reconhecer que nossa visão comum do tempo também é um mito e não uma verdade absoluta?

Todos os mitos têm suas utilidades. O uso de um mito do tempo como uma teia é uma maneira de imaginar a origem do Tarô. Suponha que nossas crenças coletivas sobre o Tarô como a chave das chaves – a "descoberta" de Antoine Court de Gébelin, a Aurora Dourada, a abordagem psicológica moderna das cartas, quaisquer desenvolvimentos "futuros" que não conhecemos –, suponha que todas essas crenças e esses usos de alguma forma tenham voltado no tempo para trazer o Tarô à existência na Renascença italiana. Quando Court de Gébelin proclamou o Tarô como o *Livro de Thoth*, a ideia se firmou com tanta força porque já "existia" no futuro.

Nós, todos nós, fizemos com que o Tarô surgisse na mente dos fabricantes de cartas e em uma forma e estrutura tão perfeitas que em nosso próprio tempo podemos adaptá-lo a uma série quase interminável de ideias esotéricas, mitológicas e culturais. Minha amiga e colega taróloga Zoe Matoff observa que nossa própria visão do Tarô pode vir de gerações futuras que precisam que acreditemos no que acreditamos para que desenvolvam suas próprias ideias. Sabemos (ou pensamos que sabemos) as maneiras pelas quais conceitos do passado, como a Aurora Dourada, influenciaram nossas visões atuais (podemos seguir o passado ou nos rebelar contra ele, mas ainda reagimos a ele). Mas talvez o futuro nos influencie de maneiras que ainda não aprendemos a reconhecer, e talvez nem o futuro nem o passado *causem* um ao outro, mas todo o tempo seja uma teia.

Ver todo o tempo como algo já existente e conectado em uma teia cria maneiras de entendermos a divinação. Talvez uma leitura de Tarô nos ajude a vislumbrar uma parte ligeiramente maior da teia do que reconheceríamos de outro modo. A qualquer momento, a energia em constante mudança do passado-presente-futuro cria um padrão vasto, que contém por fim toda a existência. Ou talvez um vasto padrão *em potencial*, o que os físicos chamam de uma onda de probabilidades. Quando embaralhamos as cartas (e, portanto, abrimos mão do controle consciente de como elas caem), permitimos que formem um padrão muito pequeno que imita o muito grande. Elas não controlam nem mostram um destino imutável. Em vez disso, revelam possibilidades.

Stephen Karcher, um especialista no *I Ching* e em divinação mundial, escreveu que a divinação nos ajuda a agir com livre-arbítrio, porque nos liberta da escravidão ao nosso condicionamento. Isso acontece apenas porque aumenta nossa consciência e nos mostra nossas escolhas? Ou a divinação nos liberta de alguma forma básica? A nossa brincadeira com as cartas pode realmente abrir nosso destino e não apenas revelá-lo? Pode uma leitura mudar a realidade?

Um mito egípcio sobre o calendário sugere uma nova maneira de ver o que fazemos quando embaralhamos cartas de Tarô e as dispomos para uma leitura. Ele apresenta nosso bom amigo Thoth, o Deus de Todas as Coisas que Merecem ser Conhecidas e lendário criador do Tarô. Eu chamo essa história de "Jogando com a Lua" e, como qualquer mito, causa repercussão muito além do seu assunto literal. Vamos analisá-lo no próximo capítulo.

Dois

Jogando com a Lua: Divinação e Liberdade

Os contos egípcios com frequência têm muitas variações, ou seja, diferentes versões da mesma história básica (como o próprio Tarô, com todos os diferentes baralhos). Por exemplo, no mito a seguir, Thoth ajuda no nascimento de Seth e Hórus. Mas Hórus também é o nome do sobrinho de Seth, e em outra história Seth de alguma maneira "fecunda" seu sobrinho para que um disco dourado cresça na cabeça do jovem Hórus e, por fim, Hórus "dê à luz"... ninguém menos que o próprio Thoth.

O mito a seguir também tem variantes. Nesta versão, Thoth joga com a Lua. Em outras versões, o próprio Thoth é o deus da Lua e joga com os outros deuses como um grupo. Usei a versão abaixo, em parte, porque foi a primeira que eu li e, em parte, porque gosto dela e a considero útil. Ela também é semelhante ao Tarô. Muitos leitores de Tarô que se tornam colecionadores, e podem ter centenas de *decks*, ainda leem ou usam de outras maneiras (na meditação, por exemplo) o primeiro *deck* que viram e que os fez se apaixonar pelo Tarô.

Eis a seguir, portanto, o mito de Thoth e a Lua, com alguns detalhes que são invenção minha.

Nut (rima com "*root*" ["raiz", em inglês]), a deusa do céu noturno, estava casada com Rá, o todo-poderoso deus do Sol. Como muitas esposas, ela pisou em falso e se envolveu com Geb, o deus da Terra. Leitores atentos à simbologia esotérica reconhecerão essa situação como o conto universal do espírito "descendo" à matéria (em outras palavras, assumindo uma forma física). Muitas pessoas veem esse tema na carta de Tarô do Louco, que dá um passo na direção de um penhasco e cai na Terra.

O deus do Sol representa a luz pura, que pode ser uma metáfora para o espírito divino ou pode ser, na verdade, a própria essência do espírito, a verdadeira natureza da realidade (voltaremos a esse conceito em capítulos posteriores). Para que a criação ocorra, o espírito precisa entrar na matéria. (Veremos, no Capítulo Treze, que podemos descrever a matéria, os corpos físicos, como luz desacelerada.) O céu escuro, casado com a luz, deve se tornar amante da Terra e engravidar. Pois é assim que coisas novas emergem, seja uma nova geração de deuses ou novas ideias e descobertas, quando quebramos as regras e permitimos que nos tornemos fecundos.

Quando Rá descobre que sua esposa está grávida de um amante, ele emite uma ordem. Nut não dará à luz seus filhos em nenhum dia de qualquer mês do ano. Obviamente, isso significa que ela terá que permanecer grávida para sempre. Estamos lidando com o calendário e o zodíaco aqui. Os egípcios imaginavam que, antes do nascimento da nova geração de deuses, composta por aqueles que lidariam diretamente com a cultura humana, o ano consistia em doze meses, cada um com exatamente trinta dias. Com regularidade perfeita, a mesma existência mecânica se repetia infinitamente. Esse é o mundo do céu, e não da Terra, onde a vida é dinâmica e está em constante mudança.

Obviamente num dilema, Nut faz a única coisa sensata a fazer e recorre ao especialista dos especialistas, Thoth. Ora, poderíamos esperar que Thoth dissuadisse Rá ou encontrasse alguma solução engenhosa (para aqueles que se lembram das histórias em quadrinhos do Tio Patinhas, Thoth me lembra o grande inventor Professor Pardal). Em vez disso, Thoth joga. Se você quer sair de um sistema fechado, não pode fazer isso por meio de planos que existam dentro desse sistema, você tem que o quebrar. Jogos de azar fazem isso porque removem o controle. Thoth joga com a Lua, que, afinal, determina os meses com seu ciclo de 29 dias e meio.

Mais uma vez, preciso comentar que, na maioria das versões, Thoth é ele próprio o deus da Lua e joga com um grupo de outros deuses – eu mantive a versão que conheci pela primeira vez.

Tão bom em jogos de azar quanto em tudo o mais, Thoth ganha uma septuagésima segunda parte de cada dia para produzir cinco dias extras que ficam independentes e não pertencem a nenhum mês do ano (360 dividido por 72 é igual a 5). Nut dá à luz um bebê por dia: Seth, Osíris, Ísis, Néftis e Hórus. Ísis aparece em muitos Tarôs como a carta da Sacerdotisa, enquanto Seth às vezes é representado em sua forma grega de Tifão, como a serpente da destruição na carta da Roda da Fortuna.

As cartas da Sacerdotisa e da Roda da Fortuna do Tarô Waite-Smith.

Os cinco dias no final do ano, que não pertencem a nenhum mês, tornaram-se um período de celebração no Egito, quando as regras rígidas da sociedade relaxavam e as pessoas tinham liberdade para explorar diferentes aspectos da sua vida e identidade.

Vamos parar por um momento e observar esse número 72. Ele aparece mais tarde na mitologia também, quando Seth decide destruir Osíris. Para ajudá-lo, ele reúne um grupo de 72 capangas. Se tivermos conhecimento de que os Cabalistas afirmavam existirem 72 nomes para Deus, ou que um nome famoso contém 72 letras, ou mesmo que a primeira tradução da Bíblia hebraica para o grego foi chamada de Septuaginta porque uma comissão de 72 estudiosos fez esse trabalho, entenderemos que o número 72 não aparece na história como um número aleatório. Também não aparece apenas para produzir cinco dias de 360, pois a relação entre 72 e 360 também não é uma ocorrência ao acaso.

O zodíaco consiste em doze grupos de estrelas, ou constelações, que estão mais ou menos em um plano de duas dimensões (chamado de *eclíptica*), criado pelas trajetórias aparentes de todos os planetas principais. (Uma razão pela qual Plutão foi "rebaixado" do *status* de planeta é o fato de que sua órbita não está ao longo da eclíptica.) Devido ao curto tempo de vida humano, as estrelas parecem estacionárias em suas posições sazonais ano após ano. Na verdade, devido a uma oscilação na órbita da Terra causada pela atração gravitacional do Sol e da Lua, as constelações realmente mudam com muita lentidão. Durante o curso de 2.160 anos, as constelações (os signos do zodíaco) mudam um mês inteiro em relação à Terra. Em outras palavras, segundo os calendários astrológicos, o Sol entra em Áries no Equinócio da Primavera, mas isso é na verdade uma ficção consensual. O Sol na verdade não entra em Áries no equinócio há cerca de quatro mil anos. Aqueles que estudam astrologia devem estar cientes de que a astrologia moderna não está de fato relacionada com as posições reais das estrelas e dos planetas. Alguns já sabem disso, e existe um ramo da astrologia, chamado Astrologia Sideral, que se baseia no céu atual. Mas se você é um Áries preocupado que secretamente tenha sido um Peixes o tempo todo, não entre em pânico! Independentemente desses fatos astronômicos, seu signo astrológico permanece intacto e válido.

Há cerca de dois mil anos, por volta da época de Jesus, o Sol começou a entrar em Peixes, no signo do peixe, no início da primavera. Essa é uma das razões pelas quais Cristo muitas vezes é comparado a um peixe e por que os bispos usam chapéus em forma de peixe, chamados mitras. Desde então, os signos mudaram novamente, de modo que o Sol entra em Aquário por volta do equinócio, e obtemos as expressões Nova Era e Era de Aquário.

Meus amigos astrólogos me chamaram a atenção para o fato de que a astrologia ocidental segue, na verdade, os *signos*, não as constelações. Ou seja, o Sol supostamente entra em Áries na primavera porque o signo de Áries tem qualidades primaveris. A astrologia, portanto, é mais um sistema *divinatório* do que astronômico.

O que tudo isso tem a ver com Thoth e o número 72? O tempo necessário para que o zodíaco completo dê uma volta em torno da Terra (o Grande Ano, como Platão o chamou) é de 25.920 (12 vezes 2.160). O zodíaco é um círculo, e, há muito tempo, os astrólogos organizavam círculos em 360 graus (com base nas constelações, com uma designação arbitrária de trinta graus para cada um dos doze signos). Um grau do Grande Ano, 1/360 de 25.920.

Quando Thoth joga com a Lua, ou com os outros deuses, para ganhar 1/72 do ano, ele está abrindo um grau de um círculo fixo. A sorte, o destino fechado, se abre, e novas possibilidades emergem para mudar o curso da humanidade.

Seth usa o 72 de maneira exatamente oposta: de forma negativa. Aqui está o que ele faz para destruir Osíris: ele o mede. Enquanto Osíris dorme, Seth e sua gangue de 72 capangas medem cuidadosamente cada curva do corpo do deus. Em seguida, eles constroem uma magnífica caixa adornada de joias que se encaixará exatamente nele e o envolverá. Em uma festa, eles fingem descobrir a caixa e Seth diz: "Ei, já sei. Vamos fazer um jogo. Quem conseguir se encaixar nesta caixa fica com ela". Com entusiasmo falso, os 72 se deitam, e, como as irmãs de Cinderela, nenhum deles se encaixa.

Por fim, Osíris tenta, e é claro que se encaixa de modo tão perfeito que não consegue mais se levantar. Seth e seus capangas fecham a tampa, pregam-na, selam-na com chumbo e a deixam flutuar pelo Nilo. Osíris sufoca até a morte. (Não se preocupe, sua esposa Ísis o recupera e com a ajuda de quem mais a não ser Thoth o traz de volta à vida.)

Quando os 72 medem Osíris, eles o limitam a um grau do círculo infinito de suas possibilidades. Essa medição sufoca, torna-se um caixão. A mesma coisa acontece conosco. Praticamente desde o momento do nosso nascimento, a sociedade nos mede. Os médicos medem nossas habilidades físicas (e cada vez mais nossas habilidades psicológicas); as escolas medem nossa inteligência e "aptidão" para uma futura carreira; os patrões medem nosso valor; a família e os amigos todos medem nosso caráter. Medimos e pesamos nosso corpo para julgar o nosso poder de atração. Parceiros em potencial nos colocam em uma escala de 1 a 10. Pesquisas medem nossas crenças e convicções, corporações medem nossos gostos. A cada medição, a caixa fica mais apertada e elaborada. Assim como Osíris, sufocamos num espaço apertado que nos limita a um grau do que podemos nos tornar.

Por que uma leitura de Tarô deveria fazer esse jogo? Qualquer leitura que o defina, que diga que você é uma pessoa assim ou assado, ou que descreva seu destino em termos fixos, torna-se parte da gangue de capangas de Seth. Podemos aprender a ler o Tarô como Thoth – ou seja, jogar com nosso suposto destino e abri-lo para novas possibilidades? Como os novos deuses, nascidos fora de qualquer dia do ano, podemos usar a divinação para trazer coisas novas para a nossa realidade?

Que jogo Thoth fez para criar dias extras? Algumas versões antigas do mito dizem que foram dados, mas, desde 1781 e *Le Monde Primitif*, sabemos que não. Thoth não inventou o Tarô para descrever um universo fixo. Ele o inventou para poder ir à Lua e dizer: "Quer jogar cartas?". O deus da magia inventou o Tarô para nos libertar das medições.

Uma Leitura para Jogar com a Lua

Se quisermos ler as cartas para libertar nosso destino em vez de defini-lo, que tipo de perguntas faríamos? Esse estilo de leitura exige uma mudança de pensamento que torna difícil para nós formular o que precisamos perguntar. Ou seja, sabemos que tipo de perguntas fazer para desvendar um futuro determinista. *Quando e onde vou conhecer minha alma gêmea? Meu restaurante terá sucesso? Quando e como vou morrer?*

Felizmente, temos uma maneira de ir além dessas limitações. Temos o Tarô.

Usamos as cartas para responder a perguntas, então por que não as usar também para fazer perguntas? Eu comecei a abordar o Tarô dessa maneira quando as pessoas me pediram para ensinar em um centro e nenhum grande assunto veio à minha mente. Como resultado, decidi perguntar às cartas algo como: "O que você quer ensinar em abril do próximo ano em Nova York?". As cartas que apareciam sugeriam invariavelmente tópicos dinâmicos que as pessoas achavam úteis para o próprio trabalho delas com o Tarô.

Mais recentemente, tenho achado que vale a pena usar as cartas para elaborar as perguntas de uma leitura. Funciona assim: alguém diz que deseja fazer uma leitura sobre como conciliar o trabalho espiritual com a carreira. (Esse é um exemplo real.) Ora, a abordagem tradicional seria escolher uma tiragem já existente com perguntas predefinidas que parecessem mais adequadas para o que essa pessoa quer descobrir. No entanto, alguns anos atrás comecei a seguir uma sugestão que Gail Fairfield faz em seu maravilhoso livro *Choice Centered Tarot*, que é criar uma tiragem personalizada apenas para essa pessoa. Assim, discutiremos seus problemas e talvez criemos algumas perguntas para incluir na tiragem. Isso é o que Fairfield descreve e ela dá alguns exemplos excelentes de perguntas que as pessoas podem querer fazer para várias situações. Às vezes, porém, peço à pessoa para embaralhar as cartas e escolher, digamos, três ou cinco. Essas cartas nos ajudarão a formular perguntas adicionais valiosas. Portanto, no exemplo citado, quando o Mago apareceu, inspirou a mulher a fazer a pergunta: "Como será minha vida se eu realmente viver meus sonhos?". Depois de formuladas as perguntas, devolvemos as cartas ao *deck* e a mulher as embaralha novamente da maneira usual para descobrir que respostas as cartas podem lhe mostrar.

Depois de escrever o trecho sobre usar o Tarô para jogar por nossa vida, fiquei pensando como seria uma leitura desse tipo. Eu sabia que ela não se assemelharia ao estilo de leitura usual do tipo "passado-presente-futuro", mas, apenas porque não era comum, tive dificuldade em pensar em que perguntas poderíamos querer fazer. Então percebi que poderia usar as cartas. A tiragem das páginas 51-52 mostra as cartas que saíram, do *Tarô Shining Tribe*, exatamente na ordem em que se revelaram. Por questões de espaço, não vou dar explicações detalhadas sobre seus significados (embora algumas, especialmente a Espiral da Fortuna, apareçam com mais detalhes posteriormente neste livro). Em vez disso, vou declarar brevemente as qualidades de cada carta e a pergunta que ela inspira.

- A Espiral da Fortuna: Esta carta (uma variação da tradicional Roda da Fortuna) mostra uma espiral que rompe um círculo fechado para se tornar o pescoço de um pássaro. Ela nos traz a pergunta: "Como posso romper minha visão limitada do que é possível para mim?".
- O Cinco de Pássaros: Vemos um sacrifício xamânico, no qual abutres mágicos multicoloridos vão levar embora a carne do xamã para libertar seu ser interior de pura luz. "O que devo liberar ou oferecer de mim mesmo para encontrar a vontade de tocar meu poder?"
- O Carro: Por tradição uma carta da vontade, a figura do Carro também se estende até um rio de energia divina que flui pelo mundo. "Como eu uso meu poder além das minhas limitações?" (A vontade é necessária porque a liberdade não acontece simplesmente, temos que a escolher.)
- A Imperatriz: Uma carta de grande paixão, especialmente paixões físicas primordiais, como a sexualidade e a maternidade. "Que paixão profunda me impulsiona?"
- O Eremita: Diferentemente de alguns baralhos mais antigos que mostram um sábio ancião, a versão do Eremita no *Tarô Shining Tribe*

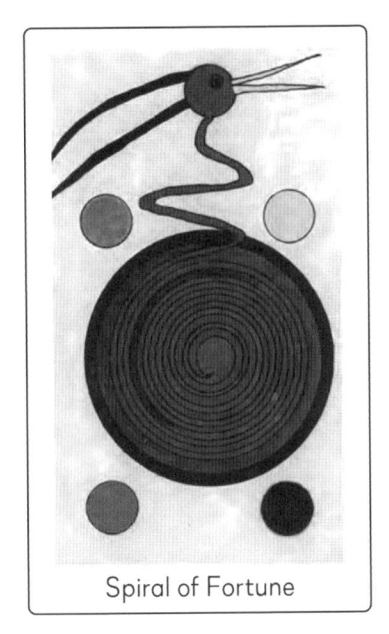

Spiral of Fortune

Como posso romper minha visão limitada do que é possível para mim?

Five of Birds

O que devo liberar ou oferecer de mim mesmo para encontrar a vontade de tocar meu poder?

Chariot

Como eu uso o meu poder além das minhas limitações?

The Empress

Que paixão profunda me impulsiona?

Hermit

Que porta para o desconhecido se
abre para mim?

Knower of Rivers

Que poder descobrirei se passar
por essa porta?

Speaker of Trees

Como posso expressar minha paixão e
trazê-la para o mundo?

retrata uma figura semiabstrata que se aproxima com alegria de uma porta para o mundo astral. "Que porta para o desconhecido se abre para mim?"
- O Conhecedor de Rios: Baseado no Cavaleiro de Copas, esse xamã, muito mais plenamente realizado do que o Eremita, emerge de uma caverna escura com intensidade feroz. "Que poder descobrirei se passar por essa porta?" E talvez: "Que nova versão de mim mesmo surgirá?".
- Porta-voz de Árvores: Uma variação do Rei de Paus, essa carta mostra como compartilhamos com outras pessoas a energia do Fogo na nossa vida. "Como posso expressar minha paixão e trazê-la para o mundo?"

Interlúdio – A Escrita e a Serpente

Durante uma pausa na minha pesquisa sobre a verdadeira razão pela qual Thoth inventou o Tarô, fiz uma leitura breve com um *deck* de contar histórias chamado *Life in the Garden*. Agora que o Tarô se tornou popular, o conceito de baralhos de cartas para vários assuntos realmente pegou. Existem cartas da Deusa, cartas do *I Ching*, cartas de Runas, cartas da Cabala, cartas de sabedoria animal e assim por diante. Entre os mais interessantes estão os *decks* que usam elementos de histórias nas cartas, para que você possa misturá-las e criar seus próprios contos.

Um dos meus favoritos é *Life in the Garden*, de Eric Zimmerman e Nancy Nowacek. Cada uma das 54 cartas contém uma descrição curta e onírica de um ou mais dos quatro personagens: Adão, Eva, a serpente e Deus. Você mistura as cartas e escolhe quantas quiser para criar uma história. Se quiser, pode vê-las como uma espécie de divinação. Aqui estão as duas que escolhi ao acaso. Devo acrescentar que as cartas não têm números, os números abaixo são apenas a ordem em que eu as tirei.

Carta Um:
A serpente
inventou a escrita
enquanto ela trabalhava na Terra
rastejando pela
terra fértil
do jardim.

Carta Dois:
E Adão passava todas as noites contando estrelas.

Embora as cartas de Tarô mostrem imagens, uma leitura de Tarô também envolve a linguagem. Recebemos um conjunto de imagens e precisamos traduzi-las em palavras. Podemos dizer, por exemplo: "A carta do Enamorado invertida significa que você se afasta do amor", ou "A carta do Carro indica que você pode ter sucesso se concentrar suas ações e adotar uma postura firme". Essa é uma das razões pelas quais as chamamos de *leituras*, pois traduzimos as imagens em uma história que a pessoa que conhece o Tarô pode ler e explicar ao consulente.

Mas e quanto à escrita? Quando escrevemos algo como uma afirmação absoluta, quando condenamos (ou elogiamos) alguém como se tivéssemos sido contratados para julgá-lo, quando categorizamos ("Você é um Rei de Paus; você é otimista, enérgico etc."), quando *mensuramos* as pessoas, estamos buscando controle. Não sabedoria ou descoberta, mas controle. Isso é como Adão contando as estrelas, uma por uma. Você não consegue realmente ver as estrelas quando as conta, não pode parar ou pode perder a conta. "O Rei de Espadas diz que você é muito inteligente, mas crítico."

Existe outro tipo de linguagem: uma linguagem de instinto e deslumbramento, conectada aos movimentos da energia e ao prazer no corpo e na natureza. Essa linguagem é como a imagem de uma cobra marcando a terra com a sua passagem. Uma leitura em uma linguagem assim muitas vezes contém perguntas tanto quanto respostas. "Quem você vê no Rei de Espadas?"

Você se vê? Como seria estar sentado no trono e segurar essa espada, com todo o seu peso e sua lâmina afiada? Como você lida com pessoas que se curvam a você e pedem sabedoria? Ou é alguém diferente, alguém que julga você? O que é necessário para ir até essa pessoa e pedir ajuda ou sabedoria?"

Ao *lermos* cartas de Tarô, procuremos vê-las como uma escrita inventada pela cobra e não como mais uma noite contando estrelas.

Três

O Instrumento da Nossa Sabedoria

Nos anos dedicados a este trabalho, várias imagens e definições para o Tarô surgiram na minha cabeça, tanto para mim quanto para meus amigos e alunos. Algumas delas examinaremos ao longo deste livro, especialmente na seção "O Tarô Enquanto Estamos Apoiados Numa Perna Só". No entanto, há uma imagem que nos ajudará a adentrar nos mundos que o Tarô nos revela, e é a de que o Tarô é *o instrumento da nossa sabedoria*. O Tarô é a ferramenta que nos ensina, mas também o meio para encontrarmos nossa própria sabedoria e depois a expressar, para nós mesmos e para os outros. Como tantas coisas relacionadas ao Tarô, a expressão carrega muitos significados, mais e mais à medida que consideramos o que significa descrever um instrumento.

O Tarô codifica a sabedoria e isso o torna um instrumento para descobrir e expressar o que encerra esse código. O que isso significa? Não precisamos aceitar a alegação literal da tradição ocultista de que o Tarô é a chave das chaves para reconhecer que a potência dessa alegação, e a crença dos ocultistas nela, trouxe sua própria realidade. Em outras palavras, como acreditavam que o Tarô expressava um sistema universal completo, os ocultistas projetaram *decks* para fazer exatamente isso, da maneira mais abrangente possível. Por exemplo, o *deck* do *Livro de Thoth*, de Aleister Crowley e Frieda Harris, codifica a doutrina cabalística, o sistema de letras hebraicas, os próprios conceitos de Crowley e as designações astrológicas para cada uma das 78 cartas. As ideias e conexões seguem em grande parte a Ordem Hermética da Aurora Dourada, mas também a transcendem, não apenas por meio de várias mudanças, mas ainda mais com as pinturas marcantes de Harris.

Quando alguém lê Tarô usando o *deck* do Tarô de Thoth, recebe uma grande quantidade de informações com cada carta. Isso faz do Tarô um pouco como um *pen drive*. Você codifica uma vasta quantidade de informações no pequeno dispositivo removível, para que depois possa recuperar o que precisa. Na medida em que considera as informações codificadas em qualquer Tarô como *sábias*, você está obtendo muita sabedoria em algo bem pequeno. Ao mesmo tempo, as cartas não são listas de propriedades ou desenhos esquemáticos. São obras de arte e nos emocionam além das informações codificadas.

Muitos Tarôs modernos se basearam nessa tradição esotérica da chave de todo conhecimento. Alguns, como o *Tarot of the Holy Light*, de Christine Payne-Towler e Michael Dowers, utilizaram sistemas elementares diferentes do arranjo padrão da Aurora Dourada, que é: Bastões-Fogo, Copas-Água, Espadas-Ar e Pentáculos-Terra.

O *Tarot of the Holy Light* segue uma tradição europeia na qual Copas corresponde ao elemento Ar e Espadas, ao elemento Água. O *The Alchemical Tarot*, de Robert Place, segue o sistema tradicional, mas também codifica doutrinas complexas da alquimia renascentista.

O Tarô de *Haindl* inclui as letras hebraicas cabalísticas e a astrologia pós-Aurora Dourada (a Aurora Dourada não incluía Netuno, Urano e Plutão – este último ainda não tinha sido descoberto quando formularam seu sistema), mas também inclui runas (letras mágicas germânicas antigas) nas cartas dos Arcanos Maiores e hexagramas do *I Ching*, o oráculo chinês com três mil anos de idade, nas cartas dos Arcanos Menores. O *hexagrama* consiste em um padrão de seis linhas interrompidas ou contínuas dispostas verticalmente.)

A qualidade da sabedoria codificada pode ganhar vida própria. Pouco antes da edição original deste *deck*, Hermann Haindl me disse que planejava uma nova edição do seu Tarô, da qual removeria os hexagramas. O *I Ching* parecia desnecessário e talvez supérfluo para o Tarô, que afinal de contas era essencialmente europeu. Poucos dias depois, ele me disse que havia mudado de ideia. Quando examinou as cartas, descobriu que os hexagramas tinham entrelaçado seus significados com as imagens. Eles eram mais do que um detalhe impresso no canto das cartas; em vez disso, davam às imagens uma outra dimensão. As ideias tradicionais do Tarô e d*o I Ching* haviam crescido juntas em um novo todo, e as cartas perderiam muito se seu elemento chinês fosse removido.

Não é preciso redesenhar as cartas para codificar significados nelas. A tradição esotérica francesa desenvolveu ideias complexas e elegantes a partir das imagens inalteradas do clássico Tarô de Marselha. A crença de que tais significados existem nas cartas incentiva as pessoas a encontrarem significados que os desenhistas originais podem nunca ter pretendido incluir (observe por favor: "podem nunca" não é o mesmo que "nunca"). Uma vez encontrados, no entanto, esses significados existem, e as cartas se tornam uma incorporação física de um vasto, organizado e coerente sistema de leis e estruturas. E uma vez que tenhamos encontrado (ou construído) esse sistema nas imagens, as cartas se tornam um instrumento dele.

Para o cabalista tarólogo, a imagem dinâmica do Mago, com sua varinha e ferramentas e vestes, representa uma letra hebraica, todos os significados simbólicos ao redor dessa letra, um caminho na Árvore da Vida, o treinamento para um mago real, os rituais e outros atos místicos que um mago realiza, o estado mental necessário para realizar esses atos, como é sentir-se experimentando esses atos, a energia da qual um mago se alimenta para realizar sua magia, e mais. A mesma imagem também representará um princípio da ciência, um momento no início da história da criação, qualidades específicas do mundo físico, a luz e suas propriedades, a mente investigativa, a masculinidade (em um sentido puro, não apenas cultural) e ideias e qualidades ainda mais específicas e detalhadas. E tudo isso em uma carta de quatro cores, com outras 77 ao lado dela. O mais importante é que a carta não apenas resume todas essas ideias, mas as *contém* efetivamente. A carta se torna um meio de experimentar as coisas que ela simboliza. Um mago de fato pode usar a imagem para

No sentido horário, a partir do canto superior esquerdo: as cartas do Mago dos Tarôs Shining Tribe, Brady, Marselha e Waite-Smith.

A carta do Mago do Tarô de Thoth.

mergulhar nesses estados, percorrer a Árvore da Vida e compreender como a luz divina se expressa.

Vários pesquisadores contemporâneos sobre a origem do Tarô sugeriram que as imagens derivam da tradição renascentista da Arte Mnemônica. Essa arte consistia em treinar a mente para construir uma imagem geral, como um palácio, com cada item que a pessoa queria lembrar representado como um objeto ou lugar no palácio. A pessoa que desejava lembrar, ou manter distintos, alguns vastos sistemas de pensamento percorreria o palácio em sua mente, com cada detalhe ou conceito visto como uma janela, uma estátua ou um degrau de uma escadaria vividamente imaginada. (Essa ideia foi brilhantemente retratada na série de TV *Sherlock*.)

A Arte Mnemônica não simplesmente formava um vasto sistema de arquivamento como, por meio dele, era possível acompanhar as despesas comerciais. O adepto a utilizava para memorizar uma rede de correspondências (isto é, conexões precisas) que supostamente existiam entre o céu e a terra.

Essa rede incluía disciplinas extensas como a astrologia, a alquimia e as vastas hostes de anjos, demônios e outros seres semelhantes que se pensava governarem todos os aspectos da natureza e de todo empreendimento humano. Se a pessoa desejava fazer algo – digamos, propor casamento, ou talvez transformar chumbo em ouro (o propósito exterior da alquimia) –, era preciso saber a fase correta da Lua, as melhores configurações dos planetas e estrelas, a quais anjos pedir ajuda e assim por diante.

No cerne de todas essas correspondências estava uma famosa doutrina da *Tábua de Esmeralda*, de Hermes Trismegisto: "Assim em cima, como embaixo". (Essa frase é na verdade uma paráfrase de uma declaração mais longa.) Criaturas e acontecimentos no mundo comum refletem a existência divina e as leis e estruturas do universo maior. Tal ideia conecta intimamente a vida humana e a experiência diária com a vastidão e a beleza do céu. Poderíamos conhecer e vivenciar Deus por meio de uma compreensão adequada do mundo físico.

Aqui está um exemplo simples. Se ficar de pé com os braços estendidos para os lados e as pernas afastadas, você forma uma estrela de cinco pontas, ou pentagrama. (O pentáculo, que é um pentagrama dentro de um círculo, tornou-se um dos quatro naipes do Tarô, introduzido pela Aurora Dourada como substituto do naipe mais antigo de Moedas.) Assim, o pentagrama, famoso como um selo mágico, representa o corpo humano.

O pentagrama também aparece em outras partes da natureza. Estrelas-do-mar têm essa forma. Certas flores, incluindo rosas silvestres, têm cinco pétalas. Se você cortar uma maçã ao meio na horizontal, em vez de na vertical, descobrirá uma estrela de cinco pontas perfeita em cada metade. Isso relaciona o mundo das plantas com o corpo humano e muito mais. Se seguirmos o caminho dos planetas a partir da nossa perspectiva aqui na Terra (em vez de calcular o caminho real ao redor do Sol), todos parecem se mover em trajetórias intrincadas dentro de um movimento geral ao redor da Terra. Eles podem levar vários anos para completar um ciclo inteiro. Ao longo de oito anos, o planeta Vênus forma uma flor de cinco pétalas perfeita no céu.

Por isso, Afrodite, a deusa do amor, a quem os romanos chamavam de Vênus, repousa sobre uma cama de rosas ou segura uma maçã. Também é uma das razões pelas quais os europeus identificaram a "fruta" no Jardim do Éden como uma maçã. O corpo humano, a estrela na maçã, as rosas, o planeta Vênus e o amor que anima nossa vida pertencem todos à mesma rede de significados resumidos na simples imagem de uma estrela de cinco pontas.

A rede de correspondências não dependia de símbolos individuais. Uma visão completa do universo a sustentava. Como vimos anteriormente, até Copérnico demonstrar a probabilidade de que a Terra se movesse ao redor do Sol, e não o contrário, as pessoas presumiam que a Terra repousava no centro de uma série de esferas concêntricas. A própria Terra era uma esfera (ao contrário das crenças populares sobre Colombo, ninguém que tivesse instrução achava que a Terra era plana), e além dela, com cada camada cercando as anteriores, giravam as esferas da Lua, do Sol, de Mercúrio, Vênus, Marte, Júpiter e Saturno.

Essas sete esferas planetárias, por sua vez, giravam em contraposição ao movimento mais majestoso das estrelas, e além das estrelas estava o céu, o

Reino de Deus. A esfera menor de todas, muito menor do que a Terra, era uma cabeça humana, a sede da consciência. Para nascer dentro de um corpo humano, uma alma deixava o reino divino e viajava através de cada esfera sucessivamente para chegar ao feto. No momento da passagem da alma, cada esfera planetária ficava em uma determinada posição em relação ao fundo das constelações. Dependendo de sua posição (a Lua na constelação de Virgem, por exemplo, ou Marte em Aquário), a alma assumiria uma qualidade específica. A astrologia era fundamental para o sistema de correspondências, pois continha todo o sistema em cada pessoa e em cada momento.

O propósito da Arte Mnemônica ia além do conhecimento. Se você lembrasse de tudo, se conseguisse colocar cada detalhe preciso de cada correspondência em sua estrutura de memória, então você ganharia domínio sobre a existência. Você se tornaria um mago da criação.

Isso é muito parecido com a visão da Aurora Dourada sobre o Tarô. As imagens simbólicas externalizam a estrutura da memória. Você não precisa mais manter tudo em sua cabeça, apenas precisa aprender o que cada carta contém e como elas se encaixam. Uma casa (ou um palácio) de cartas. O Tarô é o instrumento da nossa sabedoria porque contém os detalhes intrincados da criação, mas também o método para usar todas essas informações. Os ocultistas se referem às cartas do Tarô como chaves, o que geralmente significa algo que desbloqueará segredos e poderes mágicos. Também podemos compará-las às teclas de um instrumento musical (78, dez a menos que o piano). As teclas de um instrumento são notas distintas e você não pode fazer muito com um instrumento até aprender o que cada tecla faz. Tal conhecimento, é claro, é apenas o começo. As notas individuais se combinam em melodias e harmonias, tocadas em ritmos variados. Os símbolos nas cartas individuais do Tarô também se combinam para produzir sistemas complexos de ideias e crenças.

Durante grande parte dos séculos XIX e XX, os intérpretes ocultistas do Tarô concordaram com a estrutura geral do instrumento. Era cabalística, astrológica, alquímica e hermética. Eles apenas discordavam sobre os detalhes. Essas divergências eram intensas, pois, se você acredita que as cartas são tão precisas quanto as notas de um piano e deseja tocar o instrumento, precisa saber exatamente qual tecla no piano é o dó médio. Não adiantará nada saber que uma música começa, por exemplo, com dó-sol-fá, se você não souber onde estão essas teclas.

Mudando de metáfora, se você tem um aro de chaves para destrancar uma fileira de baús do tesouro, você precisa saber qual chave vai em qual fechadura. E, assim, diferentes grupos ocultistas ou professores usavam lógica, tradição ou prática mágica para provar que apenas eles entendiam a verdadeira estrutura do instrumento Tarô e como usá-lo. Podemos mudar de metáfora mais uma vez e dizer que eles realmente viam o Tarô como um instrumento, mas científico em vez de musical, tão preciso quanto um telescópio, que revela as regiões distantes dos céus.

No último terço do século XX, ocorreu uma grande mudança no Tarô. As pessoas realmente começaram a vê-lo como um método menos científico e mais semelhante à música. Quando os intérpretes mostraram que era possível mapear o Tarô em muitos sistemas espirituais e ao mesmo tempo historiadores demonstraram que as cartas não se originaram no antigo Egito ou em convenções secretas de feiticeiros, mas sim como um jogo popular, as pessoas começaram a ver que nós mesmos codificamos os significados nas cartas. E, assim, nem Crowley estava certo nem Waite errado, eles haviam simplesmente criado instrumentos ligeiramente diferentes. Cada instrumento funcionava de acordo com as regras usadas para configurá-lo.

O Tarô é um sistema formal, desenvolvido para um jogo que talvez em si imite a vida. O sistema formal de 22 trunfos e quatro naipes deve vir de algum nível simbólico profundo (mesmo que inconsciente), ou não teria se mostrado tão adaptável a tantas tradições. Por que isso deveria ser assim? Bem, por um lado, a própria forma tem significado básico. Vamos pegar, por exemplo, o número 4. Quando pensamos no quatro, os tarólogos podem imediatamente se lembrar dos quatro elementos medievais que eram considerados as qualidades básicas da existência: Fogo, Água, Ar e Terra. Na verdade, a maioria das interpretações do Tarô assume uma conexão entre esses elementos e os naipes, embora nem todos concordem com qual naipe corresponde a qual elemento (veja, anteriormente, o *Tarot of the Holy Light*). Além dos elementos, os intérpretes cabalistas do Tarô podem olhar para os quatro mundos da criação, cada um com sua própria Árvore da Vida contendo dez *Sephiroth*, assim como cada naipe no Tarô contém cartas de Ás a Dez.

Na verdade, o número 4 e, nesse sentido, o 10 são muito mais básicos para a experiência humana do que seu uso em qualquer sistema simbólico específico. Os seres humanos têm dois braços e duas pernas, totalizando quatro membros. Se você ficar com os braços estendidos para os lados, você cria quatro direções literais: frente, atrás, direita e esquerda. Se estender os dedos e os polegares, terá o número 10. Você também tem dez dedos dos pés que tocam o chão. Se mantiver os pés juntos, formará uma cruz, com quatro pontos (em comparação ao pentagrama formado com as pernas afastadas). O número 4 também nos liga à Terra, pois assim como nosso corpo naturalmente cria quatro direções, o planeta também faz isso. A Terra gira em torno de um eixo, e isso produz um polo norte e um polo sul, mas também um equador ao redor do meio, e leste e oeste.

Todos os dias no equador – e em outros lugares nos dois equinócios (primavera e outono) –, o Sol nasce diretamente a leste, brilha por doze horas e se põe diretamente a oeste, para produzir doze horas de escuridão. Não apenas a rotação da Terra num eixo (inclinado) produz quatro direções, mas também cria quatro momentos distintos no ano, os dois equinócios de dia e noite iguais, e os solstícios de verão e inverno. Ao mesmo tempo, a mudança diária entre o dia e a noite proporciona aquele outro símbolo fundamental, a dualidade, ou "duidade", da luz e das trevas.

O Tarô surge de tais princípios básicos da nossa existência. Só porque ele não ilustrava originalmente alguma doutrina específica não significa que não possamos codificar quase qualquer sistema coerente em sua maravilhosamente flexível estrutura. Uma vez que codificamos essa sabedoria nele, podemos tocar (ou trabalhar) esse instrumento para nos devolver essa sabedoria de maneiras significativas, como os palácios da memória renascentistas.

Vicki Noble e Karen Vogel fizeram isso com o seu *Tarô Motherpeace*. Elas mapearam a história e as práticas do culto à Deusa no Tarô e criaram um instrumento que permitiu que centenas de milhares de pessoas ao redor do mundo não apenas aprendessem sobre a Deusa, mas também trouxessem essa sabedoria para sua vida diária.

Um *deck* mais recente, o *Tarô Dark Goddess*, de Ellen Lorenzi-Prince, incorpora divindades femininas de todo o mundo. O *Tarô Ghetto*, criado por um coletivo de artistas haitianos com orientação para o Tarô e fotografia de Alice Smeets, trouxe as imagens do Tarô poderosamente à vida.

O Tarô é um instrumento da nossa sabedoria porque podemos codificar sistemas e tradições inteiras nele. Também é um instrumento porque podemos fazer coisas com ele para aprofundar nossa consciência pessoal dessas tradições. Se você estabelecer que o Tarô que está usando contém a Árvore da Vida cabalística, então você pode usar as cartas para percorrer as *Sephiroth* e os caminhos. Você pode percorrer a Árvore ao mergulhar nas cartas em meditações específicas; você também pode ver que essas *Sephiroth* aparecem em sua vida diária ao fazer leituras e prestar atenção aos significados cabalísticos. As leituras também lhe darão ideias e *insights* novos sobre a sabedoria cabalística, porque elas trarão combinações incomuns de cartas. Por exemplo, suponha que você escolhesse duas cartas aleatoriamente do Tarô ritual da Aurora Dourada, e elas fossem A Justiça e o Sete de Espadas.

A carta da Sacerdotisa de Bastões do Tarô Motherpiece.

O que você poderia aprender sobre o Sete de Espadas, chamado de "Esforço Instável", se o combinasse com a figura mascarada da Justiça? Espadas é o elemento do Ar, símbolo da mente e do conflito. Como a Justiça age na Árvore do Ar?

A tradição ocultista tende a ver o Tarô como um instrumento *científico*. O autor Lon Milo DuQuette escreve sobre seu *Tarot of Ceremonial Magick*:

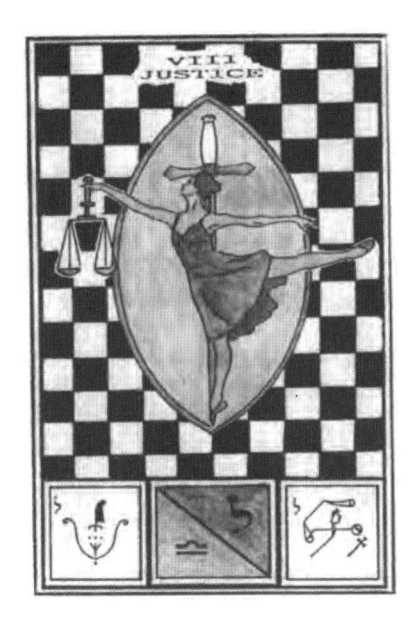

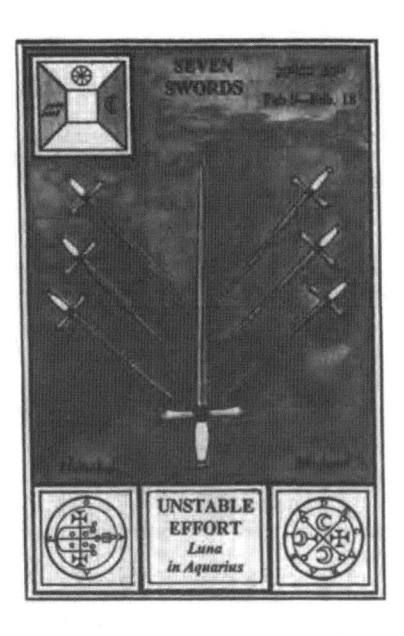

As cartas da Justiça e do Sete de Espadas do Tarot of Ceremonial Magick.

"O tarô é o DNA da Cabala. Decodificado adequadamente, revela não apenas os mistérios da Cabala, mas também os da Magia Cerimonial e de todos os outros sistemas baseados na Cabala". Essa é a grandiosa tradição esotérica ocidental. No entanto, DuQuette é do seu tempo e, portanto, acrescenta um comentário que os antigos mestres ocultistas nunca teriam incluído: "Não é nossa intenção afastá-lo de qualquer Tarô que você possa estar usando no momento, mas ajudá-lo a entender o poder incalculável e a importância do *deck* que estiver usando".

Um instrumento científico é preciso, cuidadosamente projetado e calibrado para produzir efeitos exatos. Muitos tarólogos modernos veem as cartas mais à maneira de um instrumento musical. Nós nos aproximamos com um espírito lúdico, com abertura para as maravilhas que podemos extrair dele. Sabemos que precisamos praticar, seja o nosso objetivo conhecimento, meditação ou leituras, e, quanto mais praticamos, melhor ficamos, embora sempre haja mestres que possam nos deslumbrar com sua capacidade de brincar e interpretar.

Há também diferentes tipos de música. Abordar o Tarô na tradição cabalística da Aurora Dourada faz dele o equivalente à música clássica: altamente estruturada, complexa, em camadas e com significados fixos. Aprender esse sistema pode levar muitos anos. As recompensas (e as promessas) são muitas, pois você aprenderá um arcabouço de ideias e imagens e se treinará para o poder e a consciência mágica. Algumas pessoas até dizem que você pode mudar sua estrutura molecular.

Mas, assim como um músico clássico, você também deve se submeter a um conjunto fixo de significados e crenças. O Tarô da escola Builders of the Adytum [Construtores do Adytum] (BOTA) vem em preto e branco para que você possa personalizá-lo, colorindo-o você mesmo. No entanto, o curso oferece instruções precisas sobre quais cores usar, pois, na tradição cabalística, cada cor afeta a psique de maneira precisa, e usar uma cor não intencional não é uma escolha estética, mas simplesmente errado. Do mesmo modo, se um músico clássico se desviar da partitura de uma obra de Brahms ou Rachmaninoff, ele não tomará uma decisão criativa, mas cometerá um erro.

No outro extremo dos usos do Tarô, podemos pensar na divinação básica como a música folclórica do Tarô. Assim como nas músicas folclóricas, ninguém realmente sabe a origem precisa das fórmulas usadas na divinação: a "viagem pela água" ou "um mensageiro traz notícias tristes" ou "um bom resultado em um assunto que envolve a lei". Diferentes fontes apresentam versões ligeiramente diferentes, assim como uma canção folclórica como "Barbara Allen" terá melodias e letras variadas. Como as músicas folclóricas, as fórmulas de divinação são simples e cativantes. São fáceis de aprender, muitas vezes impressionantes em sua utilidade, mas muito limitadas em sua sabedoria. Elas podem nos mostrar o que vai acontecer, mas não o que isso significa.

Muitas abordagens contemporâneas do Tarô se concentram em interpretações originais e complexas. Tarólogos e outros que estudam as cartas buscam descobrir novos significados, a partir do modo como as cartas se apresentam nas leituras e de um jeito sempre novo de olhar as imagens. Eles podem improvisar muito enquanto criam novos significados na hora, a

As cartas do Seis de Espadas e do Quatro de Bastões (ou Paus) do Tarô Waite-Smith.

partir de uma leitura, ou da arte, como um desenho ou uma colagem que decidiram fazer de uma carta específica. Em outras palavras, eles estão tocando *jazz* com o Tarô. Como os melhores músicos de *jazz*, que sempre conhecem a tradição, eles se baseiam em um conhecimento profundo da Cabala e de outros sistemas de Tarô. Mas então eles partem dali. O lema do lendário grupo de música de vanguarda Art Ensemble of Chicago poderia facilmente se aplicar a músicos de jazz com o Tarô, como Mary K. Greer e Robert M. Place: *Do Antigo ao Futuro*.

Se alguma vez houve um classicista do Tarô, foi Arthur Edward Waite, que projetou o *deck* de Tarô mais popular do mundo, o Tarô Waite-Smith, cujas imagens foram pintadas à mão por Pamela Colman Smith. Embora Waite tenha permitido algumas abordagens radicais, como a reformulação da carta do Enamorado, ele considerava seu *deck* como um Tarô "retificado" e a "Única Chave Verdadeira". Ironicamente, muitos improvisadores utilizaram as cartas desse Tarô como seu principal instrumento. Trabalho com o Tarô Waite-Smith há mais de cinquenta anos e ainda me surpreendo com sua capacidade de inspirar novas interpretações. Suspeito que Waite não teria gostado disso (assim como provavelmente consideraria o *jazz* uma abominação). Mas talvez eu esteja sendo injusta, pois, na verdade, embora Waite afirme que é um erro pensar nos Arcanos Menores como se tivessem um simbolismo "superior", ele continua dizendo (em seu livro *The Pictorial Key to the Tarot*)* que "o campo de possibilidades adivinhatórias é inesgotável" e "mas as imagens são como portas que se abrem para cômodos inesperados, ou como uma curva na estrada aberta, com ampla perspectiva à frente".

O uso do *deck* como um instrumento de jazz deriva das pinturas de Pamela Colman Smith. Elas aparecem como as ilustrações de uma história sem palavras. Os amigos de Smith a chamavam de "Pixie", e como esse espírito brincalhão, ela pegou o Tarô e fez truques com ele que abriram para sempre as possibilidades das cartas.

Nós já examinamos o Tarô como um instrumento científico para desvendar os segredos da criação ou um instrumento musical que podemos tocar em diferentes estilos. Há outra maneira pela qual as cartas atuam como um instrumento de sabedoria, e ela é muito simples. Podemos fazer perguntas a elas.

Sempre que fazemos uma leitura, mesmo que apenas perguntemos: "Mickey me convidará para o baile?", absorvemos alguma medida do ensinamento simbólico do Tarô junto com as respostas. Podemos descobrir os planos de Mickey, mas também algum pequeno confronto com nossa própria passividade. Podemos aprender a buscar um autoconhecimento maior. *O que me impede de encontrar alguém?* ou *Por que sempre me apaixono pelo mesmo tipo de pessoa?*

Mas por que perguntar apenas sobre nós mesmos ou outras pessoas? Somos tão importantes que só queremos saber sobre nosso próprio destino?

---

* *A Chave Ilustrada do Tarô de 1911*, publicado na Parte Dois de *O Tarô Original Waite-Smith 1909*, de Sasha Graham, Arthur E. Waite e Pamela Colman Smith. São Paulo: Pensamento, 2024, p. 303.

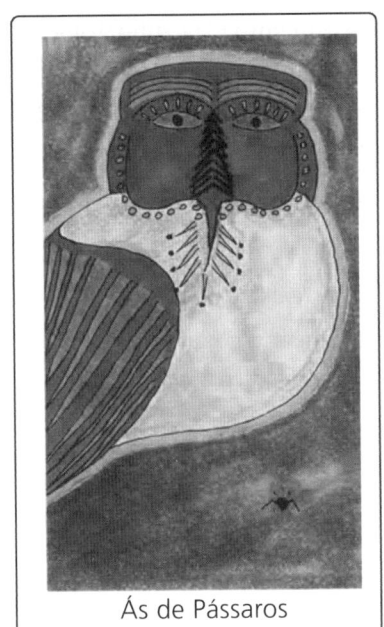

Ás de Pássaros	**Lugar de Rios**
O que é a alma?	Como formamos a alma?
 **Despertar**	 **Conhecedor de Pássaros**
O que a alma quer de nós?	O que a alma nos dá?

Com um instrumento tão poderoso, por que não fazer perguntas diretas sobre sabedoria espiritual? Há alguns anos, na aula anual que dou com Mary K. Greer, decidi buscar conhecimento sobre a alma. Mary e eu havíamos escolhido "formação da alma" como tema do ano e me ocorreu que, em vez de refletir sobre o que as cartas do Tarô ensinam sobre o assunto, eu poderia simplesmente perguntar a elas.

Então fiz uma leitura em que formulei uma série de perguntas em torno do tema "O que é a alma?" O Tarô era o *Shining Woman*, da minha autoria, agora revisado e republicado como *Shining Tribe*. A leitura segue abaixo.

O Ás de Pássaros (tradicionalmente o Ás de Espadas) – a carta que respondeu à pergunta "O que é a alma?" – deriva de uma antiga placa egípcia. Ela mostra uma coruja à noite, com íris brilhantes e penetrantes que nos encaram nos olhos. As corujas são criaturas fortes que caçam à noite, capazes de ver e

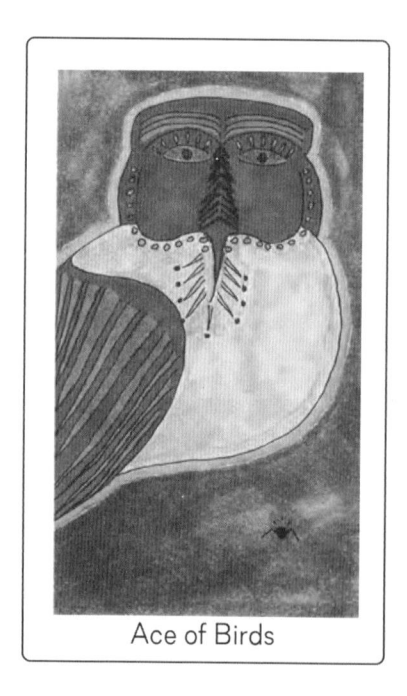

As cartas do Ás de Pássaros do Tarô Shining Tribe e a do Às de Espadas do Tarô Waite-Smith.

atacar suas presas na escuridão. As qualidades especiais de suas asas permitem que voem em completo silêncio. Podemos dizer que a alma caça a verdade e o significado nos mistérios e na escuridão da vida. A alma não se anuncia, nem mesmo para a nossa própria mente consciente. Em vez disso, ela voa para lugares altos e mergulha atrás do que precisa para crescer e se fortalecer.

Muitos de nós pensam nas corujas vagamente como professores distraídos. Essa imagem vem da Walt Disney e de outros cartunistas ou escritores infantis que reduziram uma ideia muito antiga. A reputação que a coruja tem de demonstrar sabedoria vem de sua habilidade de virar a cabeça completamente, permitindo que olhe em todas as direções. Do ponto de vista simbólico, ela pode enxergar o passado e o futuro. A coruja se tornou o animal familiar de Atena/Minerva, deusa da sabedoria, mas também do compromisso feroz. Podemos descrever sabedoria e comprometimento como qualidades da alma. O povo nativo dos algonquinos, da América do Norte, descreve a coruja como o pássaro anímico perfeito.

Compare o Ás de Pássaros com sua equivalência tradicional, o Ás de Espadas. As espadas simbolizam o intelecto, que pode cortar a ilusão e derivar princípios abstratos da existência. Embora o naipe dos Pássaros no *Tarô Shining Tribe* represente a mente, ele foca menos no intelecto e mais na criatividade, na arte e na profecia. Quando buscamos essas coisas, nos tornamos como a coruja, caçadores na escuridão da existência.

O termo "formação da alma", título da nossa aula naquele verão, vem do psicólogo James Hillman (que por sua vez o emprestou do poeta do século XIX John Keats). Hillman gostava de dizer que o espírito sobe e a alma desce, o que significa que o espírito é a qualidade em nós que ascende à unidade com a consciência divina, enquanto a alma nos leva para as profundezas ocultas e complexas. Agora pense na coruja que voa para *baixo* nos céus noturnos e compare isso com o Ás de Espadas do Tarô Waite-Smith, em que a lâmina aponta para *cima* e penetra a coroa da realidade material para alcançar a mente pura.

As outras cartas da leitura aprofundam ainda mais (uma boa palavra no estilo de Hillman) a nossa consciência da alma. "Como formamos (criamos) a alma?" nos trouxe a carta Lugar de Rios (Valete de Copas nos Tarôs tradicionais). Uma figura está sentada em meditação à beira de uma lagoa profunda. Uma maneira de enriquecermos nossa alma é a simples disposição de examinar as profundezas desconhecidas e a escuridão da nossa vida, e fazer isso com paz e aceitação. O Valete de Copas do Tarô Waite-Smith evoca uma qualidade semelhante, com sua imagem de um jovem que observa pacificamente um peixe subir da taça que ele segura. (Nos últimos anos, fiquei fascinada com a ideia de que o peixe está, na verdade, conversando com ele, como nos contos de fadas.)

Quando perguntamos o que a alma quer de nós, obtemos a carta 20 dos Arcanos Maiores, chamada "Despertar" no *Tarô Shining Tribe*, e "Julgamento" nos Tarôs tradicionais. A carta geralmente mostra o Juízo Final bíblico, em que o anjo toca sua trombeta e os mortos se levantam das sepulturas. Na doutrina

As cartas do Lugar de Rios do Tarô Shining Tribe e
do Valete de Copas do Tarô Waite-Smith.

cristã, os mortos realmente recebem o Julgamento, com alguns sendo enviados ao céu e a maioria ao inferno. No entanto, na carta de Tarô "Julgamento", todos se levantam com alegria. Ao longo dos anos em que dei aulas de Tarô, vi muitas pessoas ficarem perturbadas com a palavra "julgamento". Esse foi um dos motivos pelos quais mudei o título para "Despertar". A alma quer que despertemos. Precisamos reconhecer nosso verdadeiro eu, nossa conexão com a alegria divina, e compartilhá-la com os outros. Por esse motivo, vemos um cenário urbano na carta. Os prédios têm 22 janelas, enquanto 22 raios de luz brilham ao redor da cabeça do espírito. (Ambas as correspondências foram acidentais e surgiram sem um plano consciente.)

A carta final, o que a alma nos dá, nos leva de volta ao naipe de Pássaros, com o "Conhecedor" (o equivalente ao Cavaleiro de Espadas, embora na verdade mais maduro em sua sabedoria). A carta retrata Tsang Chieh, o lendário criador chinês do *I Ching*. Se estivermos dispostos a olhar profundamente para os mistérios, a nos sentar em silêncio e a despertar, então a alma nos dará sabedoria e inspiração. No mito, Tsang Chieh criou a escrita quando viu imagens caindo do céu e as combinou com os rastros de tartarugas e pássaros. A história envolve visões oraculares. Tartarugas e pássaros são animais divinatórios. Eles representam o lado sistemático dos oráculos, pois as pessoas estudam os padrões de voo das aves e as marcações nas carapaças de tartaruga em busca de pistas divinatórias. As imagens do céu significam o aspecto profético ou visionário do vidente. A alma nos dá tanto conhecimento quanto inspiração.

Essa foi a primeira experiência no que eu passei a chamar de leituras de Sabedoria. Note que ela não requer informações pessoais, mas sim compreensão sobre uma questão importante. Poderíamos criar uma tiragem pessoal a partir da pergunta. Poderíamos perguntar: "O que é a *minha* alma? O que ela quer de *mim?*". Mas, com um instrumento tão poderoso, por que perguntar apenas sobre nós mesmos? Artistas e intérpretes passaram séculos despejando conhecimento, ideias e visões nas cartas para torná-las um verdadeiro instrumento de sabedoria. Por que não as deixar falar conosco sobre questões além das nossas próprias circunstâncias?

Precisamos nos lembrar de que os antigos consideravam a Sabedoria um ser real. A Bíblia hebraica a chama de *Chokmah*, um nome posteriormente adaptado para a segunda *Sephirah* na Árvore da Vida da Cabala. Os gregos lhe deram o nome de Sophia; ela permaneceu no Cristianismo como Hagia (Santa) Sophia. Quando imaginamos uma qualidade abstrata como uma pessoa, tornamos isso mais real. Chamar o Tarô de "instrumento de sabedoria" permite que nos vejamos em comunicação direta, por meio das cartas, com *Chokmah*/Sophia. Nosso estudo, nossa meditação e nossas leituras se tornam mais intensos quando nos permitimos visualizar a Sabedoria dessa maneira.

Vários dias após a pergunta "O que é a alma?", decidi fazer outra pergunta. "O que é o Tarô?" A resposta foi o Seis de Árvores (Seis de Bastões ou Paus nos *decks* tradicionais). A imagem mostra uma mulher animada e de aspecto cartunesco caminhando por árvores estranhas e distorcidas com troncos pintados. Existem significados variados para essa carta, como a capacidade de desarmar uma situação perigosa ao atravessá-la com grande confiança. Ao considerarmos que as pessoas muitas vezes leem as cartas em momentos de medo, dor ou ansiedade, podemos ver o Tarô como um guia que nos conduz através de um território desconhecido e temeroso. Pense em todas as pessoas que dizem que o Tarô as assusta.

No entanto, às vezes, o significado mais expressivo de uma carta reside na imagem literal. As pinturas nas árvores contêm olhos de coruja (a imagem deriva de uma série de ossos esculpidos de cinco mil anos encontrados na Espanha). Olhos de coruja aparecem no ar, e um rosto de coruja com outros símbolos está sob o solo onde a mulher caminha. Se a alma é uma coruja, então essas árvores se tornam uma floresta de almas, e o Tarô, como o título deste livro diz, é "um caminho esotérico através dessa floresta".

Somos, cada um de nós, uma criatura misteriosa, desconhecida tanto para nós quanto para os outros. Somos caçadores, ferozes em nosso desejo por significado e amor. Juntos, formamos uma paisagem complexa e perigosa. O Tarô nos ajuda a percorrer essa paisagem. Ele nos ensina ao mesmo tempo em que nos ajuda a encontrar nosso caminho. Ele permite que nos olhemos, que vejamos como as vidas se encaixam e qual possível significado está por trás, ou no cerne, dos acontecimentos. Se quisermos, podemos usá-lo para olhar para esses mistérios mais profundos sob a superfície da nossa vida cotidiana, os símbolos que espreitam sob os pés confiantes da mulher da carta.

As duas leituras, "O que é a alma?" e "O que é o Tarô?", deram início à prática das leituras da Sabedoria. Neste livro, levaremos essa prática a lugares memoráveis, incluindo perguntas sobre como falamos com Deus e até mesmo como Deus criou o mundo. Pois, se personificamos a Sabedoria como a Deusa de toda a verdade, por que não perguntar a ela as coisas que realmente queremos saber?

Cinco anos após essas primeiras leituras, eu estava dando aula para uma pequena turma de leitores de Tarô quando Caroline Jerome, uma esotérica e vidente brilhante, perguntou: "Deus tem alma?". Eu não sonharia em tentar responder a uma pergunta como essa por conta própria, não quando o instrumento de nossa sabedoria está ao alcance das mãos. Então sugeri que

A carta do Três de Bastões/Virtude do Tarô de Thoth.

Caroline consultasse suas cartas. Ela as embaralhou com apreensão e a carta que saiu, do Tarô de Thoth, de Crowley e Harris, foi o Três de Bastões (Paus).

O subtítulo dessa carta, "Virtude", indica a pureza da pergunta (e do consulente). A imagem, na verdade, fornece uma resposta forte, pois, de acordo com Caroline, ela mostra o movimento do espírito para a forma física. A tradição cabalista associa Bastões a *Atzilut*, o primeiro dos quatro mundos da criação. Esse é o elemento Fogo, mais próximo da essência pura de Deus. O 3 de cada naipe representa *Binah*, a terceira *Sephirah* ou nível de energia na Árvore da Vida. *Binah* se traduz como Entendimento e harmoniza as duas primeiras *Sephiroth*. Podemos descrever a alma como aquilo que harmoniza e compreende? Do ponto de vista astrológico, a carta representa o Sol em Áries (podemos ver isso pelo símbolo do Sol no topo do bastão central e pelo símbolo de Áries na parte inferior). Ela simboliza a primavera e o início de uma nova vida.

Para os cristãos, os três bastões brilhantes podem simbolizar a Trindade, enquanto, para os adoradores da Deusa, podem representar a Donzela, a Mãe e a Anciã da Deusa Tríplice. Em ambas essas religiões (e em muitas outras), a unidade da energia divina se manifesta de forma distinta ao se expressar em termos de três. Caroline Jerome comentou que essa imagem mostra os três níveis mais elevados na Árvore da Vida à medida que criam *Da'ath* ou Conhecimento, uma espécie de *Sephirah* invisível que conecta os três com os sete níveis inferiores, que são mais acessíveis à compreensão humana. O Conhecimento nos permite atravessar a barreira. Poderíamos descrever a alma como o conhecimento que une a experiência física à verdade sagrada? Considerando tudo em conjunto, a "alma divina" de Deus nos chega na forma dada à energia sagrada. O Três de Bastões implica que a "alma divina" significa as maneiras pelas quais nós mesmos podemos compreender verdades espirituais.

Quatro

A Pergunta de Duas Partes: Uma Leitura sobre Divinação

Alguns anos atrás, os programas noturnos de entrevista na televisão costumavam apresentar ocasionalmente um comediante chamado "Professor" Irwin Corey, que parodiava discursos acadêmicos bombásticos, dizendo absurdos de maneira grandiosa. Ele usava o cabelo desarrumado e vestia um *smoking* desgastado e largo demais, com tênis de basquete pretos baratos. (Isso foi antes da era da Nike e de outros tênis esportivos de alta qualidade.) Quando Corey terminava seu número e se sentava, o apresentador (Johnny Carson ou quem quer que fosse) lhe perguntava: "Por que você usa tênis?"

O Professor ficava de pé e, com seu tom mais grandioso, dizia: "Você apresenta uma pergunta de duas partes! 'Por quê?' tem atormentado as maiores mentes ao longo dos séculos. Filósofos, teólogos e cientistas todos ponderaram essa questão elementar, por quê. Está longe de mim, no curto tempo que me foi concedido, tentar responder 'Por quê?' Eu uso tênis?". Pausa. "Sim."

Penso em Irwin Corey quando as pessoas me perguntam "Como o Tarô funciona?". Quero responder: "Você me apresenta uma pergunta de duas partes... *Como* tem deixado perplexas as maiores mentes por milênios. O Tarô funciona? Sim".

No entanto, podemos considerar várias teorias. A resposta mais antiga na verdade antecede o próprio Tarô em vários milhares de anos. O que eu chamo de visão "arcaica" da divinação (aleatória) pressupõe que deuses ou espíritos guiam nossas mãos para que as cartas (ou varetas, búzios ou qualquer outro objeto que possamos usar) caiam na ordem correta.

Similar a essa visão, mas expressa em linguagem moderna, muitas pessoas dirão, com grande convicção, que o "Eu Superior" da pessoa conhece os desenvolvimentos futuros, sabe quais cartas expressarão melhor esses desenvolvimentos, sabe onde essas cartas estão no *deck* antes de embaralhar e sabe exatamente como misturar as cartas (assim como controlar as mãos) para que as corretas surjam na ordem certa. O que exatamente esse Eu Superior é permanece um mistério, exceto que pertence a você em vez de algum poder sobrenatural fora de você.

A Teoria das Correspondências (assim em cima, como abaixo), que em certa medida alinha o Tarô aleatório com sistemas de divinação fixos, sugere que as informações aparentemente aleatórias de alguma forma "anseiam" se alinhar com a vida e o destino da pessoa. O embaralhamento permite que isso aconteça.

Uma visão mais cínica insiste que o Tarô ou qualquer outro sistema de divinação na verdade não faz absolutamente nada. Os símbolos são vagos o suficiente para que possamos impor qualquer significado que desejarmos sobre eles e adaptar nossa interpretação antes e depois dos acontecimentos para dar às cartas uma aparência de previsão. Quando leitores de Tarô descrevem algumas das coisas incríveis que viram em leituras – os casos amorosos que descobriram nas cartas dos seus amigos, os avisos de perigo de um processo judicial, a previsão de casamento para solteironas ao longo da vida (tudo baseado na minha própria experiência) – os cínicos, que se autodenominam racionalistas, afirmam com confiança que, se você fizer leituras suficientes, acertará algumas previsões por pura sorte.

O que sempre me interessa em relação a essas pessoas é a expectativa de que eu discutirei com elas. Eu não posso falar pelos outros tarólogos, mas, falando por mim, não tenho nada contra esse ponto de vista (embora ele não corresponda à minha experiência). O que me preocupa é o significado e a descoberta da consciência espiritual, não previsões infalíveis e revelações secretas. Na verdade, tais previsões às vezes podem nos desviar dos mistérios mais profundos que podemos encontrar nas cartas. E se *impusermos* significado, se as cartas simplesmente nos derem a oportunidade ou inspiração para ver nossa vida de novas maneiras, pessoalmente eu não tenho objeção. E ainda assim – algo que eu e muitos outros leitores observamos –, quando a necessidade é mais urgente, a situação de vida é difícil ou simplesmente significativa, as cartas falam com mensagens inconfundíveis.

Existem outras abordagens. Em *Sincronicidade*, o psicólogo Carl Jung e o físico Wolfgang Pauli deram os primeiros passos para uma explicação científica da divinação. Eles postularam um princípio "acausal" que chamaram de sincronicidade. (*Acausal* significa "sem uma causa física direta"). Definida como coincidência significativa, a sincronicidade busca explicar como pessoas e acontecimentos se unem de maneiras estranhas e como oráculos aparentemente preveem o futuro. Infelizmente, a menos que possamos explicar exatamente como esse princípio funciona ou medir seus efeitos, "sincronicidade" significa pouco mais do que um título impressionante. Poderíamos compará-lo à gravidade. Quando Newton apresentou as leis da gravidade, o conceito parecia quase tão bizarro quanto a divinação. (Na verdade, Newton dedicou mais de sua vida à Astrologia e à Alquimia do que à gravidade). Como o Sol poderia afetar o movimento da Terra quando havia quase 150 milhões de quilômetros entre eles? Newton nomeou sua ação a distância de "gravidade" e então desenvolveu equações matemáticas exatas para que as pessoas não pudessem negar sua realidade. Até o momento, ninguém fez a mesma coisa pela sincronicidade.

Nos últimos anos, as explicações para o Tarô e outros sistemas de divinação têm se concentrado na teoria quântica, o ramo da física que estuda o comportamento de partículas subatômicas. Essas partículas muitas vezes agem de maneiras muito estranhas, e algumas dessas maneiras sugerem uma conexão acausal. Por exemplo, as partículas às vezes parecem surgir do nada ou até mesmo se mover para trás no tempo. O livro *Hyperspace*, de Michio Kaku, descreve um experimento no qual um pósitron e um elétron, duas partículas com as mesmas qualidades, mas carga oposta, colidem e explodem. Parecia, no entanto, que a energia da explosão voltava atrás para causar a existência das duas partículas originais. Parecia que elas tinham dado origem a si mesmas.

Os tarólogos não procuram a física quântica para buscar uma teoria de divinação, mas sim uma demonstração de que causa e efeito não são tão simples como parecem e que uma conexão pode existir entre duas coisas que aparentemente não têm nada a ver uma com a outra, como cartas de Tarô embaralhadas aleatoriamente e os acontecimentos na vida de uma pessoa. Nesse sentido, alguns tarólogos acham o conceito de "partículas entrelaçadas" muito empolgante. Entrelaçamentos ocorrem quando duas partículas se tornam conectadas de forma poderosa, como quando os físicos dividem um único fóton (a partícula básica da luz) em dois fótons idênticos. Você pode separar duas partículas entrelaçadas, movê-las a quilômetros de distância uma da outra, e elas se comportarão como se estivessem em comunicação instantânea. Se você configurar um experimento em que um fóton tenha que escolher entre dois caminhos, o outro fará o mesmo movimento no exato momento. Note a última frase. Os instrumentos mais sofisticados não detectam nenhum intervalo de tempo entre os dois movimentos. Assim, duas coisas sem comunicação direta se comportam como se estivessem fisicamente conectadas.

Albert Einstein achava essa situação perturbadora. Ele a chamou de "fantasmagórica" e argumentava que as partículas apenas pareciam se comportar em sincronia. Elas agem de maneiras semelhantes, ele afirmava, a partir do que ele chamava de "causas locais". Em outras palavras, trata-se apenas de uma coincidência, o mesmo argumento usado quando as cartas de Tarô preveem algum acontecimento incomum. Desde o tempo de Einstein, as evidências se tornaram tão fortes para o entrelaçamento que militares e corporações agora planejam usar essas partículas para criar "códigos quânticos" invioláveis.

Os físicos quânticos muitas vezes enfatizam que aquilo que acontece no mundo subatômico das partículas elementares não tem relação com a realidade comum, que não podemos usar partículas entrelaçadas para reforçar argumentos a favor da telepatia ou da divinação. Mas considere gêmeos idênticos. Assim como fótons entrelaçados, eles são gerados (no útero) como um único embrião e depois se dividem em duas cópias genéticas exatas uma da outra. Gêmeos idênticos que se separam no nascimento e depois se encontram vários anos depois muitas vezes descobrem que agiram em conjunto durante a vida toda, por exemplo, casando com pessoas com o mesmo nome e no mesmo dia. Uma boa amiga minha é uma gêmea idêntica, exceto que ela é destra e a irmã é canhota. Em outras palavras, elas são imagens espelhadas uma da outra. Minha amiga me contou uma vez que, se ela machuca o pé direito, mais tarde descobre que a irmã machucou o pé esquerdo no mesmo instante.

Outra boa fonte para explicar a pergunta "como" é a filosofia/religião espiritual chinesa chamada Taoismo. O "Tao" se refere a um fluxo de energia por toda a existência. Se você se movimenta ou descansa em harmonia com o Tao, todas as coisas se tornam possíveis. Se você resiste ao Tao, você não consegue realizar nada. Quando embaralhamos as cartas para fazer uma leitura, abrimos mão do controle consciente sobre a ordem em que elas aparecerão e deixamos que o Tao as comande e direcione a tiragem. Mais do que fazer previsões, elas nos mostram como a energia flui.

Encontramos uma visão semelhante no sistema adivinhatório e espiritual da África Ocidental conhecido como Ifá. De acordo com Stephen Karcher, em *The Illustrated Guide to Divination*, o Ifá não prevê acontecimentos, mas "dissolve a resistência" entre o eu interior da pessoa, o modo como ela age na sociedade e o mundo espiritual. Isso é como muitas abordagens contemporâneas do Tarô, que analisam o que bloqueia a pessoa e como ela pode "superar" o bloqueio. (Observe a ênfase ocidental na força – não "dissolve", mas "quebra".)

Nós examinamos teorias mitológicas e científicas, místicas e psicológicas, todas em relação à antiga pergunta "como?" Mas por que nos limitarmos às nossas próprias teorias se temos outro recurso para nossas investigações? Pois, se o Tarô de fato funciona e se ele pode se tornar um instrumento da nossa sabedoria, por que não perguntar a ele sobre ele próprio? Decidi tirar três cartas, sem perguntas específicas além da genérica: "como?". Mais uma vez, usei o *Tarô Shining Tribe*, meu instrumento de sabedoria favorito.

As três cartas foram o Carro, a Tradição (chamada de Hierofante na maioria dos Tarôs modernos) e o Porta-voz de Rios (Rei de Copas).

O Carro é uma carta da vontade. O Tarô funciona em parte porque desejamos que ele funcione. Isso não é a mesma coisa que dizer que apenas pensamos ou fingimos que ele funciona. A tradição esotérica ocidental há muito reconhece a importância da vontade na criação da magia. Escritores da Ordem Hermética da Aurora Dourada às vezes definem toda empreitada como o treinamento da vontade mágica.

Encontramos uma ideia semelhante na física quântica. Nesse caso, não é na verdade a vontade, mas simplesmente o observador que determina a realidade, que de fato traz a realidade à existência. A física clássica considerava o observador como estando fora do experimento e, em última instância, fora da existência. A "Nova Física" do início do século XX mudou isso. O famoso princípio da incerteza de Werner Heisenberg demonstrou que nossa presença sempre afeta um experimento ou qualquer outra coisa que observamos.

Ideias mais recentes descrevem o observador consciente como fundamental para a própria realidade. O universo e todas as suas partes não existem em estados fixos, mas em uma onda de probabilidades. No momento em que a consciência observa algo, a onda se colapsa na condição sólida que consideramos como o mundo real.

A carta do Carro mostra esse observador poderoso. Ela até contém a imagem de uma onda, no rio espiritual acima da cabeça dele. Ele alcança essa onda e traz a existência física. O Carro é a carta 7 dos Arcanos Maiores. As cartas anteriores mostram princípios e experiências arquetípicas, como luz e escuridão, pais, natureza, sociedade e amor. O Carro é a carta que reúne tudo isso para formar uma vida.

Na física quântica, o observador geralmente desempenha um papel passivo. Ele simplesmente observa, e as probabilidades se transformam em realidade. Como o Carro é uma carta da vontade, ela sugere que na divinação existe um intuito deliberado. Devemos direcionar nossa vontade para que o

As cartas do Porta-voz de Rios, do Carro e da Tradição do Tarô Shining Tribe.

significado possa emergir. Isso não significa uma decisão consciente, no sentido de "Agora vou criar realidade a partir de uma onda de probabilidades". O próprio ato de embaralhar as cartas e tentar entender o que elas significam é uma espécie de declaração de intenção.

O Tarô funciona porque usamos nossa vontade (mesmo que inconscientemente) para acessar o rio de probabilidades representado por todas as cartas e tirar exatamente aquelas que descreverão os desenvolvimentos mais prováveis. Ele funciona porque olhamos para as várias cartas e as reunimos com o intuito de produzir uma narrativa significativa da vida de uma pessoa.

O Tarô tem potencial para ir além disso. Ele pode nos ajudar a tomar consciência de nossas intenções ocultas. Por exemplo, pode nos ajudar a ver as maneiras pelas quais destruímos nossos relacionamentos e as experiências ocultas da infância que podem nos levar a fazer algo assim. As leituras de Tarô podem nos ajudar a nos libertar de nosso condicionamento e padrões passados. Isso permite que nos tornemos criadores mais conscientes da realidade da nossa vida.

O uso de ideias quânticas nos dá um vocabulário científico para descrever o que o Carro nos diz sobre como o Tarô funciona. Podemos dizer algo semelhante em termos espirituais se descrevermos o rio celestial acima da cabeça do Condutor do Carro como o fluxo de energia divina que percorre toda a existência e dá vida ao que de outra forma seria um universo morto. Quando fazemos uma leitura de Tarô, e a fazemos com intenção séria, atingimos esse fluxo de energia (o Tao, para usar o termo chinês) e extraímos imagens da realidade. A mistura aleatória das cartas nos permite contornar crenças conscientes e informações para trazer as melhores imagens (como a carta do Carro nesta leitura).

Em qualquer leitura de Tarô, a própria carta é, na verdade, apenas metade da resposta para uma pergunta. A outra metade está na maneira como a interpretamos. Isso também envolve a vontade, pois devemos nos esforçar para explorar o que a carta pode significar e, em seguida, aplicar o que obtivemos da carta às perguntas ou situações reais.

A segunda carta, Tradição, nos lembra que o Tarô funciona em parte porque recorremos a várias tradições para estabelecer o que as cartas significam para nós. No nível mais direto, confiamos nas tradições de divinação. As várias fórmulas – a famosa "uma pessoa alta e de pele escura" ou "uma viagem pela água" – conectam nossa leitura a uma espécie de mundo próprio, uma espécie de universo artificial que colocamos sobre o real. O fato de as pessoas terem usado essas fórmulas por séculos lhes confere poder.

Como esse mundo artificial de previsões se conecta ao mundo real? A imagem mostra cinco espíritos disfarçados de rochas. Linhas passam por eles. Dentro dos círculos, as linhas são douradas, para simbolizar compreensão e consciência. Fora, as linhas são verdes para representar o crescimento em nossa vida diária. Será possível que as cartas e seus significados tradicionais atuem como uma espécie de transformador elétrico para conectar eventos reais, incluindo acontecimentos futuros, a uma maneira pela qual podemos entender o que eles significam? Transformadores reduzem a energia bruta da eletricidade para que ela assuma uma forma útil. No Carro, nós nos esforçamos para alcançar um rio de energia pura. A carta da Tradição nos mostra como as cartas físicas e seus significados tradicionais fragmentam essa energia em declarações simples que podemos entender e usar em nossa vida.

As cartas do Tarô têm outro tipo de tradição, mais complexa do que a divinação. Desde Antoine Court de Gebélin no século XVIII, as cartas carregam várias doutrinas sagradas, principalmente a Cabala. As ideias e crenças colocam nossas intuições e emoções sobre as cartas em um quadro significativo. Assim como as linhas verdes são transformadas em ouro, as tradições metafísicas do Tarô transformam nossas perguntas e preocupações em conscientização do propósito da nossa vida.

Nós nos tornamos mais teóricos do que poderíamos esperar. O Porta-voz de Rios, uma variação do Rei de Copas, nos leva de volta a uma resposta mais direta. Essa é a carta do contador de histórias, e, quando perguntamos como o Tarô funciona, ele responde que as cartas nos convidam a contar histórias sobre a nossa vida. Vemos as imagens, lemos os significados ou examinamos os símbolos e, em seguida, tecemos uma história do passado e do futuro, de quem somos e do que podemos nos tornar. O Porta-voz de Rios é o elemento da Água, símbolo das emoções, especialmente do amor. As pessoas fazem mais perguntas sobre o amor do que qualquer outra coisa, e essa carta nos lembra de falar sobre nossos sentimentos e desejos.

Embora as três cartas sugiram algumas possibilidades fascinantes, elas não respondem realmente à pergunta de como o Tarô funciona, pelo menos não de maneira científica de causa e efeito. Elas implicam que nós mesmos criamos o significado nas cartas ao fazer histórias sobre elas a partir de ideias tradicionais e, em seguida, desejamos que elas sejam "verdadeiras", ou seja, valiosas e significativas. Isso as torna sem sentido ou um truque? Apenas se você considerar seus próprios padrões de vida sem sentido e a descoberta de quem você é um truque.

Cinco

Alguns Pensamentos Judaicos sobre o Tarô

Por que "judaicos"? Se você acredita que o Tarô retrata a Cabala, disfarçada com perspicácia durante séculos como se fosse um jogo (algo como o Super-Homem vestido de Clark Kent), então faz sentido examinar ideias judaicas, visto que a Cabala foi criada por místicos judeus. Mesmo que você não aceite a Cabala como a origem do Tarô, os intérpretes ocultistas das cartas desenvolveram uma tradição cabalista tão forte que podemos estendê-la examinando outros conceitos judaicos e verificando o que eles podem nos dizer sobre o Tarô ou a divinação.

Há outra razão para considerar os pensamentos judaicos sobre o Tarô (além do fato de eu ser judia). A tradição judaica não se fundamenta realmente na Bíblia, mas na interpretação dela. Ao longo de muitos séculos, no *Talmude*, na tradição de histórias conhecida como *midrash* (histórias e especulações sobre personagens e situações na Bíblia) e na própria Cabala, rabinos, místicos, sábios e judeus comuns debateram, meditaram, ponderaram e disputaram a Bíblia, especialmente a Torá, os cinco livros de Moisés que contêm a lei e a história da criação. Portanto, o judaísmo nos dá um modelo sobre como descobrir significados em uma obra misteriosa.

O Tarô certamente é uma obra misteriosa, qualquer que seja a sua origem. Nosso entendimento dele e suas verdades não vêm apenas das imagens, mas também das maneiras como as pessoas as interpretaram. Antoine Court de Gébelin, com suas imagens egípcias, a Aurora Dourada e depois Aleister Crowley, com suas estruturas cabalísticas e astrológicas, intérpretes modernos e Tarôs mais recentes que trouxeram pessoas não europeias, LGBTQ+ e com diferentes tipos de corpo e habilidades, todos construíram castelos maravilhosos sobre as imagens originais.

Nas explicações judaicas da Torá, você pode seguir em direções inesperadas, até mesmo ultrajantes, desde que possa apontar para um "texto de comprovação" bíblico que o apoie, seja um trecho completo ou apenas uma única frase. No Tarô, fazemos algo semelhante. Permitimos que as pessoas façam qualquer número de afirmações sobre as cartas, até mesmo declarações fantasiosas sobre suas origens, desde que possam relacionar suas ideias com algo que esteja nas imagens e na sua simbologia.

Uma história talmúdica elucida uma afirmação radical sobre o ato de interpretar. Ela, na realidade, usa um texto de comprovação que adverte *contra* a interpretação. No Deuteronômio, Moisés fala ao povo hebreu sobre suas obrigações de seguir os mandamentos de Deus. Para que não possam dizer que a lei é muito difícil de entender ou muito mística ou muito distante da experiência ordinária, Moisés lhes diz: "Não está nos céus ou além do mar, mas na tua boca e no teu coração, para que possam obedecê-la". (Abreviado de Deuteronômio 30: 12-14.)

E agora a história. Quatro rabinos estavam debatendo um ponto da Torá, três de um lado e do outro o rabino Eleazar. Os três apresentavam seus argumentos com cada vez mais eloquência, mas Eleazar obstinadamente mantinha a sua posição. Por fim, ele lhes disse: "Se estou certo, que estas paredes provem que estou certo". Nesse momento, as paredes da casa de estudos começaram a ceder e teriam desmoronado se um dos outros rabinos não tivesse ordenado que parassem. Isso não prova nada, disseram os três a Eleazar. Nesse caso, ele disse: "Se estou certo, que as águas provem que estou certo". Quando os rabinos olharam para fora, viram que um riacho próximo havia começado a fluir morro acima.

Isso não prova nada, insistiram os três. Agora Eleazar exclamou: "Se estou certo, que o Próprio Altíssimo prove que estou certo!" Com isso, o dia escureceu e uma voz fez tremer a casa de estudos. "POR QUE VOCÊS DISCUTEM COM MEU FILHO ELEAZAR? CERTAMENTE ELE ESTÁ CORRETO EM TODAS AS COISAS!"

Desta vez houve um longo silêncio. Por fim, um dos três rabinos levantou os olhos para o alto e disse: "E o que isso tem a ver com Você? Não diz o Seu próprio livro que não está no céu, mas em nossa boca e em nosso coração, para que possamos obedecê-la? E então? Nos elucide". Nesse momento a escuridão recuou e o rabino Eleazar finalmente concordou em respeitar a maioria.

Mais tarde naquele dia, o profeta Elias estava passando pelo Trono Celestial quando viu Deus sorrir. Quando perguntou qual era a fonte do prazer de Deus, Deus disse a ele: "Meus filhos me corrigiram".

Portanto, enquanto examinamos o Tarô, com todas as suas maravilhas e complexidades, lembremo-nos de fazer isso com a nossa boca – compartilhando o que descobrimos – e com o nosso coração – com profundo sentimento e compromisso com a verdade emocional.

Você não Precisa ser Judeu...

Ali pelos anos 1960, uma padaria chamada Levy's decidiu expandir seu mercado e começar a fabricar pão de centeio. Anúncios em *outdoors* e revistas mostravam pessoas de diferentes grupos étnicos com sanduíches e um grande sorriso, junto com o slogan "Você não precisa ser judeu para amar o Verdadeiro Pão de Centeio Judeu da Levy's".

Nesse mesmo espírito, quero assegurar a pagãos, cristãos, muçulmanos, budistas, ateus e a todos os demais que vocês não precisam ser judeus para apreciar o capítulo "Alguns Pensamentos Judaicos sobre o Tarô". Não ofereço esses pensamentos na tentativa de dar ao Tarô uma perspectiva judaica, e certamente não para reivindicar uma origem judaica para as cartas. (Afinal, uma delas se chama "O Papa".) Apenas reuni duas tradições para ver o que podemos encontrar nelas.

Em contrapartida, também não quero ofender judeus religiosos que possam se chocar com essa junção. Embora eu leve o Tarô a sério como um "texto sagrado", faço essa junção num espírito de brincadeira séria, com uma abordagem hipotética. Ao contrário de alguns ocultistas, não vejo a necessidade de insistir em dizer que o Tarô é uma revelação direta e não vejo problema na ideia de ele ter começado na forma de um jogo alegórico. Não acredito que devamos olhar para o Tarô da mesma maneira que olhamos para a Torá, os Evangelhos, o Alcorão ou magníficas imagens da Deusa encontradas em cavernas e templos pré-históricos. No entanto, acredito que as cartas tenham evoluído para uma obra de grande sabedoria e, se experimentarmos diferentes formas de olhar para elas, poderemos sonhar com a evolução contínua.

O Tarô Enquanto Estamos Apoiados Numa Perna Só

Em nossa primeira investigação judaica, voltemo-nos para uma famosa lenda sobre um dos grandes sábios da história dos judeus, um rabino chamado Hillel, que viveu aproximadamente na mesma época que Jesus. Hillel foi um dos fundadores da tradição rabínica de interpretação, famoso em vida como um grande professor. A seguir, apresento uma versão (a primeira que ouvi) sobre a origem do seu comentário mais famoso sobre significados.

Uma noite, ele estava estudando sozinho quando um grupo de vândalos invadiu seu quarto. Eles não tinham vindo roubar ou destruir nada, apenas zombar do homem que havia dedicado sua vida a interpretações sutis. Eles mandaram que Hillel saísse da cadeira e exigiram que ficasse em pé, apoiado numa perna só. Enquanto ele se equilibrava, insistiram que ele lhes ensinasse toda a sua Torá antes de poder relaxar. Hillel olhou bem para eles e disse: "O que quer que seja odioso para você, não faça ao outro. O resto é explicação". Então ele abaixou o pé.

(Meu amigo Bart Lidofsky, um homem de grande conhecimento, me contou o que provavelmente é uma versão mais histórica desse conto, mas, nesse caso também, esta é a versão que eu ouvi, e mais importante, a que me inspirou os pensamentos a seguir.)

Com o tempo, as pessoas ficaram fascinadas pela pergunta sobre uma afirmação que pudessem fazer sobre a essência da Torá de maneira tão breve e perfeita que pudessem formulá-la enquanto estivessem apoiadas numa perna só. Cerca de cinquenta anos após Hillel, o grande Rabino Akiva ben Yosef aceitou o desafio. Um homem grande e barbudo, Akiva não apenas liderou seu povo em uma rebelião contra Roma, mas também foi um astrólogo lendário que ajudou a fundar a tradição mística que nos séculos seguintes se desenvolveu até se tornar a Cabala. Quando Akiva estava pensando em uma definição de uma única frase da Torá, ele escolheu o mandamento do Levítico: "Amarás o teu próximo como a ti mesmo". Jesus, afinal de contas, um rabino, tinha feito uma escolha semelhante ao afirmar que "amar o próximo" era "toda a lei".

Um rival de Akiva o desafiou. E se você não se amasse? Então, você trataria mal o seu próximo. Ele escolheu, em vez disso, a declaração de Deus em Gênesis: "Façamos o homem à nossa imagem". Quando reconhecemos que nós, e todos os outros, existimos à imagem de Deus, não temos escolha senão nos amar e amar uns aos outros.

A ideia da imagem de Deus é interessante. Pessoas que a consideram de maneira muito literal concluem que Deus deve se parecer com um homem, e assim temos a famosa imagem de Deus como um velho num trono dourado, que é uma imagem bonita para uma história (embora muito sexista), mas causa muitos problemas quando as pessoas a tratam como uma afirmação de fato. No entanto, se assumirmos que contemos a essência de Deus, ela se torna um conceito muito mais profundo. O cerne do judaísmo, assim como o islamismo posterior, reside na ideia de um Deus além de qualquer definição fixa, além de todas as imagens que tentamos atribuir ao divino.

Estamos nos aproximando do Tarô agora, porque ele funciona inteiramente com imagens, 78 delas, as quais nem milhares de explicações podem fixar. Lembre-se da descrição do Tarô como chaves. Talvez possamos dizer que, em vez de desbloquear segredos prontos, as chaves *nos* desbloqueiam de todas as nossas definições e concepções limitadas de nós mesmos e do universo.

Uma oração judaica contemporânea coloca o paradoxo da imagem de forma agradável. (Voltaremos ao Tarô num instante, prometo.) A oração foi escrita em resposta a um problema. Toda manhã, os judeus religiosos repetem uma série de bênçãos para agradecer ao Criador pela vida e todas as suas maravilhas. Uma das bênçãos, que apenas os homens dizem, ofende muitas pessoas da modernidade, pois parece expressar o machismo mais extremo. Em sua tradução usual, ela diz: "Bendito és Tu, Senhor, Rei do mundo, que não me fez mulher".

O sexismo não é o único problema nessa oração. A palavra "Senhor" é uma tradução eufemística para o nome de quatro letras de Deus que aparece na Bíblia. "Senhor" não é apenas patriarcal; também é enganoso, pois o nome verdadeiro é um mistério. A tradição o descreve como impronunciável, um símbolo de que o verdadeiro estado de Deus está além de nossas definições mentais.

Os cabalistas às vezes descrevem esse nome como uma fórmula de criação, enquanto os tarólogos frequentemente comparam as quatro letras aos quatro elementos, Fogo, Água, Ar e Terra, e, portanto, também aos quatro naipes dos Arcanos Menores e às quatro Cartas da Corte (Rei, Rainha, Cavaleiro e Valete). As quatro letras realmente aparecem em algumas cartas do Tarô, mais particularmente na Roda da Fortuna do Tarô Waite-Smith. Nós as vemos na própria Roda, intercaladas com as letras *TARO*.

O fato de não podermos pronunciar o nome mais poderoso de Deus é um paradoxo semelhante à ideia de um Deus sem uma imagem fixa que nos fez à Sua imagem e semelhança. Alguns judeus contemporâneos respeitam a natureza misteriosa do nome com várias traduções, representando as diversas qualidades divinas. Exemplos incluem "Infinito", "Compassivo", "Pai" e "Criador". Assim, em vez de "Bendito és Tu, Senhor, que não me fez mulher", o livro de orações do movimento reconstrucionista oferece, tanto para

A Roda da Fortuna do Tarô Waite-Smith.

homens quanto para mulheres, "Bendito és Tu, o Sem Imagem, que me fez à Sua imagem".

Com tudo isso em mente (!), por que não considerar o que podemos dizer sobre o Tarô enquanto estamos sob uma perna só? A primeira coisa a perceber é que, ao ficar em pé e apoiado numa perna só, você reproduz a imagem da carta do Mundo.

O Mundo é a última carta dos Arcanos Maiores, a carta da realização espiritual. Ela confere à postura uma ênfase mais poderosa do que na história judaica. Você pode querer tentar isso. Fique em pé (com ambos os pés apoiados no chão) e faça algumas respirações profundas para se centrar e se equilibrar. Deixe as pernas firmemente plantadas na terra, para sentir uma conexão sólida. Mantenha os braços ligeiramente estendidos para os lados e, quando sentir que está em equilíbrio, levante a perna esquerda e cruze-a atrás da direita. Respire profundamente e, enquanto mantém a postura, abra a mente para qualquer pensamento ou imagem sobre a essência do Tarô.

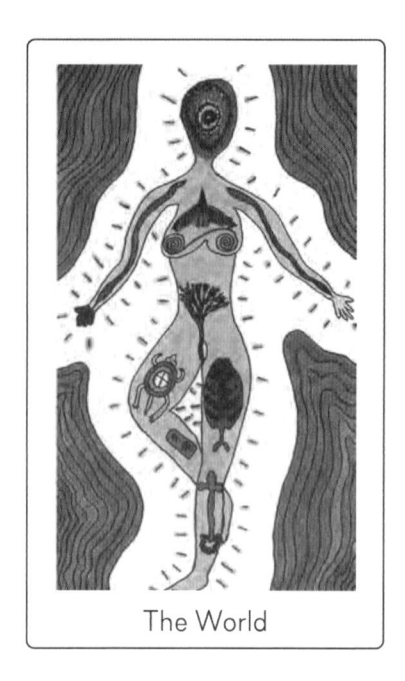

A carta do Mundo dos Tarôs de Marselha e Shining Tribe.

Aqui estão alguns exemplos de ideias de diferentes pessoas sobre o Tarô em sua essência:

"O Tarô é o DNA da Cabala."
— Lon Milo DuQuette

"O Tarô é um sonho que se mantém imóvel."
— Joanna Young

"O Tarô é um atlas do céu."
— Alan Moore

"O Tarô é uma máquina para contar histórias."
— Italo Calvino

"O Tarô é o instrumento da nossa sabedoria."
— CITAÇÃO PRÓPRIA

A primeira vez que pensei nisso, criei uma frase mais ou menos assim: "O Tarô é um mapa da jornada da alma desde o nascimento até a iluminação". Então, percebi que essa frase podia descrever o que as cartas fazem, mas não a sua essência. Procurei ir mais fundo e a seguinte afirmação me veio à mente: *O Tarô é composto por 78 imagens que são portais para o Sem Imagem.*

Se concebermos o divino como algo que vai além de qualquer ideia, forma ou imagem fixa, podemos abordar essa consciência de pelo menos duas maneiras. Podemos tentar esvaziar nossa mente em uma meditação estilo Zen, na qual liberamos pacificamente todas as imagens que inundam nossos pensamentos. Ou podemos tentar passar através das próprias imagens, adentrar em suas profundezas e sutilezas até que possamos sentir o mistério que está dentro delas. As imagens do Tarô nos proporcionam uma oportunidade especial para fazer isso. Por um lado, elas têm inspirado pensamentos espirituais e doutrinas místicas. E, no entanto, após todas as interpretações exaustivas, todos os sistemas e ideologias confiantes, as imagens sempre permanecem. Elas vieram antes das doutrinas e permanecerão depois que elas se forem, mesmo em *decks* especificamente projetados para ilustrar um conjunto de ideias.

Os naipes de A. E. Waite e Pamela Colman Smith demonstram isso perfeitamente, em especial nos Arcanos Menores. Aqui estão os significados que Waite atribui ao Seis de Espadas: "Jornada pela água, rota, caminho, enviado, comissário, expediente". Invertida: "Declaração, confissão, propaganda; uma descrição diz que é uma proposta de amor". Agora olhe a imagem a seguir.

Podemos sentir um silêncio intenso nessa imagem, enquanto o barqueiro impulsiona o barco pelas águas calmas, com o que parece ser uma mulher curvada, envolta num manto, e seu filho encolhido como passageiros. Para onde estão indo? Qual é o propósito dessa "jornada pela água"? E por que as espadas tão eretas no barco?

A carta do Seis de Espadas do Tarô Waite-Smith.

Algumas pessoas interpretam as cartas dos Arcanos Menores conforme a Cabala e afirmam que a imagem ilustra a sexta *Sephirah* da Árvore da Vida, no elemento mental do Ar. O próprio Waite desencorajou essa interpretação. "As variações não devem ser consideradas sugestões de simbolismo superior e extraordinário", disse ele. Em vez disso, ele reconheceu que "as imagens são como portas que se abrem para câmaras inesperadas".

Ame as Imagens – ou Aquilo Que Você Ama Também Ama Você

Há alguns anos, descrevi minha abordagem ao Tarô como "amar as imagens". Isso significa, antes de mais nada, que nos demoramos na observação das imagens em vez de correr para dizer o que elas significam. Com muita frequência, quando tiramos uma carta em uma leitura e decidimos buscar seu significado, a primeira coisa que fazemos é procurá-la no livro que estamos usando como referência. Ou então a encaixamos num sistema como a Árvore da Vida. Abordamos os símbolos como um problema de álgebra, X = Y. O Mago = consciência, o princípio masculino, a vontade etc. Quando nosso conhecimento é mais "avançado", podemos concluir que não precisamos mais procurar significados; vemos a carta e automaticamente "sabemos" o ela significa. Podemos até ficar irritados com alguém que veja algo diferente na imagem. Afinal, *nós* aprendemos o significado "correto", o que esse iniciante sabe?

Mas, quando amamos as imagens, não fugimos delas. Realmente *olhamos* para elas, vemos o que se passa em seu interior que diga respeito a nós, exatamente naquele momento, como se nos deparássemos com uma nova imagem cada vez que a olhamos. Lembramos que a carta do Mago não mostra a consciência solar ou o princípio masculino, mostra um *mago*, cujo rosto demonstra uma expressão específica, seu corpo, uma certa postura, flores aos seus pés. E lembramos que não existe apenas um Mago, mas uma vasta quantidade deles em todos os diferentes Tarôs e a imagem, na verdade, abrange toda essa gama, não apenas uma única versão.

Vamos fazer uma pausa por um instante, para considerar alguns comentários do antropólogo Claude Lévi-Strauss (sem relação com Éliphas Lévi). Lévi-Strauss argumentava que um mito, qualquer mito específico, consiste em todas as diferentes versões conhecidas, inclusive as modernas, da literatura ou da psicologia (por exemplo, a interpretação de Freud do mito de Édipo juntamente com as histórias da antiga Grécia). "Nosso método", escreveu Lévi-Strauss, "nos livra de uma dificuldade [...] a busca pela versão autêntica ou mais antiga". E "Não existe uma única versão verdadeira da qual todas as outras seriam apenas cópias ou distorções. Todas as versões pertencem ao mito". (De "O Estudo Estrutural do Mito", em *Antropologia Estrutural*.)

Isso vale para o Mago ou para qualquer outra carta do Tarô.

A abordagem de amar as imagens tem um outro nível, que é as abordar com paixão e entusiasmo. Os artistas que pintaram essas imagens, os místicos, os criadores de mitos ou os psicólogos que escrevem sobre elas, os leitores e médiuns que buscam a verdade nelas, todos eles abordam as imagens com o

A carta do Enamorado do Tarô Shining Tribe.

desejo de levá-las a um nível profundo de significado. Se nos lembrarmos disso e trabalharmos – ou melhor, brincarmos – com as imagens nesse mesmo espírito, elas podem nos transportar, qualquer uma delas, para um lugar de maravilhas, além de todas as nossas definições limitadas.

Uma carta do *Tarô Shining Tribe* demonstra essa ideia de amar a imagem. Na maioria dos *decks*, a carta do Enamorado retrata o Cupido ou um anjo acima de duas ou três pessoas. No *Shining Tribe,* ela mostra um anjo e um ser humano num abraço apaixonado.

A imagem sugere muitas coisas, inclusive, é claro, relacionamentos e sexualidade. Em algum nível, porém, ela simboliza nossa relação com o próprio Tarô. Se abordarmos o Tarô com calma e racionalidade, vamos obter um certo tipo de conhecimento. Se o encararmos como um dispositivo para a divinação e o virmos apenas como um meio de descobrir segredos, provavelmente poderemos fazer coisas notáveis. Mas, se abraçarmos as cartas, em todas as suas facetas, se permitirmos que *elas* nos abracem, se amarmos as imagens e permitirmos que elas nos amem também (nos ensinem e nos inspirem, revelando-se a nós), então elas podem nos elevar a grandes alturas.

Outra oração judaica moderna, na verdade uma tradução de uma frase bíblica, pode esclarecer essa visão do Tarô como um amante e expandir nossas ideias sobre leituras e destino. Do mesmo livro de orações mencionado na página 96, vem esta invocação a Deus: "E quanto a mim, minha oração é para Ti, Ser Gentil, que seja para Ti um tempo de desejo". "Ser Gentil" é mais uma tradução para o nome de quatro letras de Deus. A declaração soa como palavras a um amante, o que pode chocar pessoas criadas em religiões tradicionais. (Os pagãos podem se sentir muito à vontade com essa visão, mas não espere encontrá-la na religião convencional.) Embora eu só a tenha descoberto muito tempo depois de ter tirado a carta do Enamorado, ambas se encaixam perfeitamente. Mas de onde vem isso?

Segundo o livro de orações, tratava-se de uma tradução de uma frase bíblica, por isso pedi a um amigo estudioso que me ajudasse a encontrá-la. Para nossa surpresa, descobrimos que a palavra traduzida como "desejo" é a palavra normalmente traduzida como a "vontade" de Deus. Ora, "vontade" e "desejo" são coisas muito diferentes, então pesquisamos um pouco mais fundo e descobrimos que a raiz da palavra hebraica originalmente significava "desejo". Não uma vontade implacável que o esmagará se você resistir, mas um desejo de que o mundo, os acontecimentos e a nossa vida avancem de maneira benéfica. Exatamente o que desejamos das pessoas que amamos ou para elas. A Bíblia, na verdade, contém uma quantidade surpreendente de imagens eróticas sobre a relação entre Deus e os seres humanos, e não apenas no *Cântico dos Cânticos*.

Como isso afeta o Tarô? Algumas pessoas se preocupam com a possibilidade de que as leituras de Tarô e a divinação tirem o nosso livre-arbítrio. O Tarô nos mostra o nosso destino, e o que podemos fazer a respeito? Uma forma antiquada de dizer isso poderia ser a de que a divinação (lembre-se, a palavra vem de "divino") revela a vontade de Deus e nos deixa impotentes. E se, em vez de vontade, uma leitura revelasse "desejo"? Ou talvez até "convidasse" o desejo? E se, ao ler o Tarô, não revelássemos apenas as forças que moldam nossa vida, mas as abraçássemos? Suponha que vejamos o Tarô e as leituras que fazemos como uma maneira de dizer às forças sagradas que moldam a nossa vida: "Que seja para você um tempo de desejo".

Mas o amor não pode fluir em uma única direção. Não podemos esperar que alguém nos deseje *se o desejo não vem de nós*. E assim vemos que nós mesmos precisamos abordar as cartas com desejo; precisamos abraçá-las, brincar com elas, buscar sua alma interior como buscaríamos a alma de um amante.

A Leitura de Hillel

Retornamos mais uma vez a Hillel, para ver se outra famosa declaração dele pode nos dar alguma ideia sobre o Tarô. O sábio uma vez escreveu: "Se eu não sou por mim, quem será? Se eu não sou pelos outros, o que sou eu? E se não agora, quando?". Podemos transformar essas perguntas em uma leitura de Tarô sobre nossas responsabilidades para conosco e para com as outras pessoas. A leitura pode ser usada para relacionamentos, questões sobre divórcio (especialmente quando há filhos), questões éticas no trabalho ou problemas no cuidado de pais idosos. Aqui estão as perguntas:

- Como eu preciso ser para mim mesmo(a)?
- Como eu preciso ser para os outros?
- O que eu preciso fazer ou observar agora?

Aqui está uma amostra de leitura, feita para uma mulher que trabalhava em uma grande organização religiosa. Ela ingressou na organização por idealismo e desejo de explorar o lado místico do Cristianismo, mas ao longo do tempo se desiludiu com o que considerava hipocrisia. Como resultado, ela passou a desempenhar um papel cada vez mais provocativo, desafiando a autossuficiência dos ministros e até mesmo mentiras descaradas. Infelizmente, ela também se isolou e o trabalho se tornou uma fonte de grande tensão.

Como ela precisa ser para si mesma.

Como ela precisa ser para os outros.  O que ela precisa fazer agora.

Para a leitura, decidimos usar o *Tarô Sacred Circle*, um *deck* baseado na mitologia celta e desenvolvido com uma elegante arte computadorizada. As cartas estão apresentadas na página 105.

O Carro representa, antes de mais nada, firmeza de propósito. Para "ser para si mesma", ela precisa acreditar em si. Ela precisa pegar as rédeas do Carro, símbolo dos seus desafios, e conduzi-lo com confiança e desenvoltura. A imagem desse Tarô mostra a rainha guerreira Boadicea, que liderou os britânicos numa rebelião contra Roma.

A tradição do Tarô Cabalístico associa duas qualidades especiais à carta do Carro: a fala e a vontade. A mulher achava que falar com franqueza era seu trabalho, quase uma missão. A carta a lembrou de que ela fazia isso por si mesma e por sua própria integridade.

A mulher era, ela mesma, uma taróloga e apontou outros significados da carta. Os esotéricos cristãos consideram o número do Carro, o 7, um número sagrado. Na maioria das versões mais antigas da carta, o condutor do Carro não segura as rédeas. Para ela, isso sempre simbolizava entregar sua vontade a Deus. Por tradição, tanto o Mago quanto o Carro significam a qualidade da vontade. Para ela, o Mago significava ser um canal para o propósito divino; o Carro significava esse propósito em ação.

Nessa carta, no entanto, ela mesma teve que pegar as rédeas. Para conduzir o Carro, ela precisava controlar os cavalos pretos e brancos. Eles simbolizavam ambivalência para ela, incerteza sobre o que ela realmente queria, principalmente se deveria permanecer em seu trabalho ou deixá-lo. Ela não podia esperar que fosse resolver esse problema. Para ser útil, para si mesma ou para qualquer propósito maior, ela tinha que usar sua ambivalência como uma força motriz em sua vida, a força que impulsionaria seu Carro.

A segunda carta também era um 7, o Sete de Discos, com a Prudência como título temático. A Aurora Dourada introduziu originalmente a ideia de dar um título temático para cada uma das cartas numeradas dos naipes, e Aleister Crowley imprimiu esses títulos pela primeira vez nas cartas. Muitos tarólogos modernos não gostam da ideia de títulos temáticos por receio de que eles inibam a interpretação. Alguns até cortam as bordas de todas as cartas, até mesmo os títulos dos Arcanos Maiores. Eu, muitas vezes, acho as palavras do tema úteis.

No caso dessa mulher, a Prudência fazia sentido como algo que ela precisava fazer pelos outros, especialmente se a questão envolvesse a fala. Para defender a si mesma, ela precisava falar com a determinação do Carro. Para ser útil para os outros, no entanto, ela precisava falar de uma maneira que os ajudasse, e isso significava ter uma espécie de prudência. Ela precisava segurar as rédeas dos cavalos.

O livro do *Tarô Sacred Circle* afirma que o sétimo disco do Sete de Discos não se encaixa no mesmo padrão organizado dos outros seis. A mulher viu isso como uma descrição dela mesma no trabalho e em grande parte da sua vida. Ela não se encaixava em nenhum papel social. Isso, na verdade, parecia algo que ela fazia pelos outros, agir como alguém que está de fora e olhar para as situações de maneira diferente. A Prudência auxiliaria essa posição, porque, se ela se tornasse muito agressiva ou até mesmo saísse dos padrões sociais, as pessoas não a levariam a sério.

A carta do Enamorado abordava a questão do que ela pode fazer agora. Em um nível simbólico, essa carta sugere que a consulente procure acolher as pessoas ao seu redor, em vez de confrontá-las. Isso porque o Enamorado se afasta da postura de guerra do Carro. (Poderíamos dizer que a leitura ressuscita o antigo *slogan* dos anos 1960, "Faça amor, não faça guerra".) Como a carta do Enamorado, de número 6, precede a carta do Carro, de número 7, podemos dizer que ela literalmente dá um passo atrás com relação ao Carro. Poderíamos pensar naquele disco destoante dançando com os outros seis.

Isso não significa que ela deva travar relacionamentos emocionais (muito menos românticos) com as pessoas no trabalho. Em vez disso, a carta descreve uma maneira de se relacionar com as pessoas. O que ela deve fazer *agora* é falar com franqueza, mas a partir do que ela chamou de "manifestação mais elevada da minha sabedoria sagrada". Isso não envolve ideologias sobre religião, mas sim buscar "intenção divina", consciência do que o divino quer dela. Ela apontou que, na Árvore da Vida Cabalística, a sexta *Sephirah, Tiphareth* ("Esplendor" em hebraico), harmoniza e mantém coesa toda a Árvore. Como cristã, ela considerava essa harmonia como o "pensamento centrado em Cristo", ou que vai além do ego e aceita a vontade (ou desejo) de Deus.

Embora certamente muito dedicada ao Cristianismo, a mulher começou a estudar o paganismo contemporâneo. Ela gostava do espírito lúdico e sensual dessa religião, da sua devoção à vida. Essas qualidades aparecem na carta do Enamorado do *Tarô Sacred Circle*. Enquanto o Carro é tempestuoso e o Sete de Discos é sombrio, o Enamorado é luminoso e alegre. Ela disse que isso a lembrou de se divertir, de aproveitar a vida. Ela chamou isso de "um toque divino, mas leve".

Seis

O Tarô Antes da Criação

Vamos continuar a analisar um pouco mais as ideias judaicas adaptadas ao Tarô. Entre os conceitos mais marcantes da tradição judaica está a sugestão de que a Torá, os cinco livros de Moisés, existia antes da criação. Supostamente, Deus criou a Torá antes do universo e depois a consultou para criar o mundo. A Torá, portanto, não é apenas uma "história" da criação, mas na verdade uma "previsão", um plano. E Deus não estabeleceu simplesmente um plano. Deus permitiu que a Torá O/A limitasse, então podemos dizer que Deus abriu mão de uma dose de liberdade quando Ele/Ela dava vida à Torá. (O pronome duplo não é apenas para ser politicamente correta. Os rabinos descreviam Deus como hermafrodita, em parte porque Deus não poderia ter feito homens e mulheres à imagem Dele(a) a menos que contivesse o masculino e o feminino.) Como vimos com a história dos rabinos que corrigiram Deus com base em uma sentença em Deuteronômio, Deus não pode agir de modo arbitrário, mas tem que seguir a Torá.

Vamos pensar sobre isso por um instante em termos modernos. O universo e a nossa vida na Terra existem em forma estável devido a todo um grupo de forças e interações que funcionam de maneira exata e precisa. Por exemplo, existem duas forças no núcleo, a "forte" e a "fraca". Se uma delas fosse um pouco maior ou menor, o Big Bang que deu início ao universo também poderia ter posto fim nele, pois as próprias partículas da existência teriam colapsado ou se dispersado. Então, poderíamos imaginar que até mesmo um Criador divino talvez precisasse de um plano.

Mais uma vez, quero enfatizar que nada aqui endossa (ou nega) qualquer ideologia religiosa. Usar o termo "Criador" aqui não significa um regente todo-poderoso sentado em um trono e agitando as mãos como um mágico tirando coelhos da cartola. Isso simplesmente é uma maneira de personificar ideias, uma espécie de atalho para o mistério de como o universo veio à existência e o que isso pode nos dizer sobre o Tarô e sobre nós mesmos.

O mito da pré-existência da Torá não precisa conduzir a um fundamentalismo rígido. Antes de mais nada, não precisamos ver nenhum mito como fato literal para encontrar sabedoria nele. Eu argumentaria (e todo este livro é, na verdade, um argumento nesse sentido) que só podemos começar a adentrar as profundezas e os mistérios do mito, e das cartas do Tarô, quando abandonamos a crença nesses aspectos como fatos literais.

Há outra razão pela qual a história da Torá abre possibilidades, em vez de limitar, e aponta maneiras de olharmos para o Tarô. Isso ocorre porque a Torá não é um documento estático. Seres humanos a interpretam. O próprio cerne do Judaísmo ao longo dos últimos dois mil anos reside nessa interpretação. "Vire-a e revire-a", como disse o rabino de nome maravilhoso: ben Bag Bag, "pois tudo está nela".

A mesma coisa ocorre com o Tarô. Seja qual for sua origem, ele evoluiu e mudou por meio das muitas interpretações diferentes. Na verdade, ele muda toda vez que fazemos uma leitura, pois, sempre que embaralhamos as cartas, elas formam novas relações, novos padrões, novas descobertas. "Embaralhe-o e reembaralhe-o"...

Agora, é claro que algumas pessoas dirão que a Torá não existia antes da época de Moisés (partes dela surgiram muito depois), assim como o Tarô não existia antes do século XV. Mais uma vez, um problema só surge se nos prendermos a nós literalistas. Pois, quando dizemos que a Torá existia antes da criação, não nos referimos a um rolo de pergaminho enrolado, como o que a Sacerdotisa segura no colo no Tarô Waite-Smith e em outros *decks* modernos.

A carta da Sacerdotisa do Tarô Waite-Smith.

Em vez disso, podemos imaginar algo vivo, feito de energia – "fogo negro sobre fogo branco", como o rabino Akiva descreveu. Ou como diz o Evangelho cristão de São João: "No princípio era o Verbo, e o Verbo estava com Deus". A Torá que existe em pergaminho ou papel é uma criação e extensão humana da Palavra divina que não só está com Deus, mas que também *direciona as ações de Deus*. O mito diria que ela veio à mente das pessoas que a compuseram porque já existia em um nível além da realidade comum, além do tempo. E, como eu já disse, uma vez que Deus a trouxe à existência, Deus não podia mais agir arbitrariamente, mas tinha que seguir a Torá.

Podemos dizer algo semelhante sobre o Tarô? Podemos brincar com a ideia de que as imagens do Tarô, que se mostraram tão vibrantes, tão sugestivas de tantos sistemas e visões, na verdade existiam antes do universo físico? Nesse mito de origem do Tarô, as imagens alegóricas do século XV (e todos os milhares de Tarôs que surgiram depois delas) entraram na mente dos artistas porque já existiam além do físico.

Um paralelo interessante a essa ideia vem das tradições em torno do *Livro das Mutações* chinês, o *I Ching*. Além de ser um sistema de divinação, o *I Ching* também é um livro de sabedoria e, dizem alguns, o livro mais antigo do mundo. Stephen Karcher, tradutor e intérprete do *I Ching* (e uma presença forte neste livro), descreve-o como o próprio centro do ensinamento espiritual chinês. Karcher traduziu uma obra chamada *Ta Chuan*, ou "O Grande Tratado", a explicação mais antiga do *I Ching*, ou "Mudança*", como os antigos o chamavam. Em seu comentário, ele escreve sobre a ideia de que a Mudança existia antes das pessoas que a causaram. A ideia é deliberadamente paradoxal, destinada a nos chocar, arrancando-nos das nossas crenças de que entendemos como o mundo funciona. Karcher escreve em seu *Ta Chuan: O Grande Tratado* (St Martin's Press, 2009): "O Povo Sábio usava a Mudança para criar Mudança. Ela existe tanto dentro quanto fora do tempo".

O que obteremos se explorarmos a ideia de que o Tarô existia antes da Criação? Primeiro, isso nos leva de volta ao mito cabalístico do Tarô como um livro de todo conhecimento e uma representação da Árvore da Vida, que os cabalistas de fato veem como um plano da existência, um "atlas do céu", como o escritor de histórias em quadrinhos Alan Moore o chama (*Promethea*, edição treze). Portanto, nesta versão do mito, o Criador considera o Tarô como o plano real para o universo. Mais do que um plano, pois a própria existência física partiu das imagens do Tarô, e se pudéssemos descobrir as imagens "originais" e, igualmente importante, a (suposta) ordem correta delas, ganharíamos a chave das chaves e nos tornaríamos mestres da criação.

Eis outra maneira de brincar com a mesma ideia. O Criador usou o Tarô para formar fisicamente o universo, o universo que um dia daria origem à invenção do próprio Tarô. No Livro de Jó, Deus diz a Jó: "Onde estavas tu quando eu lançava os fundamentos do mundo?". A pergunta é retórica, sem uma resposta real, pois na verdade Deus está dizendo: "Quem és tu para me desafiar?".

---

* "Mutação", na tradução da edição brasileira, publicada pela Editora Pensamento. (N. da T.)

Ou talvez haja um nível mais profundo aqui, talvez a pergunta *seja* literal e precisemos ponderar onde nossa própria essência, nossa alma, estava antes de entrar na forma limitada da vida cotidiana, em outras palavras, onde estavas *tu* antes de ter um corpo? Onde estavas *tu* antes de existires? Ou, como eu já coloquei: *Onde estava tua mãe antes da criação do Mundo?*

Independentemente da intenção do autor bíblico, vamos levar a pergunta a sério (ou de forma lúdica) e supor que o Tarô fornece uma resposta. O Criador inventou o Tarô como um instrumento para "lançar os fundamentos".

Essa é uma metáfora, e as metáforas funcionam melhor quando mantidas em termos físicos, quando as seguimos antes de interpretá-las. Então, parafraseando Isaías, *Vem, imaginemos juntos.* Imagine que Deus tenha pego os quatro naipes do Tarô e os colocado nos quatro "cantos" da existência. Os naipes do Tarô demarcam a realidade física. E então Deus derramou o espírito/a energia vital dos Arcanos Maiores no recipiente físico, para que o universo ganhasse vida.

Agora, o que isso pode significar? Pois assim é quando aprendemos coisas novas: não começamos com uma ideia definida e tentamos construir a imagem ou metáfora correta para expressá-la, mas sim começamos com uma imagem forte e então olhamos para dentro, com o intuito de descobrir que ideias podemos descobrir ali.

Obviamente, o universo não tem cantos, mas possui qualidades particulares. A tradição ocultista do Tarô descreve os naipes como expressões dos quatro elementos: Fogo, Água, Ar e Terra. (Outras culturas têm uma ideia semelhante, mas com diferentes "elementos".)

Talvez possamos dizer, então, que o Criador lançou os fundamentos do mundo ao criar quatro elementos básicos que se combinam para formar toda a miríade de realidades do universo físico. A teoria medieval dos elementos (derivada da antiga Grécia) continha um quinto elemento, ou "quintessência", chamado Éter. Embora considerado imaterial, o Éter permeia toda a existência. Ele tinha a mesma relação com os quatro elementos físicos (uma relação de energia vital espiritual, o sopro divino que flui através de todas as coisas), assim como os Arcanos Maiores com os quatro naipes dos Arcanos Menores. Muitos tarólogos descrevem as cartas dos Arcanos Maiores como o elemento Éter.

Por séculos, na realidade até o início do século XX, a ciência considerou o éter uma realidade física, mesmo depois que as pessoas descobriram que os outros quatro elementos não eram propriedades básicas de forma alguma, e mesmo que nenhum instrumento pudesse detectar o éter. Os cientistas pensavam no éter como o meio pelo qual as ondas de luz se propagavam, da mesma maneira que as ondas sonoras se propagavam pelo ar. Quando experimentos para detectar os efeitos do éter indicaram que ele na verdade não existia e que a luz era uma espécie de absoluto, a física foi lançada no caos, da qual emergiu a teoria da relatividade especial de Einstein. A equação mais famosa de Einstein, $E = mc^2$, que foi publicada um ano após o artigo da teoria da relatividade especial, é a compreensão de que matéria e energia na verdade não são duas categorias separadas, mas na verdade a mesma coisa em diferentes formas. Se traduzimos "matéria e energia" para "corpo e alma", obtemos uma lição importante, presente em muitos ensinamentos pagãos modernos: que o corpo é uma expressão da alma e vice-versa. (Abordaremos essa questão com mais detalhes no Capítulo Treze.)

Depois que sabemos que os quatro elementos não descrevem de fato a realidade básica, a metáfora dos quatro naipes do Tarô perde o significado? Suponhamos que consideremos os elementos e, portanto, os naipes dos Arcanos Menores, em termos modernos, como os vários estados da matéria. Acontece que eles correspondem notavelmente bem a esses estados. O elemento Terra (naipe de Ouros, Moedas, Discos, Pentáculos ou Pedras no Tarô) representa a matéria sólida, como rochas, árvores, ossos e pele. A Água (Copas, Taças, Rios) se torna a matéria no estado líquido, como a água em si ou o sangue. O Ar (Espadas, Lâminas, Pássaros) significa o estado gasoso da matéria, como o vapor ou o ar que respiramos. O Fogo (Paus, Bastões, Árvores) pode significar as combinações químicas, mudanças e transformações que podem mover a matéria de uma condição para outra. Por exemplo, o gelo é sólido. Aqueça-o e ele se torna líquido. Aqueça-o ainda mais e ele se torna vapor, ou seja, ar.

Portanto, podemos dizer metaforicamente que o Criador usou os quatro naipes do Tarô para estabelecer os fundamentos, ou seja, os diferentes tipos de existência, do mundo físico.

As Quatro "Fundações"

Elemento	Fogo	Água	Ar	Terra
Versão Moderna	Reação química	Líquido	Gasoso	Sólido
Naipe	Paus (Árvores)	Copas (Rios)	Espadas (Pássaros)	Ouros (Pedras)
Letra do alfabeto hebraico	Yod	He	Vav	He

E o Éter? Se a luz não precisa de uma substância para se propagar, então a própria luz se torna a quintessência, o quinto elemento que se move naquela relação exata com os quatro elementos físicos (espírito mesclado com matéria), tal como os Arcanos Maiores fazem com os Menores. O Criador estabeleceu os quatro naipes e colocou os Arcanos Maiores no centro para animá-los. O Criador "lançou os fundamentos do mundo" e então declarou: "Faça-se a luz!".

Metáforas não apenas nos ajudam a entender ou visualizar a vida. Elas também nos oferecem instrumentos. Você pode realizar um ritual de renascimento espiritual com base no mito de que Deus usou o Tarô para criar o mundo. O ritual funciona melhor quando cinco pessoas direcionam sua atenção e seu esforço para a pessoa que passará pela transformação. Isso surgiu em uma aula que ministrei em uma cidade pequena perto da minha casa, para um grupo que por acaso era composto de cinco mulheres.

Uma das mulheres havia acabado de encerrar um relacionamento longo e doloroso, uma experiência que colocou em dúvida os próprios *fundamentos* da sua crença em si mesma. Fizemos uma leitura sobre ela e depois perguntei às outras mulheres se elas estariam dispostas a ajudá-la em um ritual. A

Os quatro elementos (Ases) do Tarô Waite-Smith.

mulher se deitou no chão e eu fiz uma meditação de respiração com ela, que a ajudou a sentir que podia liberar o que quer que a limitasse, a assustasse ou a deixasse indefesa. Então, as outras quatro mulheres, cada uma com um dos naipes, sentaram-se ao redor dela: o naipe de Paus, para o Fogo, próximo à cabeça; Copas para a Água à esquerda dela; Espadas para o Ar à sua direita; e Ouros (ou Pentáculos) para a Terra aos seus pés. Cada uma segurou as cartas na frente dela com ambas as mãos e os Ases virados para cima. Os Ases significam a pureza do elemento e a sensação de que ele é um presente. Usamos as cartas do Tarô Waite-Smith, em que cada Ás mostra uma mão emergindo de uma nuvem com o emblema desse naipe, como se estivesse oferecendo-o do Mundo do Espírito.

Enquanto seguravam as cartas, as mulheres se imaginaram como guardiãs daquela energia vital. Juntas, todas nós visualizamos a mulher deitada como um campo de criação e um receptáculo vazio. Então, dei a ela os Arcanos Maiores e lhe disse para segurar as 22 cartas com as duas mãos no centro do corpo. Com todas nós focadas nela, ela sentiu as poderosas forças espirituais dos arcanos entrarem nela e levá-la a uma nova vida. Quando a mulher se sentiu pronta, todas nós conscientemente liberamos os poderes que tínhamos trazido para o nosso círculo e colocamos os quatro naipes e os arcanos de volta, juntos como um baralho de cartas pintadas.

Se Deus consulta a Torá para criar o mundo, então Deus renuncia à liberdade total e deve seguir a Palavra. Se o Criador consultou o Tarô para fazer o mundo, mais uma vez a Criação não pode ser arbitrária, mas deve seguir o plano revelado nas cartas. Podemos analisar isso com o Tarô como um diagrama estrutural da existência, um plano. Ou podemos dizer que Deus fez uma leitura. Leituras permitem que surja o novo. Abandonamos o controle para ver os padrões que existem, mas também para dar às novas formas a chance de surgir como novas possibilidades.

Depois de ter analisado as implicações do mito de que Deus consultou o Tarô para criar o Universo, decidi que precisava testar a coragem da minha imaginação. Resolvi perguntar às cartas do Tarô se elas já existiam antes da

Criação. Escolhi seis perguntas, embora duas das cinco dependessem de uma resposta positiva para a primeira. As perguntas foram:

- O Tarô já existia antes da Criação?
- Como Deus usou o Tarô para criar o mundo?
- Deus é limitado pelo Tarô?
- Qual é a nossa parceria com Deus?
- Qual é a nossa parte nessa parceria?
- Qual é a parte de Deus nessa parceira?

Quando aprendi a ler o Tarô, o livro que eu usava dizia para embaralhar as cartas e, em seguida, dividir o *deck* em três pilhas e reagrupá-lo com a pilha inferior no topo e a pilha superior na parte inferior. Pouco tempo atrás, achei que valia a pena, principalmente em leituras de Sabedoria, olhar a parte inferior de cada pilha antes de reunir as cartas novamente. Chamo essas cartas de "professoras" e considero que elas tenham uma mensagem para mim sobre o assunto da leitura. Poderíamos considerar as três professoras como amigas sábias que nos aconselham sobre o assunto como um todo, em vez de questões específicas.

Portanto, a leitura contém *nove* cartas, não seis. Ela acabou ficando assim:

Professoras	A	B	C
Perguntas	1	2	3
	4	5	6

Nesse caso, as cartas professoras, do *Tarô Shining Tribe*, foram o Dez de Pássaros, o Lugar de Rios e o Nove de Pássaros.

O Dez de Pássaros mostra alguém se sentindo sobrecarregado com tudo que tem à sua frente. Dez pássaros, muitos deles com um aspecto fantástico,

Ten of Birds

Place of Rivers

Nine of Birds

As cartas professoras do Tarô Shining Tribe.

pousam diante da figura, que cobre os olhos. Essa carta me lembrou de que essa pergunta pode me levar a águas muito profundas e, se eu olhasse muito de perto, poderia me sentir sobrecarregada. Ela lembra uma famosa história judaica (sim, mais uma) de quatro rabinos que entram no "Paraíso" (ou seja, por meio de sua meditação e práticas espirituais, eles viajam para reinos interiores profundos). Três dos quatro de uma maneira ou de outra permitiram que a experiência os sobrecarregasse. Um morreu do êxtase que o inundou; outro enlouqueceu e morreu logo depois; o terceiro interpretou tudo o que viu muito literalmente e perdeu a fé. Apenas o quarto, o Rabino Akiva (lembra dele, aquele que descreveu a essência da Torá como "Ame o próximo como a si mesmo"?), entrou e saiu em paz. Em outras palavras, ele permaneceu ancorado e, assim, pôde experimentar as visões e maravilhas e depois retornar à consciência comum. O Dez de Pássaros me lembra de entrar e sair dessa pergunta em paz.

A segunda professora, Lugar de Rios, de certa maneira responde à primeira, pois mostra a atitude que funciona melhor aqui: sentar à beira das águas profundas e escuras, olhar para seus mistérios e permanecer calmo.

A última professora, Nove de Pássaros, evoca a história dos quatro rabinos ainda mais do que as outras, mas por um motivo especial. Há alguns anos, fiz uma leitura sobre o conto e, quando perguntei "O que é o Paraíso?", obtive o Nove de Pássaros. Essa carta representa o que chamo de Terra dos Mortos. Isso não significa literalmente para onde vamos quando morremos, mas uma imagem de mistério, dos elos ocultos entre a morte e o nascimento, entre a criatividade e a tristeza. Essa carta neste caso me ensina que, ao examinar as questões da alma, eu olho além do reino comum de nossa experiência.

A imagem mostra uma tumba da qual surge uma Deusa. A Deusa austera, com seu triângulo púbico exagerado, como símbolo de renascimento (o colorido dourado da carta indica renascimento espiritual), vem de uma figurinha esculpida em osso encontrada na Bulgária, com cerca de 6.500 anos de idade. Um símbolo de vida nova, uma vulva desenhada ou esculpida é algo muito mais antigo, encontrado em paredes de cavernas na Europa e em outro lugar, dezenas de milhares de anos atrás. *Criação* pode significar as origens do universo físico, mas também pode significar as origens da história registrada. A imagem da Deusa na carta remonta muito antes das culturas patriarcais que nossas aulas de história descrevem como as primeiras civilizações humanas.

Quando decidi perguntar às cartas se o Tarô já existia antes da Criação, me perguntei como elas poderiam responder. Que cartas poderiam transmitir um "sim" ou um "não"? A carta que surgiu foi o Ás de Rios, uma resposta tão clara que me deu aquela sensação empolgante que às vezes sentimos quando os pelos da nossa nuca ficam arrepiados. Aqui está ela, junto com as outras cinco cartas (leitores com boa memória reconhecerão as duas finais).

O Ás de Rios representa a fonte de toda nutrição, literalmente um rio que flui da boca de uma Deusa ou um Deus. Algum tempo depois de desenhar a imagem, me interessei pela famosa frase "Nem só de pão vive o homem" e descobri que a frase completa, do Deuteronômio, é "Eu vos dei o maná, que não conhecestes, nem vossos pais conheceram, para vos dar a entender que o homem não viverá somente de pão, mas de tudo o que procede da boca do Senhor viverá o homem".

Ace of Rivers

Place of Trees

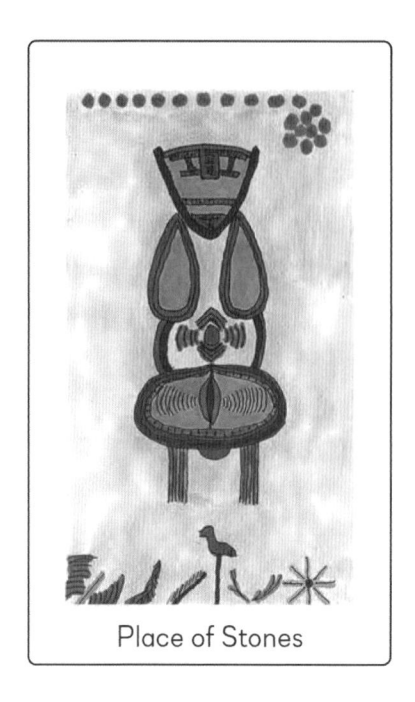

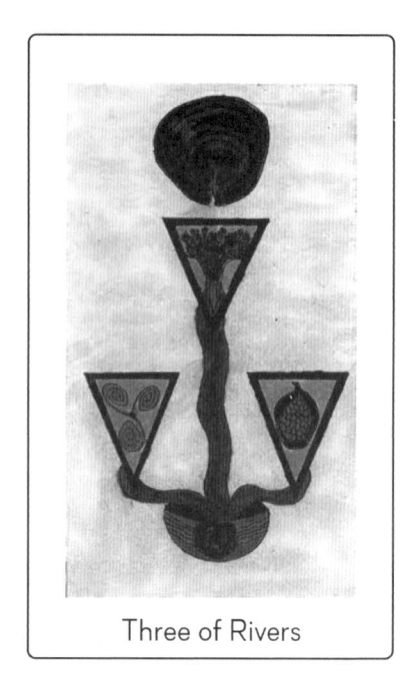

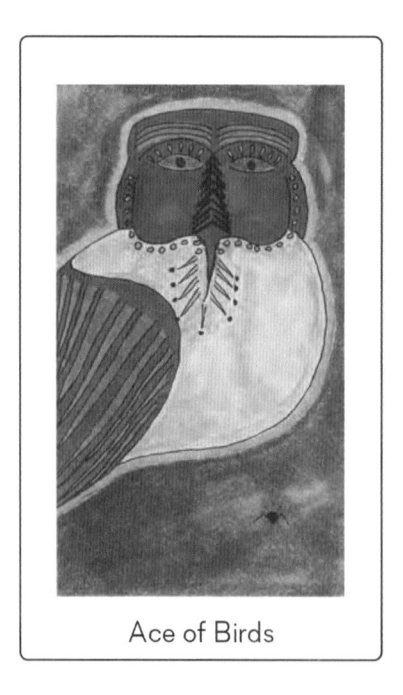

Place of Stones	Three of Rivers
Ace of Birds	Six of Trees

Nos Tarôs tradicionais, esta carta é o Ás de Copas, muitas vezes uma imagem do Santo Graal.

A carta do Ás de Copas do Tarô Waite-Smith.

O Graal simboliza a graça divina, a presença ativa no mundo material da verdade espiritual. As águas transbordam do cálice, pois o amor divino é ilimitado. Muitos estudiosos do mito do Graal acreditam que ele se origina de imagens celtas mais antigas do caldeirão de uma Deusa benevolente, o qual literalmente transbordava de alimentos e coisas boas. Em outras palavras, voltamos àquela ideia da fonte de todo sustento, tanto físico quanto espiritual.

Não consigo pensar em uma resposta positiva mais forte para a pergunta "O Tarô já existia antes da Criação?". E já que obtivemos uma resposta adequada para a primeira pergunta, podemos prosseguir e perguntar: "Como

Deus usou o Tarô para criar o mundo?". O Lugar de Árvores. Essa carta (um equivalente aproximado do Valete de Paus) mostra um jardim onde duas mulheres, uma delas possivelmente uma Deusa, reverenciam um símbolo de transformação, o machado duplo. O machado, encontrado por toda parte na antiga Creta (a imagem na carta vem de um selo cretense com vários milhares de anos), não era uma arma, mas um símbolo de mudança, pois evoca tanto os crescentes da Lua crescente e minguante quanto as asas da borboleta, que emerge de uma humilde lagarta. (A palavra grega "psyche" significava tanto "alma" quanto "borboleta".)

Árvores é o naipe do Fogo. Isso pode parecer paradoxal até lembrarmos que as árvores crescem por meio da fotossíntese, um processo que absorve a luz solar e a transforma em alimento. O fogo do Sol enraíza-se no mundo por meio das árvores. Para os nossos propósitos, isso significa que a Fonte Criativa usou o Tarô como forma de estabelecer as leis da natureza. Essas leis estruturam a energia divina em formas que podem lançar raízes e sobreviver. No nível mais literal do título da carta, Deus criou um "Lugar", ou seja, um universo físico que poderia receber o Fogo da vida.

Deus é limitado pelo Tarô? O Lugar de Pedras. Pedras é o naipe de Terra, e a diferença entre o Fogo e a Terra é a diferença entre o início de um projeto e sua conclusão, entre o lampejo da chama e a solidez da rocha. O Lugar de Árvores recebe a primeira centelha da Criação. Ele estabelece as leis e estruturas. Quando chegamos ao Lugar de Pedras, chegamos à realidade atual do mundo. Se aceitarmos a ideia de que uma inteligência divina criou o universo físico, então as leis deste universo, uma vez criadas, limitam essa inteligência tanto quanto os habitantes mais humildes.

Eu percebo que isso vai contra o que muitas pessoas aprenderam na escola dominical, de que Deus criou o Universo e Deus pode fazer o que quiser com ele. Não peço a nenhum leitor que abandone suas crenças, mas apenas que se permita brincar com uma possibilidade diferente para ver onde isso nos leva.

Na verdade, não precisamos aceitar a ideia de uma inteligência criadora limitada pelo Tarô para brincar com o que essa ideia pode significar para nós. Quando *nós* criamos algo, ficamos limitados pela realidade do que fizemos, mas, se o Tarô (e estou usando o Tarô aqui para representar todas as leis esotéricas e correspondências que as cartas passaram a simbolizar) parece nos limitar, ele também nos liberta. Isso ocorre porque podemos usá-lo como um oráculo e os oráculos não revelam apenas um destino fixo – ou um início fixo. Podemos usá-lo no espírito da liberdade para abrir novas possibilidades. Podemos usar um oráculo para entender como nos tornamos quem somos e, assim, nos libertarmos do que Stephen Karcher chama de "escravidão" do condicionamento. E mais: podemos usá-lo para "jogar" com a Lua e expandir a realidade.

Agora a leitura fica realmente interessante. Quando perguntamos "Qual é a nossa parceria com Deus?", obtivemos o Três de Rios, uma carta que representa a parceria mais profunda possível. A imagem mostra três fluxos de sangue que se fundem em um receptáculo que representa o Graal. No tradicional Ás de Copas, o Graal transborda de alimento espiritual. Aqui, vertemos nossa energia vital no vaso sagrado. Assim, poderíamos dizer que nossa parceria implica que nos entreguemos a Deus (parafraseando os programas de doze passos, independentemente de como você entende o termo "Deus"). O divino recebe nossa energia, nosso sangue vital, e o transforma em alegria espiritual.

Há também uma interpretação mais simples, embora possivelmente mais radical. Podemos considerar os rios de ambos os lados como nós mesmos e o divino, enquanto o rio no centro se torna algo novo que criamos por meio da nossa união. Para pessoas criadas em religiões tradicionais ocidentais, em que Deus é "Todo-Poderoso" e os seres humanos são insignificantes, a ideia de uma parceria real com o divino pode parecer absurda. Isso sugere que Deus precisa de nós tanto quanto precisamos Dele e até mesmo que, de alguma forma, o mundo depende dessa parceria. Os pagãos podem achar a ideia menos estranha, pois, na crença moderna pagã, a energia de um Deus não está separada do mundo, pois ela é expressa em toda a natureza. Os pagãos muitas vezes descrevem Deus/Deusa e os seres humanos como "cocriadores".

Na verdade, encontramos ideias semelhantes na Cabala. Com ela aprendemos que Deus tem um aspecto feminino e masculino, mas esses dois aspectos se separaram. Eles só podem se reunir por meio da ação de homens e mulheres humanos que se unam no amor físico com a intenção (a intenção é um conceito muito importante na Cabala, assim como no Tarô) de que eles vão incorporar – ou canalizar, para usar o termo atual – o masculino e o feminino divinos.

A divinação não envolve sexo (pode envolver, mas geralmente não envolve), mas podemos considerar pontos de vista semelhantes à ideia de unificação ou cocriação. O termo "divinação" significa, em última análise, uma conversa com o divino, seja pensando nele como espíritos, Deus, o Eu Superior, o inconsciente ou qualquer outra maneira que você entenda a ideia. Normalmente, as pessoas pensam nessa conversa como algo unidirecional; ou seja, buscamos o divino para que ele nos revele segredos. No entanto, também há uma longa tradição que a considera uma comunicação genuína e que o divino precisa de nós para revelar coisas que de outra maneira o próprio Divino não saberia. Na Cabala, aprendemos que Deus criou o Universo para ter um "Outro", uma espécie de espelho vivo ou, em outras palavras, alguém com quem conversar.

Vamos considerar isso de outra maneira. As tradições religiosas dominantes do Ocidente descrevem Deus como um ser onisciente, que conhece, e até planejou, o universo inteiro e toda a história, desde antes do início. As crianças muitas vezes acham isso confuso e fazem perguntas como: "Se Deus sabia que Adão e Eva iriam comer a maçã, mesmo que Ele não quisesse, por que Ele a colocou no Paraíso?". Boa pergunta. Muitas pessoas descartam toda a ideia por causa dessas perguntas.

Mas por que precisamos acreditar num Deus que sabe de tudo? Talvez a pergunta mais importante seja: o que ganhamos com tal crença? Pensamos em nós mesmos como seres protegidos e seguros? Ou simplesmente inúteis, sem consequência para um Deus que sabe tudo num universo onde nada realmente original pode acontecer? Não é de se admirar que tantos buscadores espirituais genuínos se afastem da religião tradicional.

Considere uma alternativa. Pense num Criador que faz um mundo para observá-lo se desenvolver e ver o que acontecerá, um Criador que não sabe tudo com antecedência e, na verdade, precisa dos seres humanos para ajudá-lo a descobrir suas maravilhas. Qual é a sua reação visceral a tal ideia? Confusão? Medo? Empolgação? Talvez seja satisfação, como em: *Ah, agora isso faz sentido*.

O conceito de parceria e comunicação bidirecional transforma completamente a divinação. Em vez de ser uma maneira de descobrir segredos, ela se torna um método para os espíritos e nós mesmos nos sentarmos e termos uma conversa.

Pessoas que passam muito tempo estudando os mitos e a arte sagrada muitas vezes chegam à conclusão de que a energia sagrada se expressa por meio de imagens e histórias. Como comenta Jennie, a heroína do meu romance *Unquenchable Fire*: "Deus é feito de histórias. Todo mundo sabe disso". Os seres humanos, por outro lado, tendem a se expressar por meio de ações, acontecimentos, realidades físicas. Assim, temos dois tipos de existência: o espiritual e o prático, imagens e acontecimentos. Nos sistemas de divinação, as imagens descrevem os acontecimentos. As imagens no Tarô descrevem coisas como uma crise em um casamento ou os sonhos de alguém em se tornar um agente de cura. A divinação atua como uma ponte entre as duas realidades, a humana e a divina.

Agora chegamos a outro nível, pois quando perguntamos "Qual é a nossa parte nessa parceria?", obtemos o Ás de Pássaros, exatamente a carta que responde à pergunta original de Sabedoria: "O que é a alma?". Esse é um exemplo de um princípio no Tarô que recebe pouca atenção, especialmente em livros que oferecem definições rígidas para os significados das cartas. Chamo esse princípio de acréscimo e ele funciona assim: você faz uma leitura que resulta em um novo significado para uma carta específica. Ele pode surgir de uma resposta a uma pergunta específica, como "O que é a alma?" ou pode ocorrer por meio de uma interpretação. Por exemplo, alguém me disse uma vez que o Sete de Espadas significa um caso amoroso. Imediatamente pensei no Sete de Espadas do Tarô Waite-Smith, em que o homem parece estar se afastando com um sorriso satisfeito. O fato de ele parecer ter roubado cinco das sete espadas representadas na carta sugere que ele traiu o chefe das tendas.

A carta do Sete de Espadas do Tarô Waite-Smith.

Desde que soube desse novo significado, fiz várias leituras em que a carta surgiu e perguntei ao consulente se ele ou alguém na vida dele tinha (ou pensava em ter) um caso amoroso e a resposta foi um "sim" instantâneo.

Portanto, se perguntarmos sobre nosso papel em uma parceria com Deus e recebermos como resposta o Ás de Pássaros, isso revela que devemos devotar a nossa alma. Não podemos segurar ou reter coisa alguma. Espero não parecer excessivamente piedosa se citar outra declaração famosa da Bíblia: "Amarás o Infinito, teu Deus, de toda a tua alma, e de todo o teu coração, e com todas as tuas forças" (Deuteronômio 6:5). Ou, em um nível mais espirituoso, a famosa canção "Body and Soul": "Sou todo seu, corpo e alma". (A gravação de Sarah Vaughn dessa música muitas vezes me pareceu uma experiência divina.)

Mesmo sem nenhuma referência à leitura anterior (alma), a coruja aqui sugere que devemos olhar profundamente, buscar a verdade na escuridão e no tumulto da vida. Observe, aliás, a coruja empoleirada na tumba no Nove de Pássaros, uma das três cartas professoras. Empoleirada na pedra, ela parece presidir o surgimento de uma nova vida na forma da Deusa com seu triângulo dourado.

Se tivermos alguma dúvida sobre as duas perguntas ("O que é a alma?" e "Qual é a nossa parte nessa parceria?"), a carta final a resolve. A resposta para "Qual é a parte de Deus nessa parceria?" foi o Seis de Árvores, exatamente a mesma carta que respondeu à pergunta "O que é o Tarô?". Essa é a carta cuja coruja voltada para as árvores a conectou ao Ás de Pássaros e deu a este livro o seu título. Agora as mesmas duas cartas apareceram e em um tipo de relação semelhante.

Então, a parte de Deus na parceria é *ser* o Tarô? Podemos dizer que Deus "se esconde" no Tarô assim como se esconde na Torá e nos Evangelhos e nos símbolos da Deusa nas cavernas e nos círculos de pedra, e em todos os livros sagrados, mitos e sistemas de divinação do mundo? Deus *se esconde* nessas coisas porque precisamos entrar em seus níveis interiores, brincar com as palavras e imagens, explorar sob a superfície para obter os significados mais profundos (quando as pessoas leem a Bíblia ou qualquer livro sagrado apenas em um nível literal, podemos dizer que Deus está se escondendo). Eu poderia descrever este livro como uma tentativa de procurar onde Deus se esconde no Tarô. A ideia também nos dá outra descrição breve do Tarô: o esconderijo de Deus. Mari Geasair, uma taróloga de Boulder, Colorado (EUA), descreveu isso para mim desta maneira: "Deus se esconde nos espaços entre as cartas".

Há uma maneira mais simples de ver o Seis de Árvores como a resposta para a pergunta: "Qual é a parte de Deus nessa parceria?". Podemos dizer que Deus nos deu o Tarô. Para permitir que façamos parte de algum tipo de parceria com a energia divina, a Fonte dessa energia nos deu (inspirou pessoas a criar) um jogo chamado "*tarocchi*", cujas imagens ao longo do tempo ganhariam significados cada vez maiores até inspirarem a consciência espiritual e se tornarem um instrumento sério de comunicação. Se de fato nenhum cabalista, místico ou bruxo projetou o Tarô, se ele surgiu simplesmente como um jogo, isso não o torna ainda mais notável, como uma joia especial encontrada em uma caminhada por uma floresta onde as árvores fitam você com olhos de coruja?

Nossa parte nessa parceria é olhar profundamente para as maravilhas obscuras da vida e de nós mesmos. A parte de Deus é nos dar instrumentos para fazer isso, as 78 imagens sugestivas do Tarô. O Tarô aqui é um substituto para todos os sistemas de divinação. Eles nos permitem dar um passo para fora do fluxo ordinário dos acontecimentos e retornar com conhecimento e vislumbres intuitivos.

Como acontece com outras cartas, podemos considerar essa dádiva de duas maneiras. A ideia mais tradicional seria a de que Deus nos deu o Tarô para que possamos aprender segredos. Por meio do estudo das imagens e das leituras, vamos além de nossas limitações e estabelecemos uma parceria melhor com o divino. Também podemos ver essa dádiva que é o Tarô de outro modo: como uma maneira de sabermos que a energia divina precisa de nós para, por meio da divinação, revelar coisas que nem mesmo Deus sabe. A divinação cria novas possibilidades e *liberta o Criador* de um universo onde tudo é planejado e conhecido de antemão.

Nós somos a alma; Deus é o Tarô. Se de fato uma inteligência divina criou um universo que se mantém coeso por meio de leis naturais, então talvez essas leis precisem de uma cláusula de escape. O Tarô e outros sistemas de divinação oferecem uma abertura para o novo. *Deus* (seja o que for que esse termo possa significar) nos deu o Tarô, as imagens que "emanam da boca de Deus", e confiou que nós as "olharíamos atentamente", como diz o Zohar, para que possamos criar e brincar com ideias e maravilhas.

No final da leitura, cortei o baralho para tirar mais uma carta. Alguns leitores consideram essa prática arriscada, pois o Tarô pode lhe dizer algo que você não queira ouvir (em outras palavras, é melhor não mexer no que está quieto). Neste caso, a carta foi o Sete de Rios.

Ora, o significado primário dessa carta é fantasias: visões belas que podem não estar ancoradas na realidade. Esse é um exemplo de algo que a maioria dos leitores descobre: que o Tarô e outras formas de divinação têm um senso de humor. (O *I Ching* é bem famoso por isso.) Na verdade, o Sete de Rios diz: "Vamos lá, não se deixe iludir. Essas são fantasias bonitas, mas não passam disso". Só que essa piada é uma faca de dois gumes, pois, para aceitar essa advertência sobre as fantasias, precisamos levar a sério a ideia de que o Tarô pode falar diretamente conosco sobre nossas perguntas. E se acreditamos nisso, então por que não acreditar nas cartas que vieram antes dela?

A carta do Sete de Rios do Tarô Shining Tribe.

O Mundo Vivo – Um Exemplo de Acréscimo

Assim como o Ás de Pássaros e o Seis de Árvores ganharam significados extras na sua aparição anterior, as cartas desta leitura mais recente agora carregam suas várias qualidades especiais. Em algum momento após a leitura A.C.

(Antes da Criação), eu estava lendo o *Illustrated Guide to Divination*, de Stephen Karcher. Nele, Karcher afirma que a coisa mais importante que nos acontece na divinação é que estabelecemos uma conexão com um "Mundo Vivo". (No espírito de total transparência, devo dizer que a expressão vem originalmente do meu próprio romance *Unquenchable Fire*). Em vez de algum tipo de máquina gigantesca que funciona com leis sem sentido, o universo ganha vida com significado, empolgação, consciência.

Decidi fazer uma leitura sobre a minha própria conexão com esse Mundo Vivo. A leitura une o abismo entre as leituras pessoais e as de Sabedoria, pois apresenta perguntas que vêm "da alma", mas de uma forma pessoal. Eu a recomendo para qualquer pessoa que esteja em uma busca espiritual ou que queira descobrir o que o trabalho com o Tarô pode significar para ela em um nível mais profundo.

Decidi fazer três perguntas: Que conexão posso estabelecer com o Mundo Vivo? O que vou aprender ou me tornar se estabelecer essa conexão? O que preciso fazer para tornar essa conexão real? As cartas foram o Ás de Rios, o Dois de Rios e a Espiral da Fortuna. Em vez de colocá-las em uma ordem estrita de 1, 2, 3, decidi colocar a carta 3 entre a 1 e a 2, como uma ponte do real possível para o desejado.

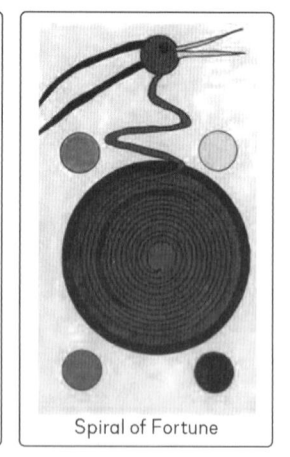

Ace of Rivers	Two of Rivers	Spiral of Fortune
1	3	2

Que conexão posso estabelecer com o Mundo Vivo? O Ás de Rios. Por ser a carta do Tarô que antecede a Criação, essa imagem agora tem um significado especial. A conexão que eu ou qualquer pessoa pode fazer com o Mundo Vivo é exatamente um retorno à própria fonte da vida. Ela mostra o lado de mim que anseia por nutrição espiritual, que vai ao Mundo Vivo para beber do rio que flui da "Boca de Deus". Duas figuras vão ao rio, uma mulher e um antílope (ambas as imagens vêm de pinturas rupestres de cinco mil anos, encontradas no deserto na Tunísia). O antílope sugere impulso, quando queremos apenas vivenciar um momento de sacralidade. Somos como o antílope quando fechamos os olhos e ouvimos um canto sufi ou participamos da Dança em Espiral Wiccana para celebrar a primavera, ou simplesmente subimos uma colina para testemunhar as explosões de vermelho e dourado de um espetacular pôr do sol.

A mulher, com seus sacos de água para levar o líquido precioso, simboliza uma abordagem mais duradoura da espiritualidade. Quando estudamos o Tarô ou fazemos algum tipo de meditação diária ou seguimos o ciclo anual de rituais sazonais pagãos ou o ciclo de ritos em religiões "tradicionais", somos como a mulher que leva seus sacos ao rio. Portanto, esta é a minha conexão fundamental: lembrar, em meio a tudo o que faço (meu trabalho, meus relacionamentos, as intermináveis tarefas do dia a dia) *de ir ao rio e beber* água e levá-la para outros momentos.

O Dois de Rios flui naturalmente do Ás (por ser, afinal, a sequência do naipe). Inspirado no famoso símbolo yin-yang das metades preta e branca de um círculo, a imagem mostra um peixe escuro e um peixe claro voltados para o rabo um do outro. A carta parece muito apropriada para uma leitura inspirada nas ideias de Stephen Karcher, pois Karcher é acima de tudo um especialista no *I Ching* e na maneira como ele nos une ao Tao. Poderíamos descrever o Tao como o fluxo sutil de energia em toda a existência, ou como aquilo que torna o Mundo Vivo de fato vivo. Na cultura ocidental, tendemos a nos esforçar o tempo todo, a enfrentar a vida com vigor, a ir atrás do que queremos apesar de todos os obstáculos. A visão taoísta sugere que nenhuma abordagem única pode servir para todas as situações e, às vezes, precisamos ceder. Mas o Tao não é apenas sobre praticidade. Senti-lo, mover-se com ele e se deixar levar por ele é exatamente o que significa se unir ao Mundo Vivo.

A leitura me diz que, se eu me voltar para o que me nutre (para mim, isso significa amigos, a própria divinação, a mitologia, a arte e coisas simples como a sombra das árvores na neve sob a Lua cheia), então vou descobrir que posso avançar no mundo com um senso de retidão, o Tao, pelo menos por esses breves momentos. A carta do meio me diz como fazer isso. Como as outras, ela mostra um ideal, ou talvez um princípio.

A Espiral da Fortuna vem da tradicional carta do Tarô Roda da Fortuna. Em muitos Tarôs, essa carta contém muitas referências mitológicas: a roda do ano, a roda do karma e da reencarnação, os ciclos de morte e renascimento da Deusa.

A maioria dessas cartas e referências sugere um sistema fechado. Giramos em círculos, mas, no fundo, nada muda. Por outro lado, a *Espiral* da Fortuna mostra uma ruptura. A imagem principal vem de um entalhe na rocha feito por indígenas nativos americanos no que é hoje o estado de Utah (EUA). Pensamos que giramos em círculos, mas, na verdade, cada volta da espiral nos leva para mais perto do momento em que nos abrimos para uma consciência maior. As espirais se transformam no pescoço de um pássaro.

Um círculo fecha a espiral até que o pescoço a rompa. Eu chamo esse círculo de "os limites do universo conhecido". Ele representa tudo o que nos prende, especialmente nossas crenças sobre nós mesmos e o que podemos ou não fazer. Isso lembra o ano egípcio de doze meses, cada um com exatamente trinta dias, que não permite o nascimento de nada novo. Talvez possamos pensar no pássaro que emerge como Thoth, pois, como vimos na introdução, os egípcios retrataram o Deus do Conhecimento com a cabeça alongada de um íbis.

Thoth não derrotou a Lua (ou, se o próprio Thoth é a Lua, os outros deuses) em uma batalha. Em vez disso, ele apostou para ganhar os cinco dias. Jogar significa correr riscos. Você se arrisca na vida e pode perder. Mas de que outro jeito você ganha? Às vezes, é preciso correr um risco para se libertar de um sistema de crenças fechado ou para vivenciar um mundo maior e mais maravilhoso do que aquele que lhe foi ensinado.

A carta da Roda da Fortuna dos tarôs Waite-Smith e Thoth.

No ano anterior ao que fiz essa leitura, a Espiral da Fortuna surgiu com muita frequência, não apenas nas minhas próprias leituras, mas também nas que eu fazia para outras pessoas. Essa frequência fez com que a carta passasse a sinalizar para mim um caminho para além do que acredito ser absolutamente verdadeiro, sobre mim mesma e até mesmo sobre o mundo. Isso se aplicava especialmente a quaisquer crenças que incluíssem o conceito de "impossível". A leitura me diz que um avanço a partir de tais crenças limitadas não leva a poderes misteriosos ou a um sucesso repentino, mas simplesmente a uma consciência desse fluxo e refluxo de energia, de luz e escuridão, que produz um Mundo Vivo.

Sete

A Leitura de Deus

Se o Criador consultasse o Tarô para criar o Cosmos, quais seriam as cartas dessa tiragem? Podemos dizer ao Tarô: "Mostre-nos a leitura de Deus para criar o mundo"? Obviamente, a pergunta é fantasiosa, até mesmo absurda, mas há um paralelo interessante, novamente do irmão chinês do Tarô, o *I Ching*. Peter Lamborn Wilson, um escritor de livros sobre muitos assuntos esotéricos, me contou uma vez sobre um especialista britânico em política chinesa contemporânea que precisava dizer ao serviço de inteligência britânico se a China invadiria a Índia. Como se presume, ele estudou documentos oficiais e declarações da imprensa, mas também consultou o *I Ching* a cada dia da crise. No entanto, não perguntou o que a China faria ou o que estava na mente das autoridades chinesas. Em vez disso, ele perguntava todas as manhãs: "Mostre-me a leitura que você propiciou hoje aos generais chineses". Quando ele viu as leituras, com uma mensagem clara, relatou corretamente que os chineses recuariam.

O mito do *I Ching* conta que os espíritos, chamados "*shen*", concederam esse oráculo à humanidade por meio do "povo sábio", sábias figuras pré-históricas de uma Era Dourada que existiu há muito tempo, assim como Thoth deu o Tarô de presente a seus discípulos humanos e um anjo chamado Raziel concedeu um "Livro dos Segredos" (a Cabala original) a Adão, no Jardim do

Éden. O *I Ching* é sempre o mesmo livro, não importa quem o use. O Tarô, no entanto, não é um único baralho, mas literalmente milhares, cada um deles publicado com variações maiores ou menores de um padrão geral. Portanto, mesmo dentro dos termos do nosso mito (que o Criador, o Infinito, consultou o Tarô para descobrir como fazer um universo material finito), na verdade não podemos pedir para ver a leitura real, pois não saberíamos quais imagens Deus usou (ou o método que usou para embaralhar as cartas!). Então, por que perseguir tal ideia? A resposta é que o Tarô funciona melhor como instrumento da nossa sabedoria quando nos atrevemos a fazer perguntas ousadas a ele.

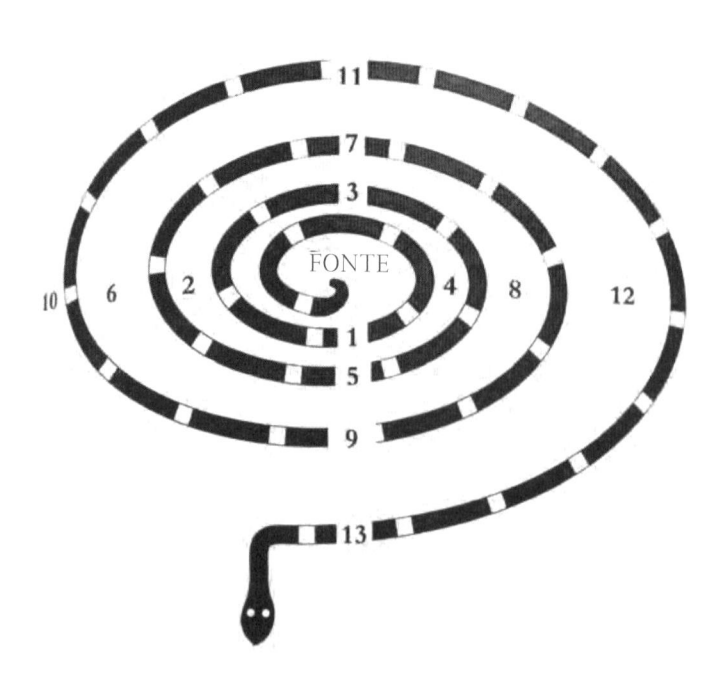

Para fazer essa leitura, foi necessário, em primeiro lugar, escolher uma tiragem. Várias vezes neste livro, eu apresentei tiragens e mostrei como poderíamos aplicá-las a questões pessoais (por exemplo, na leitura "O que é a alma?"). Desta vez, a coisa funcionou de forma inversa. Minha amiga e colega taróloga Jill Enquist queria fazer uma leitura de Halloween com uma tiragem em forma de espiral. O Halloween, ou Samhain, que é o nome original dessa data, é a véspera do Ano-Novo celta e um momento tradicional para qualquer tipo de divinação, mas especialmente o Tarô. Como muitas pessoas, os celtas consideravam momentos de transição tanto um perigo quanto uma oportunidade. "Transição" significa que deixamos uma categoria para trás e ainda não entramos em uma nova. A noite, entre um dia e o seguinte, é um desses momentos, assim como o tempo entre o ano antigo e o novo. Em Samhain, portanto, o "véu entre os mundos" fica mais tênue, enchendo o mundo de fantasmas, mas também propiciando um bom momento para fazer adivinhações.

Jill queria fazer uma tirada com três voltas ao redor de uma carta central e quatro cartas em cada volta, mais uma carta extra no final para representar o começo de um novo ciclo.

Na versão *pessoal* da tiragem, a carta central, que chamamos de Fonte, significa uma verdade fundamental sobre você neste momento da sua vida. As cartas que seguem formam três níveis: um-quatro, cinco-oito, nove-doze. O primeiro representa seu eu interior, incluindo suas emoções, desejos, imaginação. O segundo grupo indica suas interações com o mundo exterior, incluindo relacionamentos de trabalho. O terceiro mostra seu "tornar-se" espiritual ou emocional, o que você pode se transformar durante o período que está por vir.

Cada grupo de quatro cartas segue o mesmo padrão. As primeiras cartas (um, cinco, nove) revelam uma experiência passada significativa. As segundas cartas (dois, seis, dez) mostram como essa experiência afetou você, ou o que você fez com ela. A terceira posição (três, sete, onze) mostra o que está surgindo no horizonte num futuro próximo. A quarta posição (quatro, oito, doze) indica possibilidades de longo prazo. A carta final, treze, representa uma possibilidade de um novo começo.

Embora Jill e eu tenhamos projetado essa leitura para o Halloween, você pode fazê-la sempre que se encontrar em transição ou simplesmente quiser descobrir a sua própria espiral de significado.

Depois que Jill e eu experimentamos a versão pessoal, me ocorreu que a tiragem poderia funcionar muito bem para o que chamo de "leitura de Deus". Gostei que a espiral sugerisse uma cobra trocando de pele, pois cobras muitas vezes simbolizam sabedoria e até mesmo a própria força vital. Além disso, a capacidade de trocar de pele para permitir um novo crescimento parece perfeita para essa leitura. Talvez devêssemos dar à tiragem o nome de "Troca de Pele".

Eis como foi a leitura naquilo que eu chamo de Espiral da Consciência. A espiral gira para baixo devido à tradição que diz que os *espíritos* "descem" para a matéria.

Aqui estão as perguntas para as diferentes posições em termos de Criação.

Fonte – esta carta examina as origens da Criação, aquilo que vem antes do começo.

Primeira volta:

- Um – esta é uma carta de mistério, o primeiro movimento a partir da Fonte.
- Dois – o que emerge primeiro, de um nível profundo.
- Três – a primeira ascensão espiritual.
- Quatro – o que resulta do início.

Segunda volta:

- Cinco – os mistérios da matéria física.
- Seis – o que começa a emergir do físico.
- Sete – a própria Criação. As fases iniciais da existência. (Note que a Criação ocorre no ponto intermediário.)
- Oito – evolução.

Terceira volta:

- Nove – o mistério do que o universo pode se tornar.
- Dez – surgimento espiritual por vir.

- Onze – possibilidades mais elevadas.
- Doze – o que acontecerá.

A carta final:

- Treze – retorno ao mistério divino.

★ ★ ★

Nas páginas a seguir estão as cartas que surgiram na leitura, mais uma vez do *Tarô Shining Tribe*:

- Fonte – Sete de Pássaros.
- Um – Ás de Pássaros.
- Dois – Seis de Pedras.
- Três – A Torre.
- Quatro – O Imperador.
- Cinco – O Mago.
- Seis – Seis de Pássaros.
- Sete – Dádiva de Pássaros.
- Oito – Lugar de Pássaros.
- Nove – Oito de Pássaros.
- Dez – Cinco de Rios.
- Onze – Dois de Árvores.
- Doze – O Despertar.
- Treze – O Mundo.

A Fonte, Sete de Pássaros.

Ace of Birds

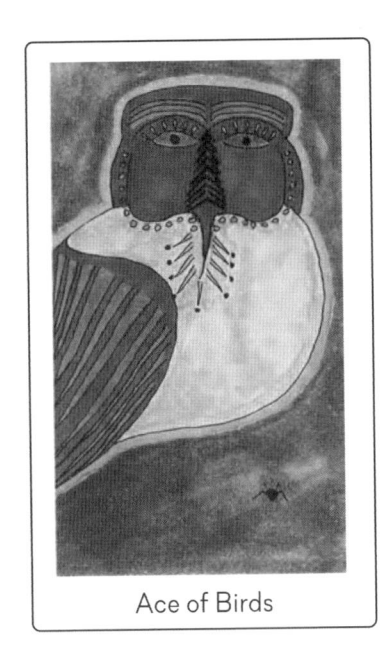

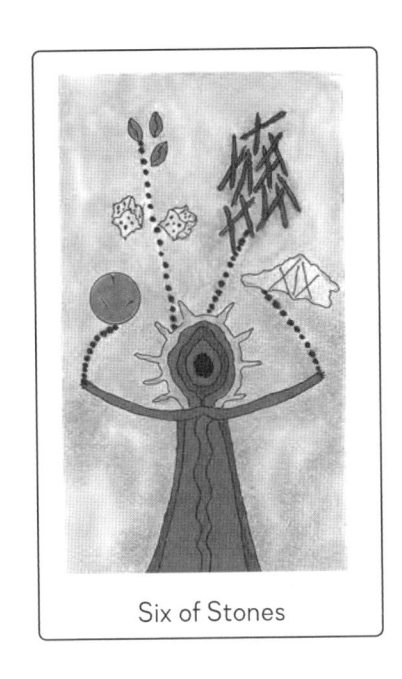

Six of Stones

Tower

Emperor

Primeira volta: Ás de Pássaros, Seis de Pedras, A Torre, O Imperador.

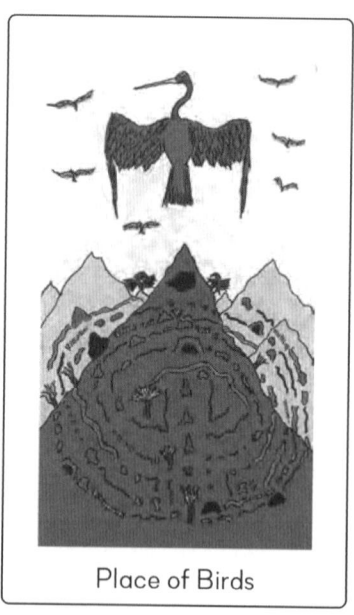

Segunda volta: O Mago, Seis de Pássaros, Dádiva de Pássaros, Lugar de Pássaros.

Eight of Birds

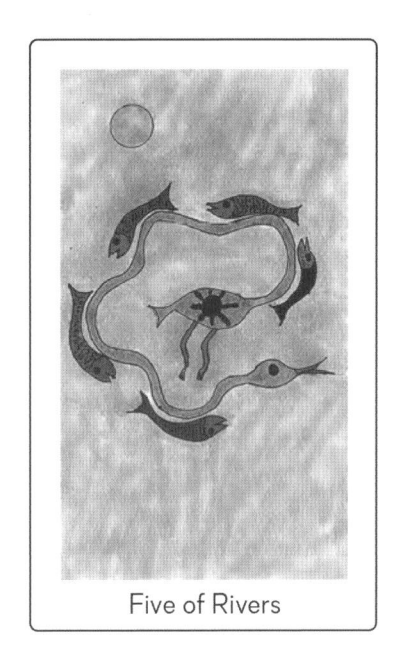

Five of Rivers

Two of Trees

Awakening

Terceira volta: Oito de Pássaros, Cinco de Rios, Dois de Árvores, O Despertar.

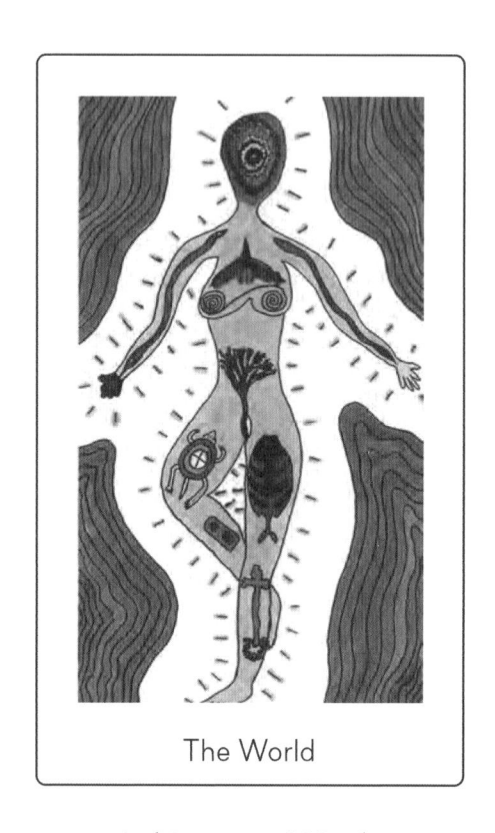

A última carta: O Mundo.

Poderíamos facilmente dedicar um livro inteiro a essa leitura e ainda deixar o tópico aberto para futuras especulações. Convido todos que leem este livro a explorá-la por conta própria. Você talvez queira meditar sobre uma ou mais imagens e ver o que lhe ocorre por meio de uma espécie de experiência direta com as cartas. Sugiro que as pessoas experimentem essa tiragem com seus próprios Tarôs e vejam o que descobrem. No espaço exíguo que tenho aqui (como o Professor Irwin Corey poderia dizer), tentarei apontar as linhas básicas da leitura, juntamente com alguns destaques.

A primeira coisa que podemos notar é a predominância das cartas de Pássaros, seis das catorze cartas. O naipe de Pássaros, uma alteração do naipe de Espadas, incorpora o elemento Ar e a qualidade da mente. Muitos esotéricos consideram o Ar o mais puro dos elementos, o mais distante da matéria sólida e, portanto, o mais próximo do Espírito. Do ponto de vista científico, o ar consiste em moléculas, as mesmas dos sólidos, apenas em menor quantidade, com mais espaço entre elas. E, no entanto, o ar é rápido e sutil e se estende até os confins do espaço. Ao contrário dos seres humanos, ligados à terra, os pássaros podem voar livremente no ar. Eles também emitem sons bonitos. Essas qualidades fizeram dos pássaros mensageiros dos deuses e portadores da divinação em todo o mundo. No *Tarô Shining Tribe*, o naipe de Pássaros significa ideias intelectuais, mas também arte e profecia. As muitas cartas de Pássaros na leitura conferem a ela qualidades de intelecto e prodígio profético.

O próximo naipe mais comum é o dos trunfos (Arcanos Maiores), cinco deles. Como veremos com mais detalhes posteriormente, uma maneira de ver os 22 trunfos é o Louco (o viajante) mais três grupos de sete cartas cada. Duas das cartas desta leitura (o Imperador e o Mago) vêm do primeiro grupo de sete cartas (trunfos de um a sete), e três (a Torre, o Despertar e o Mundo), das sete finais (cartas quinze a vinte e um). Esse primeiro grupo representa as questões básicas da vida e, portanto, a realidade que existe fora de nós. As sete finais vão além do eu em direção à energia universal. As sete do meio, agrupando os trunfos de oito a quatorze, as cartas mais pessoais e psicológicas, não aparecem de forma alguma. Além do seis Pássaros e cinco Arcanos Maiores, os outros três naipes (Árvores, Rios, Pedras) aparecem cada um com uma carta.

Ao analisarmos essas cartas, precisamos ter em mente nossa ficção sobre elas. Elas não são cartas nossas, nem mesmo cartas para nos ensinar mistérios sagrados. Elas supostamente representam as cartas que Deus tirou para criar o mundo.

A primeira carta é, de certo modo, a mais interessante, pois nos introduz imediatamente aos mitos cabalistas sobre a Criação. O Sete de Pássaros mostra duas pessoas sentadas uma de frente para a outra, com uma espécie de fronteira invisível entre elas. Linhas douradas de energia irradiam delas enquanto se comunicam com grande intensidade. Elas são quase, mas não completamente, idênticas e parecem não ter definição sexual.

A imagem foi inspirada em uma descrição do livro de Bruce Chatwin *Songlines*, sobre a maneira como alguns aborígenes australianos mantêm fronteiras tribais. A tribo mapeia seu território na forma de uma canção que descreve detalhes da paisagem, tanto do ponto de vista físico quanto mitológico. Por exemplo, a canção pode descrever uma colina específica como um local onde ancestrais sagrados um dia fizeram uma reunião.

Cada membro iniciado da tribo é responsável por uma parte do mapa musical. Quando as tribos se encontram em uma fronteira (não marcada e certamente não "patrulhada"), elas se sentam frente a frente. Para cada par de opostos tribais, primeiro um e depois o outro cantam a canção da sua tribo. Dessa maneira, eles realmente se unem para definir a fronteira ao declarar seu próprio território.

Quando li pela primeira vez a descrição de Chatwin, ela me pareceu uma metáfora maravilhosa para o modo como as pessoas criam e mantêm bons relacionamentos. Nós nos relacionamos melhor com as pessoas quando não tentamos falar sobre elas mesmas ("Você sabe que você é muito defensivo. Você precisa encarar a verdade."), mas, em vez disso, ouvimos verdadeiramente as pessoas e então falamos da maneira mais sincera possível sobre nós mesmos (para a maioria de nós, isso é surpreendentemente mais difícil).

A imagem, no entanto, pode sugerir muito mais do que relacionamentos pessoais. O grande cabalista do século XVI Isaac Luria ensinou um mito da Criação que nos faz lembrar dessa imagem de duas pessoas se enfrentando. Luria descreveu Deus antes da Criação como algo que preenchia toda a realidade, de modo que nada existia que não fosse Deus. Isso impedia que Ele tivesse pleno autoconhecimento, pois nem mesmo Deus pode realmente se conhecer sem alguma outra figura para refletir sobre Ele. Portanto, Deus "se contraiu", como Luria colocou, para dar lugar a Algo Mais, um Cosmos criado, com seres conscientes para investigar o Criador.

O Sete de Pássaros, como a Fonte da leitura, mostra essa separação e a comunicação que resulta dela. Antes de Luria, o *Zohar* descreveu um aspecto masculino e feminino do Deus Único. Eles não devem ser interpretados literalmente, apenas como maneiras de começarmos a compreender as qualidades divinas e as formas pelas quais os seres humanos refletem essas qualidades. No Sete de Pássaros, a forma andrógina das duas pessoas, tão semelhantes uma à outra, sugere uma consciência sagrada além de todas as categorias.

Quando verificamos a carta seguinte, nos deparamos com um velho amigo. O Ás de Pássaros apareceu primeiro como a alma e, em seguida, como nossa própria parte na parceria com Deus. É evidente que essa carta gosta de aparecer em qualquer leitura sobre o sagrado! Aqui, como a carta do primeiro movimento descendo da Fonte, ela enfatiza o mistério da Criação, pois mergulha profundamente na escuridão. Visto que esse é o primeiro movimento para longe da Fonte, podemos imaginar o Infinito contemplando o Grande Nada criado, quando o Infinito se retraiu para abrir espaço para o universo.

Do mergulho no mistério, a espiral se eleva para ver o que surgirá desse nível mais profundo. A carta que aparece é uma brincadeira do Tarô, pois o Seis de Pedras é a carta da própria divinação. O que emerge do olhar da coruja é o desejo de conhecer as coisas e a percepção de que o conhecimento nem sempre advém da investigação racional, mas às vezes de formas de saber que contornam a escolha consciente.

A terceira carta representa a primeira curva ascendente da espiral, o primeiro movimento em direção à Criação. A Torre pode surpreender algumas pessoas, pois a carta 16 dos Arcanos Maiores muitas vezes significa destruição. Para muitos, a Torre significa uma libertação violenta das limitações materiais ou de algum tipo de aprisionamento. Em situações normais, ela poderia, por exemplo, indicar que um casamento ruim pode ruir de maneira dolorosa, mas trazendo liberdade. Em um nível mitológico, a Torre sugere a ideia cristã de um apocalipse que destrói o universo. Mas por que ela aparece nesse ponto da leitura?

Por um lado, alguns Tarôs mais antigos chamam essa carta de "Casa de Deus". Talvez isso signifique uma estrutura que o Criador forma para conter a energia da Criação. Na Cabala, tal estrutura significaria a famosa Árvore da Vida, que muitos tarólogos modernos consideram uma descrição literal do universo.

Meu bom amigo e brilhante estudioso David Vine apontou para mim certa vez que "La Maison-Dieu" não significa "A Casa de Deus". Na verdade, não é uma construção linguística francesa. O correto em francês seria "La Maison de Dieu". Aconteceria o mesmo se a carta 16 fosse chamada em inglês de "The House-God". No entanto, "Maison-Dieu" é uma tradução literal do hebraico "Beth-El", o local na antiga Canaã onde Jacó teve seu sonho da escada (na verdade, o termo hebraico significa "rampa para o céu" (o que faz muito mais sentido), com os "anjos" (mensageiros) subindo e descendo. Além disso, a cidade de Betel, também conhecida como Luz, era uma cidade famosa e próspera. David e eu traduzimos *Édipo* alguns anos atrás, um projeto maravilhoso, e conversamos sobre um livro que narrasse Jacó lutando com Deus (não um anjo – o texto é claro, embora chocante) e a passagem da escada/rampa e todas as maneiras como as pessoas têm visto esses momentos.

A carta da Torre também significa revelação, o súbito lampejo que as pessoas chamam de "iluminação". Em seu caminho para perseguir os cristãos, Saulo de Tarso foi atingido por um raio e transformou-se em Paulo, que espalhou a palavra cristã para novas comunidades. Pessoas em profunda meditação vivenciam no corpo a ascensão da energia que o yoga chama de "kundalini". Quando a energia sobe até o topo, parece explodir a parte superior da cabeça e a pessoa vivencia a unidade de toda a existência. Voltaremos a essa ideia para a carta final, o Mundo (e com mais detalhes, no Capítulo Treze). Aqui, precisamos notar que, na versão da Torre do *Shining Tribe*, ninguém sofre uma destruição. Em vez disso, uma única figura dança nas chamas em êxtase.

Talvez possamos entender melhor a Torre aqui se retornarmos ao mito da Criação de Isaac Luria e possamos compará-lo com descrições científicas modernas do início do universo. Luria afirmava que Deus se contraiu até se tornar um único ponto insondável, às vezes retratado como um ponto escuro acima da Árvore da Vida. A cosmologia, o ramo da ciência que estuda a origem e a estrutura do Cosmos, descreve o estado da realidade antes do início como uma "singularidade quântica", uma concentração infinitesimal de energia.

"Faça-se a luz!", diz o Criador em Gênesis. Luria nos diz que a luz irrompeu para preencher as *Sephiroth*, que Luria imaginava como receptáculos, semelhantes a vasos de argila. No entanto, os vasos não eram suficientemente fortes para conter a energia e se romperam. Como resultado, vivemos em um universo fragmentado, e nós mesmos somos pedaços da Árvore da Vida, cada um com nossa própria luz oculta. A Torre, portanto, mostra o que Luria chamou de "Fragmentação dos Vasos" no primeiro momento da Criação.

Na história científica, aprendemos que a singularidade apresenta uma flutuação aleatória que resulta em uma explosão. Essa explosão libera enorme calor e movimento. É como se o universo inteiro tivesse sido comprimido em uma espécie de ovo cósmico e depois explodido de uma só vez. O universo ainda hoje está se expandindo a partir da energia daquela explosão original. A Torre, portanto, mostra o Big Bang na origem do universo.

E o que resulta dessa primeira energia? O Imperador simboliza estrutura e forma. Devido ao severo Imperador do Tarô Waite-Smith, que veste uma armadura sob a capa e nos encara do seu trono no deserto, muitas pessoas consideram essa carta como o domínio opressivo da sociedade. Outros tarôs, no entanto, veem o Imperador em um papel maior, como as leis que regem o Cosmos. Elas até podem compará-lo a um título cabalístico para Deus, o

Ancião dos Dias. A própria energia divina assume uma forma após aquela primeira explosão de vida.

O Imperador dos Tarôs Waite-Smith e de Marselha.

Em muitos Tarôs mais antigos, o Imperador está de pernas cruzadas, formando o número quatro. O quatro é mais do que o número da carta. No simbolismo tradicional, o círculo representa o espírito, e o quadrado com suas quatro direções representa o mundo material. O quatro também se refere aos quatro elementos (e, portanto, aos quatro naipes dos Arcanos Menores) e às quatro letras do impronunciável nome hebraico de Deus.

A partir do Big Bang, a forma e a estrutura da energia precisam emergir, do contrário a Criação simplesmente não sobreviverá. A física identifica quatro forças que mantêm tudo coeso: as forças forte e fraca dentro do átomo, além do eletromagnetismo e a gravidade. Se qualquer uma dessas não existisse, ou fosse um pouco diferente, o universo teria desaparecido tão rapidamente e num cataclisma tão fenomenal quanto começou. A carta 4 aparece na posição 4, como se quisesse enfatizar esse número.

O primeiro giro da espiral inicia o universo e estabelece suas leis. Agora, o segundo giro explicará o significado dessas leis. A posição cinco começa perguntando sobre o mistério da realidade física. A resposta é direta. O Mago olha para o mundo como um ato contínuo de magia, uma grande maravilha. O universo não é realmente uma criação única, com leis que funcionam como um relógio antigo que, depois que se dá corda, tiquetaqueia por si só até parar. Em vez disso, a vida, o espírito, move-se continuamente em seres físicos.

Vemos isso na postura do Mago. Ele ergue uma mão em direção ao rio de energia acima dele. Com a outra, aponta para uma flor no deserto, como se tivesse feito a flor crescer com sua magia. *Magia* aqui significa aquele movimento do espírito para a matéria. Artistas e escritores muitas vezes escolhem essa carta como sua favorita. Isso acontece porque eles entendem a experiência. Os artistas sempre dizem que não são eles próprios que criam de fato um poema ou um retrato. Algo cria por meio deles e eles se tornam veículos para permitir que isso aconteça. Esse é o mistério da Criação, e isso ocorre a cada momento, e para cada um de nós.

A posição seis revela "o que começa a emergir da matéria". Aqui encontramos um seis, o Seis de Pássaros, ao lado do Seis de Pedras (posição dois), como se quisesse enfatizar isso. Tanto o Seis de Pedras quanto o Seis de Pássaros enfatizam formas de conhecimento que estão além da consciência comum. Por serem sólidos, o conhecimento no Seis de Pedras vem do uso de objetos físicos como instrumentos de divinação. O naipe de Pássaros é mental, e a imagem desse Seis evoca sonhos. A mulher dormindo no banco retrata uma figura esculpida encontrada num templo subterrâneo da Idade da Pedra na ilha de Malta. Os arqueólogos supõem que a câmara era usada para a "incubação de sonhos", o uso de rituais e orações para evocar um sonho poderoso, geralmente para cura, divinação ou orientação.

O que começa a emergir da matéria são os sonhos, pois os sonhos vêm do mundo material, o cérebro, mas nos levam além da matéria para nos lembrar de que podemos experimentar coisas que claramente não são físicas. O

Tarô quase parece instruir o Criador a construir um universo físico sólido (lembre-se da nossa história aqui, que estamos ouvindo a leitura que o Infinito fez para criar o universo), mas não esquecer de fazer uma janela além dele. Essa janela são os sonhos.

Com a carta 7, finalmente chegamos à Criação completa, o mundo como o conhecemos. Encontramos mais uma carta de Pássaros, a Dádiva de Pássaros (equivalente à Rainha de Espadas, mas mais positiva e dinâmica). A Criação é de fato uma dádiva; de que outro modo poderíamos vê-la, mesmo que a consideremos autocriada ou um resultado de pura sorte (a visão daqueles que não aceitam a ideia de um criador consciente)? Essa dádiva em particular, no entanto, é uma dádiva artística. A imagem mostra uma flauta flutuando no céu; provavelmente as pessoas criaram flautas e outros instrumentos líricos em imitação aos pássaros. Portanto, a Criação, o próprio Cosmos, não é uma máquina que funciona sem significado. O Tarô instruiu o Criador a moldar o Cosmos como uma dádiva artística.

A carta 8, a última carta no segundo giro da espiral, nos mostrará a evolução. Encontramos mais uma carta de Pássaros, o Lugar de Pássaros. Equivalente ao Valete de Espadas, essa carta na verdade vem antes da Dádiva, no baralho. No entanto, nesta leitura, ela mostra um universo totalmente desenvolvido, que emerge da dádiva inicial. A imagem mostra um vasto labirinto formado por várias montanhas e feito de árvores, cavernas, riachos, trilhas e até pássaros vivos. Olhe de perto e você verá apenas os detalhes. Quando você adota a perspectiva elevada dos Pássaros, a imagem total se forma. Isso também vale para nosso universo "evoluído". Quanto mais o olhamos como um todo, mais descobrimos suas estruturas e beleza incríveis, mais conseguimos vê-lo como uma obra de arte magnífica. Não é à toa que os cientistas consideram a beleza uma qualidade essencial em uma teoria científica.

O giro final contará ao Criador o que pode se desenvolver além do universo evoluído. Ao se voltar para baixo, ele pergunta o que o universo, essa obra de arte, pode se tornar. Como a Torre, o Oito de Pássaros é uma imagem explosiva, um vulcão. O Criador não deve tornar o universo tão estável a ponto de a mudança se tornar impossível. Mas a carta também trata de conhecimento e recuperação de lembranças perdidas. Uma mulher lança pedras diante de um vulcão. Por meio das pedras de divinação (lembre-se do Seis de Pedras na posição dois), a mulher busca verdades esquecidas. Uma casa se abre no vulcão, com um olho na porta para representar a memória. Nessa carta, o universo criado se torna uma espécie de quebra-cabeça. Verdades explosivas estão dentro dele para aqueles que têm a coragem de destrancar a porta. A imagem da mulher lembra o mito ocultista do Tarô como a chave das chaves para revelar os segredos da existência.

A carta 10 mostra um despontar espiritual que ainda está para acontecer nessa grande obra de arte. O Cinco de Rios trata da consciência que pode surgir a partir da perda. Em outras palavras, por meio da tristeza, ganhamos um novo entendimento. Os peixes se adaptam, seguindo as curvas do rio, corrente abaixo. Num certo ponto, entretanto, o rio muda e se torna o pescoço de um pássaro. Como na Espiral da Fortuna (ambas as cartas vêm da arte dos nativos americanos), o que parece uma mudança aleatória produz uma nova percepção. Ninguém pode escapar do fato de que vivemos em um universo de perdas. As pessoas morrem, momentos de amor e beleza ficam no passado. E, ainda assim, a própria dor pode nos levar a um "despontar espiritual" e a um conhecimento mais profundo do significado dentro da existência.

A mulher da carta Oito de Pássaros (também uma carta dos nativos americanos, inspirada no trabalho de Joy Harjo, poetisa contemporânea pertencente aos grupos indígenas Muskogee/Creek, duas vezes laureada, enquanto escrevo este livro) quer desvendar mistérios. Parte do processo exige que aceitemos a tristeza como um caminho para a sabedoria. Essa tristeza envolve apenas as criaturas de Deus e não o Criador? Os cristãos se referem a Cristo como um Homem das Dores, e uma das traduções modernas para o nome hebraico de quatro letras de Deus é "Compassivo", um termo que significa sentir o sofrimento das outras pessoas.

A carta 11 está no ponto mais alto da leitura, indicando as possibilidades mais elevadas de uma fase futura do desenvolvimento do mundo. O Dois de Árvores nos dá a imagem de um portal para uma nova realidade. Uma mulher está entre duas árvores, que se afastam e depois se curvam uma em direção à outra, como se estivessem criando um portal para ela. Ela veste um vestido desgastado, pois a riqueza material não a preocupa. O sol brilha sobre o rio e o caminho da luz faz parecer que ela está rodeando a cabeça da mulher.

O que tudo isso pode significar? Talvez possamos dizer que as "possibilidades mais elevadas" para o mundo físico o tornam um portal para que a consciência vivencie/abrace a luz divina. Lembre-se da ideia de que os Arcanos Maiores significam o estado absoluto da luz, enquanto os quatro naipes incorporam os quatro aspectos da existência física. Para aqueles que gostam de ler textos sagrados, um cabalista antigo chamado Joseph Gikatilla (1248 – após 1305) escreveu um livro chamado *Gateways of Light*. Muito antes disso, no antigo Egito, o conjunto de papiros geralmente chamado de *Livro dos Mortos* na verdade tinha o título de *Pert Em Hru*, uma frase que significa "surgindo na luz" ou "despertando na luz".

Para algumas pessoas, isso pode parecer uma visão antiga do mundo físico como uma espécie de prisão ou punição, e a luz do Espírito como uma libertação. Os pagãos têm travado uma batalha contra essa ideia há muito tempo. O mundo físico no paganismo é um lugar de maravilha, beleza e verdade espiritual. Para mim, essas cartas, e o Dois de Árvores em particular, transmitem essa ideia. Não escapamos ou negamos o mundo, mas o atravessamos. Permitimos que ele revele maravilhas além do nosso entendimento atual.

E o que acontecerá? Essa é a pergunta da carta 12 e a resposta é clara: o Despertar. Como descrevi antes, essa carta ocupa o lugar do habitual arcano 20, o Julgamento. O Julgamento mostra o mito cristão da Ressurreição que ocorrerá no final dos tempos. Isso poderia ter dado à leitura uma direção especificamente cristã ou apocalíptica. Teria sido a resposta para a pergunta: "O que acontecerá após a Criação? O mundo chegará ao fim e os mortos ressuscitarão para enfrentar o Julgamento do Senhor".

Felizmente (pois acho tal expectativa literal e negativa demais sobre o mundo), a carta do *Shining Tribe* não é chamada de Julgamento, mas de Despertar. Não há destruição ou "libertação" da existência material, apenas uma compreensão de nossa própria verdade e nosso destino, e a verdadeira natureza da existência que atualmente permanece além de nós. Um espírito aparece em uma cidade. As pessoas finalmente reconhecem e celebram a maravilha divina na vida cotidiana. Vemos mais de uma pessoa, pois essa não é uma revelação isolada, mas uma esperança para todos nós.

A última carta faz a espiral girar novamente no sentido descendente, para um retorno ao mistério divino. Agora vemos algo realmente notável. A carta anterior, o Despertar, é a carta 20, a penúltima dos Arcanos Maiores. A carta que aparece aqui, como a última da leitura, é a carta final: o Mundo. Como o humorista Dave Barry costumava dizer, não estou inventando isso. Essas cartas de fato vieram de um embaralhamento aleatório.

A carta do Mundo mostra o Cosmos como um único ser perfeito. A luz do espírito não brilha mais lá fora, mas dentro do eu. Ao mesmo tempo, o mundo não se reduz a uma unidade homogeneizada. Em vez disso, o universo brilha em todos os seus detalhes esplêndidos. Animais, estrelas, construções humanas, símbolos abstratos, histórias, todos se unem para formar a Deusa dançante, que é na verdade hermafrodita, todas as coisas. (A carta do Mundo como uma hermafrodita é uma tradição antiga. Geralmente, a imagem mostra uma mulher com uma faixa sobre a virilha, para que não possamos ver seus genitais. Alguns Tarôs mostram a figura alquímica chamada "Hermafrodita Coroado". Nela, a árvore nos genitais sugere tanto imagens masculinas quanto femininas.) No Lugar de Pássaros, obtivemos uma visão aérea da existência, como se vista de um lugar mais alto. Nessa carta, a visão geral, onde tudo se torna parte de uma verdade maior, está dentro e fora.

A leitura começou com uma imagem de dualidade, a necessidade do Criador de se separar num duplo para se tornar consciente de si mesmo. Ela termina, agora, com um retorno à unicidade, com uma consciência além de todo conhecimento ordinário.

Oito

Páscoa, 2001:
Uma Leitura para a Ressurreição

—•◇◇◉◇◇•—

Devido às flutuações do meu horário de trabalho, aconteceu de eu, por acaso, escrever a passagem acima, a Leitura de Deus, no Domingo de Páscoa. No meio do dia, me ocorreu que eu deveria aproveitar a oportunidade para ver o que o Tarô poderia ter a dizer sobre o mistério essencial cristão, o sacrifício e a ressurreição de Deus tornando-se humano. A leitura se tornou mais uma daquelas experiências de arrepiar os cabelos e mais um exemplo de como o Tarô pode se adaptar a qualquer tradição espiritual de maneira surpreendente.

Decidi fazer sete perguntas, um número que evoca a cosmologia pré-moderna dos céus. Como descrito na seção sobre correspondências, os povos antigos viam sete "planetas" móveis no céu: o Sol, a Lua, Mercúrio, Vênus, Marte, Júpiter e Saturno. Como o arco-íris contém sete cores e o corpo, sete chakras, o número 7 une os céus e o mundo humano. Na teologia cristã, Cristo também une Deus e a humanidade.

Vimos anteriormente que todos os corpos celestes parecem se mover ao redor da Terra, de modo que as pessoas imaginavam esferas planetárias concêntricas se propagando para fora da Terra a partir do centro, com a origem divina além da esfera mais exterior. Do ponto de vista mítico, os cristãos poderiam dizer que Cristo deixou sua casa na perfeição do "Reino dos Céus" e viajou pelas sete esferas para se tornar humano e se sacrificar a fim de salvar a humanidade. Levar almas consigo para o reino divino significa elevar a consciência humana através das sete esferas planetárias.

Por todas essas razões, o número 7 me pareceu adequado para a leitura. Aqui estão as perguntas:

- Qual é a mensagem do sacrifício?
- Qual é o significado para Deus?
- Qual é o significado para a humanidade?
- Qual é a experiência da ressurreição?
- O que ela nos proporciona?
- O que ela solicita de nós?
- Aonde essa experiência nos leva?

Devo destacar que, assim como você não precisa ser judeu para encontrar sabedoria nas ideias judaicas, você não precisa ser cristão ou acreditar na literalidade das ideias cristãs para apreciar a tiragem do Tarô ao expressá-las de maneiras tão fascinantes. Eu mesma não sou cristã; apenas estou disposta a fazer perguntas cristãs (na verdade, feliz por poder fazê-las). Nenhuma falta de respeito é intencional para com qualquer leitor cristão que possa considerar as histórias do Evangelho e a teologia cristã de modo muito mais literal que eu.

Como esta leitura seguiu de certa maneira a leitura da Criação, usei mais uma vez o *Tarô Shining Tribe* – também porque ele é um dos meus favoritos! Antes de olhar as cartas para a leitura em si, dividi o baralho em três pilhas e verifiquei a parte inferior de cada uma delas para ver quais eram as "professoras" (a ideia de cartas professoras é explicada no Capítulo Seis). Desta vez, também olhei a carta que estava abaixo de cada carta professora, para obter um comentário adicional (poderíamos chamar a carta abaixo de "ensinamento"). Na verdade, embora eu tenha olhado todas as três professoras, na verdade, só olhei dois *ensinamentos*. Confesso que essa foi uma decisão arbitrária, tomada com base apenas no que me parecia mais interessante. Algo que aprendi ao longo dos anos em que trabalhei com o Tarô é me dar permissão para quebrar as regras, até mesmo aquelas que eu mesma invento.

Como as cartas das professoras e dos ensinamentos não fazem parte das perguntas formais da leitura, parece-me que elas nos dão alguma flexibilidade. Com o acréscimo das (três) professoras e dos (dois) ensinamentos, a leitura na verdade ficou assim:

Professora A   Professora B   Professora C
Ensinamento   Ensinamento
1   2   3   4   5   6   7

A primeira professora logo deixou clara a maneira muito direta pela qual as cartas abordariam as perguntas. A carta era o Enamorado, e abaixo dela o Sete de Árvores.

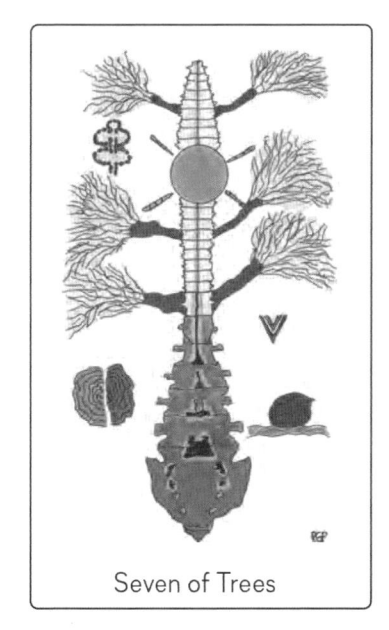

Professora A: O Enamorado. Seu Ensinamento: Sete de Árvores.

A carta do Enamorado incorpora algumas ideias básicas do Cristianismo. "Deus amava tanto o mundo que ofereceu Seu único filho", diz a teologia. Jesus encarnaria o próprio amor. Nessa versão do Enamorado, que retrata um anjo e um ser humano abraçados, vemos o conceito cristão do amor como uma força dinâmica, uma paixão genuína. Em vez de um amor unidirecional, a imagem mostra que os seres humanos precisam responder, se entregar ao abraço divino.

Além da ideia de Deus amar a humanidade, a imagem pode representar a ideia de que Deus encarnou como um ser humano na figura de Cristo, e isso também aconteceu como um ato de amor. O divino abraça o humano. Ele assume a forma humana com excitação e sensualidade.

Podemos pensar nisso fora do mito cristão específico como uma demonstração das nossas próprias origens e encarnação. A alma não assume um corpo como um castigo, um teste ou uma experiência de aprendizado. Ela faz isso para amar o mundo físico e fazer parte dele.

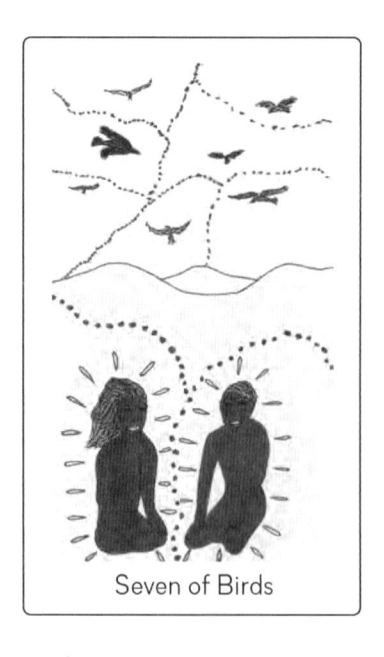

Professora B: O Sete de Pássaros.

Abaixo do Enamorado, encontramos o Sete de Árvores. A carta nos apresenta uma imagem vívida da abertura psicológica e espiritual. Vemos uma coluna vertebral com o Sol brilhando no nível do coração. Na Idade Média, os simbolistas cristãos muitas vezes descreviam o Sol como uma representação de Cristo. Também podemos pensar nas muitas imagens do coração de Cristo em sofrimento pela tristeza da humanidade. Para realmente se tornar humano, o divino teve que assumir um corpo, com a energia vital contida em uma coluna vertebral, mas também abrir o coração para a tristeza que preenche grande parte da nossa vida. (Para uma descrição detalhada do Sete de Árvores, veja o Capítulo Doze, "Abrindo o Coração".)

A segunda carta professora me surpreendeu tanto quanto a primeira, pois revelou ser o Sete de Pássaros, exatamente a mesma carta que a Fonte na leitura que eu estava digitando, a leitura da Criação de Deus. Certamente os cristãos descreveriam Cristo como a *Fonte*. A conexão com a leitura anterior também implica a ideia cristã de que o propósito da Criação, a sua Fonte, era fornecer o cenário para a morte e a ressurreição de Cristo. Quando o Tarô se adapta a uma tradição específica, certamente faz isso com entusiasmo!

A imagem de duas figuras sentadas frente a frente sugere a ideia de diálogo com o divino. Na carta do Enamorado, o humano e o divino se abraçam; aqui eles se comunicam com a mesma intensidade. Uma coisa que podemos dizer é que obtemos a mesma mensagem em ambas as cartas: a espiritualidade não vem apenas do divino para a humanidade humilde. Ela deve acontecer nos dois sentidos. Não é igualdade, pois a minha compreensão do ensinamento cristão é que a encarnação de Cristo foi única ("Filho único de Deus", como eu acredito que os Evangelhos dizem), mas uma espécie de igualdade radical com Deus. Precisamos nos tornar *presentes* para que Deus realmente venha até nós.

Perguntamos sobre a ressurreição de Cristo e recebemos uma professora que nos diz que estamos diretamente envolvidos. A maioria das pessoas que cresceu frequentando igrejas tradicionais provavelmente verá essa ideia no mínimo como uma heresia, ou mais provavelmente alheia às crenças cristãs. No entanto, suspeito que aqueles que vão além da superfície da doutrina tradicional reconhecerão o conceito de seres humanos e Deus como parceiros iguais tanto na criação do mundo quanto em sua salvação.

A última professora foi a carta da Morte, com a Lua como ensinamento.

A Morte certamente é o que esperaríamos em uma leitura sobre a Páscoa, pois, ainda mais do que a própria ressurreição, os cristãos consideram o cerne da sua religião a morte voluntária de Jesus. A Lua sob a Morte enfatiza o mistério. A jornada pela morte que leva à ressurreição não vem com uma explicação simples, mesmo que a teologia, a profecia bíblica ou a visão sagrada descrevam o que se supõe que aconteça.

A Morte seguida pela Lua também é uma espécie de pista para as qualidades pagãs na história cristã. Os evangelhos afirmam que Jesus morreu na sexta-feira e ressuscitou três dias depois, no domingo de Páscoa. Esse é o período de tempo em que a Lua permanece escura, escondida da visão humana, e assim encontramos vestígios de deuses e deusas lunares nesse feriado cristão cujo próprio nome em inglês, *Easter*, deriva de Eostre, uma Deusa germânica da fertilidade.

Professora C: Morte. Seu Ensinamento: a Lua.

As sete cartas (abaixo das professoras e dos ensinamentos) foram reveladas como mostro nas páginas 167-68, lidas horizontalmente ao longo de ambas as páginas.

1. **Qual é a mensagem do sacrifício?** Tradição. No primeiro nível, esta carta sugere que temos que entender os relatos bíblicos dentro das tradições religiosas e míticas. Isso pode ser difícil para alguns cristãos, pois toda a *tradição* do Cristianismo enfatiza que a morte e a ressurreição de Cristo foram eventos históricos. No entanto, a *mensagem* desse acontecimento que mudou o mundo nos chega como uma história. Isso é válido se você aceita essa história como um acontecimento real que ocorreu há dois mil anos. "A maior história já contada", como os cristãos dizem. Afinal, a maioria dos acontecimentos que ocorrem em nosso mundo atual (eleições ou a vida e a morte de pessoas famosas) chega até nós no formato de histórias em jornais, na televisão ou na internet. E essa história particular do sacrifício e da ressurreição de Cristo também vem acompanhada de dois mil anos de teologia e tradição popular.

   Os Tarôs mais antigos intitulam essa carta de Papa. Se estivéssemos usando o Tarô de Marselha, teríamos que observar que a Igreja "oficial" controlou e direcionou a mensagem que seus seguidores aprendem a partir do mistério cristão. A França, onde o Tarô de Marselha se originou, é, claro, historicamente um país católico. Mas esse não é o Tarô de Marselha e podemos procurar aspectos nessa carta, em particular, que não aparecem nas versões padrão da carta V, do Papa.

   Na imagem, cinco espíritos disfarçados de pedras cercam uma flor, algo delicado e bonito que precisa de proteção. Podemos pensar em nossa própria crença na vida como uma flor assim, sempre em perigo diante das severidades da existência. Os cristãos poderiam dizer que a mensagem do sacrifício é que estamos protegidos. Cristo sofre para proteger a humanidade.

Linhas entram e saem do círculo, mudando de cor à medida que fazem isso. Quando perguntamos "Como funciona o Tarô?" e obtivemos essa carta, observamos o círculo e as linhas como sugestivos de um tipo de transformador elétrico. As cartas com seus símbolos transformam energia espiritual pura e a "reduzem" a um nível que nossa consciência humana pode compreender. Poderíamos dizer algo semelhante sobre a ressurreição de um ser divino. Tal evento, ou história, canaliza energia divina para uma forma que usamos em nossa vida. Em outras palavras, quando Jesus morre, sua humanidade se dissolve e volta para a consciência divina, no centro do círculo. Quando ele ressuscita, volta a surgir no mundo da consciência humana, mas transformado.

Outro detalhe interessante, um sinal do humor do Tarô (um aspecto das cartas que é muito subestimado, mas muito real) é o peixe emergindo da água. No livro que acompanhava o *Tarô Shining Tribe*, descrevi que a água representava o Mar Morto e o peixe é uma demonstração de que o poder dos espíritos pode trazer vida a partir da morte. O Mar Morto, é claro, está na Terra Santa, não muito longe de Jerusalém. *Os Manuscritos do Mar Morto* foram encontrados em cavernas ao longo da sua margem. Desde o início do Cristianismo, seus seguidores veem seu Deus simbolizado como um peixe que traz vida a partir da morte. O peixe saindo do Mar Morto resume literalmente a *mensagem* da ressurreição de Cristo.

Podemos olhar para essa carta ainda de outra maneira. "Deus", ou a consciência divina, está fora do tempo. Por meio da encarnação, da morte e da ressurreição de Cristo, Deus entra no tempo e, de fato, na *tradição*, pois Jesus veio do Judaísmo da sua época. "Não julgueis que vim abolir a Lei ou os Profetas. Não vim para abolir, mas para dar-lhes pleno cumprimento", diz Cristo em Mateus 5:17.

2. **Qual é o significado para Deus?** Porta-Voz de Pedras. Esta carta, praticamente equivalente ao Rei de Ouros, expressa o poder da Terra.

Tradition

1. "Qual é a mensagem do sacrifício?"

Ace of Trees

4. "Qual é a experiência da ressurreição?"

Eight of Stones

5. "O que ela nos proporciona?"

Speaker of Stones

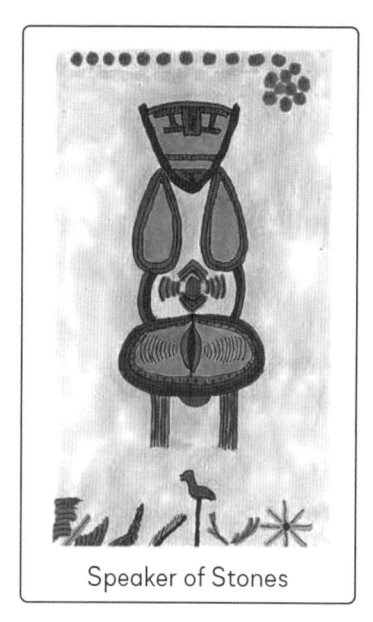

2. "Qual é o significado para Deus?"

Two of Trees

3. "Qual é o significado para a humanidade?"

Justice

6. "O que ela solicita de nós?"

Ten of Rivers

7. "Aonde essa experiência nos leva?"

Por meio da morte como ser humano e depois com a ressurreição, Deus se torna capaz de *expressar* a experiência e a sabedoria do mundo material. Parte do conceito da trindade cristã é que Deus teve que se tornar humano para conhecer a verdadeira compaixão pelos seres mortais que sofrem ao longo da vida e então morrem.

A imagem central dessa carta, retirada de um dente de mamute gravado encontrado na República Tcheca, é a mais antiga do *deck*, datada de vinte mil anos atrás, por radiocarbono. Em contraste, o Cristianismo é uma religião muito jovem, com apenas um décimo dessa idade. No entanto, o conceito, ou a experiência, de ressurreição é extremamente antigo, remontando à Idade da Pedra e suas imagens de deusas do renascimento. A antiguidade do Porta-Voz de Pedras nos lembra de que um "significado para Deus" consiste em inserir a história cristã nas expressões mais antigas do sagrado humano.

Eu sei que judeus, assim como cristãos e muitos outros, podem rejeitar a ideia de que podemos fazer uma pergunta desse tipo, como se pudéssemos usar um baralho de cartas impressas para entrevistar Deus. Eu não pretendo que isso seja uma afirmação de fato, mas sim um guia para explorar o significado. A taróloga Mary K. Greer descreveu a leitura de Tarô como uma "profissão marginalizada", e às vezes descrevo minha "religião" como heresia. Desse ponto de vista, para que serve o Tarô senão para fazer perguntas?

3. **Qual é o significado para a humanidade?** Dois de Árvores. Mais uma vez, vemos uma carta da leitura anterior. Naquela leitura, o Dois de Árvores apareceu como o estágio futuro do desenvolvimento do mundo após a criação. Essa é certamente a visão cristã: que a morte e a ressurreição de Jesus compõem um novo estágio na experiência humana, uma ruptura completa com o passado.

Também podemos considerar apenas a imagem dessa carta, que mostra uma espécie de abertura ou portal. O significado de qualquer avanço religioso ou mítico é abrir novas possibilidades para a consciência humana. Note que, na imagem, a luz do sol brilha sobre o rio diante da mulher, de tal forma que parece um halo ao redor da cabeça dela. A ressurreição cria a santidade e a possibilidade de nos tornarmos como Deus (não Deus, mas *como* Ele).

Isso significa que a imagem mostra o céu ou algum outro conceito de um mundo além do corpo? O vestido da mulher está levemente rasgado para indicar a falta de importância que ela dá às condições materiais. O corpo, então, é apenas um traje esfarrapado que descartamos para seguir Cristo para o céu? Esse é o portal formado pelas duas árvores? Essa é a mesma questão que examinamos antes (e ela surgirá novamente, pois é fundamental para as ideias ocultistas sobre o Tarô). Mais uma vez, eu responderia não. A imagem, na verdade, celebra o corpo, pois junto à linha das montanhas encontramos as palavras "Bendita é a Mãe que nos deu forma". O termo "forma" significa existência física.

Parece-me que, quando Jesus fala em entrar no Reino dos Céus, ele não se refere a algum lugar literal após a morte, mas sim a uma mudança radical de consciência. (Também já discutimos essa ideia antes.) Se estivermos dispostos a entrar pelos portões, podemos fazer isso agora mesmo, neste mundo.

Toda vez que a imagem de duas árvores aparece em um contexto de crenças cristãs ou judaicas, podemos considerar a ideia do paraíso perdido do Éden, com sua Árvore do Conhecimento e Árvore da Vida. No Gênesis, os portões se fecham para Adão e Eva, e as duas árvores, Conhecimento e Vida, se perdem. Parte do conceito cristão da ressurreição reside na ideia do que o poeta John Milton chamou de "Paraíso Recuperado". Graças ao sacrifício de Cristo, os portões se abrem novamente e os seres humanos retornam a um estado puro. Na época de Jesus, havia se desenvolvido uma linha mística do Judaísmo que, em parte, se concentrava em encontrar o caminho para o Jardim do Éden, não em outro mundo ou após a morte, mas agora mesmo, por meio de técnicas de meditação intensa e visualizações. (Essas técnicas são a origem da história dos quatro rabinos que entram no Paraíso.) Esse retorno ao Jardim do Éden é uma maneira de ver o portal formado pelo Dois de Árvores.

4. **Qual é a experiência da ressurreição?** Ás de Árvores. Da dualidade do Dois de Árvores, passamos para a simplicidade do Ás. Portanto, a resposta mais simples para a pergunta 4 é que a experiência da ressurreição nos leva a atravessar o portal e voltar a um sentido de unidade, o mesmo tipo de intensa unidade que vivenciamos no útero. Segundo disse Jesus, se não nos tornarmos como crianças, não entraremos no Reino dos Céus.

A pergunta para esta parte da leitura ("Qual é a *experiência*") implica algo que podemos conhecer em nós mesmos, em comparação com uma mensagem ou doutrina religiosa. Portanto, vejamos se podemos tornar a grande ideia da ressurreição mais acessível à nossa vida comum. Podemos dizer que a ressurreição, na forma de um renascimento psicológico, se torna possível quando nos permitimos a possibilidade de deixar morrer aspectos desgastados da nossa vida. Talvez possamos ir ainda mais longe. Talvez vivenciemos o renascimento quando olhamos para a vida de uma nova maneira, como algo maravilhoso e sagrado. Talvez tudo o que precisamos fazer para vivenciar a ressurreição seja permitir que o mundo se abra, como o Dois de Árvores, e revele o divino dentro da "forma" da existência física.

A imagem dessa carta, inspirada no *Tarô Brain-Heart*, de Dirk Gillabel, mostra um bebê (na verdade, um feto), uma imagem maravilhosa para a ressurreição. Vivenciamos a ressurreição exatamente dessa maneira, como um retorno a um estado puro, quando o mundo inteiro se torna tão novo quanto o universo de uma criança.

O cordão umbilical do bebê se abre para se tornar uma Árvore da Vida (não o diagrama cabalístico, mas uma árvore viva). Por meio da ressurreição espiritual, descobrimos que a base da nossa vida não parece mais fora de nós mesmos, como uma doutrina tradicional que nos é transmitida por padres, escolas ou livros. Em vez disso, ela cresce a partir da nossa natureza mais essencial.

Mais uma vez podemos discutir a história de Gênesis. Adão e Eva perderam a possibilidade de comer da Árvore da Vida por causa da sua arrogância quando comeram da Árvore do Conhecimento. Nos Evangelhos, a cruz da crucificação de Jesus se torna a Árvore da Vida, já que o sacrifício de Cristo traz a vida. Mas ela, é claro, também atua como uma Árvore da Morte, uma vez que Jesus morre nela. Aqui vemos uma árvore genuinamente viva, pois cresce do bebê ressuscitado.

5. **O que ela nos proporciona?** Oito de Pedras. Esta carta teve uma ressonância especial para mim. Certa vez, no dia de Natal, eu estava conversando pela internet com uma amiga da Dinamarca e decidimos fazer uma leitura cada uma. Quando perguntei "Qual é o meu presente para Deus?", eu obtive o Oito de Pedras. Portanto, podemos dizer que, nesta leitura, Deus nos oferece de volta o mesmo presente.

O significado primordial que emergiu com essa carta ao longo de vários anos de leituras é algo que chamo de pensamento paradoxal. Vemos um cavalo alado, feito de pedra, mas coberto de pelos vivos. Asas delicadas de borboleta se erguem das suas costas, enquanto acima dele correntes quebradas parecem explodir ao redor do sol, como se todas as impossibilidades tivessem libertado a luz que talvez estivesse presa na lógica e nas doutrinas.

O pensamento paradoxal significa a possibilidade de pensar de maneira não linear, até mesmo impossível. As noções de que o Tarô poderia ter vindo do futuro ou poderia ter existido antes da criação do mundo ilustram essa maneira de pensar. Por meio da ressurreição, podemos ver o mundo de maneiras completamente novas. Aqui está mais um toque cristão interessante nesta leitura: o Natal traz Deus ao mundo como um bebê, e assim os Magi (uma palavra persa da qual deriva "magos") trazem presentes à criança. Da minha leitura pessoal surgiu a ideia de que, como seres humanos, damos ao divino *nosso* presente, que é a disposição para pensar além dos limites normais. Mitos, vislumbres intuitivos e visões vêm todos em parte dessa disposição. A Páscoa, no entanto, reverte o presente, não de nós para Deus, mas de Deus para nós, e assim a carta aparece novamente. Isso é bem apropriado, pois os cristãos consideram a crucificação e a ressurreição o presente final de Deus à humanidade.

6. **O que ela solicita de nós?** Justiça. Antes de podermos ter a renovação do Ás de Árvores, temos que seguir o caminho da Justiça. Isso não significa necessariamente boas ações, como agir de acordo com a moral, ajudar os outros e assim por diante, embora certamente isso desempenhe um papel. Em vez disso, a Justiça nos convoca a ser totalmente sinceros e reconhecer quem somos. Além de nós mesmos, precisamos agir com total integridade, um compromisso que exige mais de nós do que simplesmente seguir as regras da moral social.

    (Aqui está um bom exemplo de sincronicidade. Logo depois de escrever as frases anteriores, eu me levantei da minha mesa e liguei o rádio no programa de notícias e reportagens "All Things Considered" ["Levando tudo em consideração"]. Um cantor *folk* chamado Scott Miller estava entoando o grito angustiado "Há espaço na cruz para mim".)

    Examinaremos com muito mais detalhes a Justiça no Capítulo Doze, mas por ora podemos perceber que ela ocupa o centro exato dos Arcanos Maiores. Isso a torna um ponto crucial, seja uma barreira ou um portal, dependendo de como a abordamos. Isso, então, é o que a ressurreição nos pede: que nos entreguemos à Justiça para que possamos, como Jesus descreve, entrar no Reino dos Céus – não em algum futuro distante, não em algum lugar vago lá no alto, mas aqui e agora.

7. **Aonde essa experiência nos leva?** Dez de Rios. A primeira coisa e a mais simples que podemos dizer sobre essa imagem é que ela parece feliz. Vemos um homem e uma mulher de mãos dadas, com os braços levantados, como se estivessem celebrando. Além deles, vemos uma casa e um pássaro semelhante a uma pomba. A experiência da ressurreição nos leva a uma alegria simples. Poderíamos descrevê-la como o reconhecimento do amor que dá valor espiritual à nossa vida cotidiana.

E, no entanto, como descobrimos com tanta frequência no Tarô, essa carta não é tão direta quanto parece à primeira vista. Por um lado, cada pessoa a vê de um jeito diferente. Em leituras, algumas pessoas descreverão as duas pessoas acenando um adeus para a casa. Elas fizeram as pazes com o passado e agora querem seguir em frente. A ressurreição nos leva a um lugar onde podemos nos libertar do passado e reivindicar uma nova existência.

Isso significa que abandonamos o mundo? Mais uma vez, vejo isso como uma interpretação possível, mas não necessária. O que muda é nossa atitude em relação ao mundo, nossas próprias percepções. Cada momento, cada objeto, pode se tornar uma fonte de alegria e celebração. Podemos pensar nas duas pessoas como Adão e Eva, mas pelo estilo realista de suas roupas e pelo visual contemporâneo da casa, eles também são pessoas reais, no aqui e agora. O homem e a mulher estão nas ondas. Talvez possamos imaginar que eles deixaram seus velhos eus se dissolverem no grande mar da consciência e agora voltaram à sua vida comum com novo entendimento. Isso também é uma espécie de morte e ressurreição.

Na imagética cristã, a pomba que voa acima deles simboliza o Espírito Santo. Esse é o aspecto mais místico da visão cristã de Deus, mas aqui ele aparece como um pássaro real. A ressurreição nos leva a um lugar onde podemos reconhecer a presença do divino em cada criatura e o Paraíso em cada momento.

✳ ✳ ✳

Ofereço este capítulo, com o mais profundo respeito, a Jim Sanders, Helle Agathe Beierholm, Geraldine Amaral e Darcey Steinke.

Nove

Alguns Pensamentos Cabalísticos (e Oníricos) sobre o Tarô

"Amaioria dos livros e artigos sobre a Cabala trata de explicar e simplificar, o que é bom e válido, mas chega um momento em que as explicações cessam e começam as divagações." Essas palavras notáveis, uma espécie de manifesto em uma única frase, vêm do pequeno e surpreendente livro *Dreams of Being Eaten Alive: The Literary Core of the Kabbalah*, de David Rosenberg.

Rosenberg, um poeta e tradutor da Bíblia, nos apresenta uma Cabala que é mais sobre mistério do que explicação, mais sobre o anseio da alma pelo sagrado do que qualquer listagem ponto a ponto dos "planos superiores" do conhecimento. Rosenberg aborda a Cabala como um sonho, daqueles em que você acorda e fica na cama quase sem conseguir se mover, e você não consegue explicá-lo tanto quanto simplesmente vivenciá-lo, um poço de significado que vai ficando cada vez mais profundo e sem fim.

Claro, não estou falando apenas de David Rosenberg e da Cabala, estou falando sobre o Tarô. Há muito tempo me parece que a melhor forma de abordarmos o Tarô é vê-lo como um tipo de sonho, "um sonho que se mantém imóvel", nas palavras maravilhosas da minha amiga Joanna Young. Mesmo os sonhos muitas vezes caem na armadilha do que eu chamo de Império da Explicação: todas aquelas pessoas tão ansiosas para explicar, classificar e tornar seguras todas as nossas experiências. Mas será que realmente queremos tornar tudo seguro? Algumas experiências, se nos permitirmos vivenciá-las, podem verdadeiramente abrir nosso mundo e nos dar a consciência (não informações ou doutrinas, mas consciência) de que o mundo é maior e mais maravilhoso do que imaginamos.

Pense em todos os livros sobre sonhos que você viu nos últimos anos. Pense em quantos deles prometem explicar cada "símbolo" (como se tudo tivesse que representar algo mais; nada num sonho, ou mesmo na vida, pode existir por si só). Como se explicações não fossem suficientes, os livros então prosseguem instruindo você sobre como *controlar* seus sonhos, até mesmo programá-los com antecedência, do mesmo modo que você pode planejar assistir a um vídeo inspirador no seu celular. Não quero desrespeitar as pessoas que trabalham diretamente com seus sonhos. Você pode fazer coisas notáveis com sonhos lúcidos. E, ainda assim, muitas vezes me parece que precisamos deixar algum aspecto de nossa experiência fora de nosso controle consciente. Quando o Império da Explicação toma conta dos sonhos, dos mitos (e do Tarô), *como vamos saber o que não sabemos?*

Livros que explicam sonhos não são um fenômeno novo. Eles remontam pelo menos a Artemidoro, na Grécia antiga e além. Aqui estão algumas explicações encantadoras citadas num *Livro dos Sonhos* egípcio, de aproximadamente 1275 a.C. Elas vêm do livro de Peter Lamborn Wilson *Shower of Stars: The Initiatic Dream in Sufism and Taoism* (Autonomedia, 1996).

Cada uma começa com "Se um homem vê a si mesmo num sonho" e depois continua com o exemplo específico.

Matando um boi: Bom. Significa inimigos sendo tirados da presença do sonhador.

Fitando um grande gato: Bom. Significa uma grande colheita chegando para o sonhador.

Bebendo sangue: Bom. Significa pôr fim aos seus inimigos.

Copulando com um porco: Ruim. Significa ser privado de suas posses.

Vendo seu rosto sobreposto a um leopardo: Bom. Significa ganhar autoridade sobre os habitantes de sua cidade.

Além de mostrar que os egípcios tinham alguns sonhos incomuns, o livro demonstra até que ponto as pessoas sempre desejaram tornar as coisas úteis.

(Um momento de divinação: por acaso estou escrevendo estas palavras em um avião que vai de Nova York a Copenhague. Um momento depois de escrever a frase acima, olhei para o lado. O homem no assento ao lado do meu tinha uma revista aberta em um anúncio que dizia "Leve seus sonhos em nossas asas.")

O fato de as pessoas abordarem o Tarô (e a Cabala) exatamente da mesma maneira que abordam os sonhos deve deixar claro que os três têm qualidades semelhantes. Todos os três são maravilhas. Eles nos levam a realidades que a vida cotidiana ignora, mesmo quando parecem lidar com preocupações comuns. Todos os três se servem de imagens. Mesmo que as imagens cabalísticas, como as *Sephiroth* na Árvore da Vida, às vezes pareçam muito ordenadas e abstratas, o cabalista em treinamento não pode fazer uso do conhecimento enquanto ele permanecer no plano intelectual. Eles têm de contemplar as *Sephiroth* como imagens, emanações de esplendor sagrado, para realmente compreendê-las.

A Cabala é muito mais do que diagramas de *Sephiroth*. Do mesmo modo, todas as milhares de páginas que detalham cuidadosamente os significados dos Arcanos Maiores (sim, incluo meus próprios livros aqui) não podem lhe dar a verdadeira experiência do Tarô a menos que você se permita entrar nas imagens. Não quero dizer uma meditação guiada formal, mas simplesmente uma abertura para olhar de verdade, para deixar as imagens entrarem em você e ao mesmo tempo você entrar nelas.

O Tarô age profundamente em nós exatamente quando permitimos que ele seja como um sonho. Os sonhos mudam de forma constantemente (num momento você está caminhando por uma rua escura, no momento seguinte está tocando o piano de sua avó), e o Tarô também faz isso. Ele muda de forma por meio de todos os muitos *decks* e, ainda mais, pelo embaralhamento, pois cada vez que misturamos as cartas, elas surgem em uma ordem diferente. O Tarô é maleável. Ele se adapta a qualquer tradição genuína, isto é, uma tradição que tenta abrir o coração. (Para saber mais sobre essa ideia, veja o Capítulo Doze.)

Nos sonhos, cada instante tem uma realidade aguda, mesmo que não façam sentido do ponto de vista racional. Quando realmente olhamos para o Tarô, cada carta nos envolve com a convicção de significados profundos, logo além de nossa capacidade consciente de explicá-los. A afirmação de Court de Gébelin de que o Tarô é o Livro de Thoth foi uma espécie de declaração onírica feita com tamanha convicção (e sem evidências) que influenciou as pessoas desde então. Poderíamos dizer que todos nós entramos no sonho de Antoine Court de Gébelin.

Muitas vezes tentamos explicar o Tarô da mesma maneira que tentamos explicar os sonhos. Analisamos as cartas, interpretamos seu simbolismo, consultamos um livro de referência, tudo para tornar o Tarô racional e seguro. Tentamos fixá-lo, dar uma origem a ele (Cabala, paganismo, jogos de cartas, procissões), tudo para tirá-lo do seu estado onírico e aterrá-lo com segurança na história. Não precisamos tratar o Tarô dessa maneira. Na verdade, podemos usar o Tarô e sua ludicidade onírica para *remover* os pinos que prendem todas essas outras tradições. Se dissermos, por exemplo, que o Tarô é igual à Cabala, então poderemos usar as estranhas e, em última análise, silenciosas imagens do Tarô para libertar a Cabala daquela lista interminável de explicações.

Uma história pessoal. Uma vez, eu estava hospedada em um albergue juvenil na Galileia, em Israel, não muito longe do monte onde Jesus fez seu sermão da montanha. Três de nós decidimos caminhar até lá e chegamos à linda igreja no topo da "montanha", no meio da tarde. Ficamos lá por um tempo, imaginando a colina cheia de pessoas, observando as freiras enquanto andavam pela igreja. No final da tarde, um ônibus de excursão chegou ao estacionamento. O guia apressou as pessoas e as aglomerou do lado de fora da porta da igreja. Não havia tempo para entrar, ele disse, então ele recitou apenas duas frases do Sermão (lembro-me de pensar que a coisa toda tinha durado bem pouco) e então mandou os turistas de volta ao ônibus com a frase inesquecível: "Temos que chegar a Belém antes que feche". O que poderia ter acontecido se esse grupo, provavelmente peregrinos cristãos, tivesse passado um tempo sem o guia? Eles poderiam ter entrado em Cristo?

Meditações guiadas são um pilar do Tarô e, de fato, da Cabala. Alguns terapeutas de sonhos vão levá-lo a reproduzir o seu sonho para produzir um resultado mais desejável. Ou seja, eles vão pedir para você fechar os olhos e repetir a sequência de eventos do sonho em voz alta, mas fazer algo diferente, talvez mais assertivo, do que você fez no sonho original. (Eu já fiz isso algumas vezes, mas apenas depois que uma leitura de Tarô abriu o sonho para novas possibilidades.)

Com muita frequência, o guia de uma meditação guiada não confiará na pessoa ou na experiência e a direcionará de maneira muito próxima, com cada detalhe cuidadosamente descrito. "Você está diante de uma árvore preta com folhas amarelas. Uma porta vermelha se abre na árvore. Você sente medo, mas decide entrar." (Sim, esses passeios guiados até dizem o que você deve sentir.) "Você vê uma longa mesa de madeira e sobre ela uma tigela de prata com uma chave de ouro." Ora, essa pode ser uma história interessante, mas não será a sua história. Com tudo tão predeterminado, você nunca terá a chance de experimentar sua própria jornada.

Tarô, Cabala e sonhos são todos perigosos. Os sonhos podem nos assustar, especialmente se os interpretarmos de maneira simplista. Você pode sonhar que está atacando alguém próximo a você ou tendo relações sexuais com um membro da família e acreditar que o sonho revela um desejo genuíno. A própria energia intensa dos nossos sonhos pode nos perturbar.

A Cabala é mais perigosa do que os sonhos, pois envolve práticas deliberadas para invocar estados oníricos que deixamos quando acordamos. E como a Cabala é comunitária, as pessoas podem usá-la de maneira inadequada. No século XVII, um "falso messias" chamado Sabbatai Zevi abusou das doutrinas cabalísticas e quase provocou um cisma no judaísmo. Isso provavelmente é o motivo pelo qual o estudo de textos e práticas cabalísticas foi restrito a homens casados com mais de 40 anos e com filhos. Nem sempre foi assim; Isaac Luria, a quem muitos consideram o maior mestre cabalista de todos os tempos, morreu aos 38 anos. Aqui também há um paralelo com o Tarô, nos golpes às vezes praticados por cartomantes de feirinhas esotéricas. A grande maioria das pessoas que fazem esse trabalho lê as cartas com o desejo de ajudar. No entanto, ocasionalmente, alguém usará a leitura para assustar alguém e fazê-lo entregar uma grande quantia em dinheiro. O golpe pode envolver o leitor "descobrindo" pelas cartas que alguém invejoso lançou uma maldição sobre o consulente.

A Cabala, parece-me, é perigosa por razões mais imediatas do que a manipulação. Primeiro, você pode despertar energias com as quais não sabe lidar ou ir a algum lugar profundo e não saber como voltar. Outra razão é a literalidade. Você pode ficar confuso, para dizer o mínimo, se interpretar declarações do *Zohar* ou em outros textos como afirmações literais de fatos. Você pode cair em crenças supersticiosas ou na ideia de que aprendeu as leis secretas do universo.

O mais perigoso de tudo é que você pode descobrir que adquiriu uma espécie de poder que outras pessoas desconhecem e, se isso acontecer, pode começar a se considerar superior às pessoas comuns ou a achar que as outras pessoas são simplesmente insignificantes em comparação a você. Essa atitude é sedutora, mas perigosa para qualquer pessoa que está trilhando um caminho espiritual.

Muitos mitos descrevem esse perigo e a capacidade do herói de resistir a ele. Dois exemplos vêm à mente: um mais leve e o outro mais profundo. O primeiro ocorre em *Guerra nas Estrelas*, quando Darth Vader aconselha o filho Luke a usar o lado negro da Força para obter o que precisa. Luke sabe, com base na maldade do pai, que o lado negro irá corrompê-lo e por isso ele se recusa a ceder.

Um exemplo muito mais profundo aparece nos Evangelhos Cristãos, quando Satanás está com Jesus no topo de uma montanha e se oferece para fazê-lo governante de todo o mundo. A tradição cristã chama isso de tentação, pois, se Jesus tivesse aceitado, ele teria perdido seu caminho espiritual e cedido ao ego.

A maneira como as pessoas interpretam essa história pode dizer muito sobre sua abordagem própria à experiência mística. Alguns fundamentalistas insistem que aconteceu exatamente como foi contado. Aqueles que consideram as narrativas bíblicas (e a Cabala e o Tarô) como fantasias tratam a história como uma metáfora ou ideia intelectual. Ambas as abordagens, a meu ver, parecem nos afastar da história real e do que podemos aprender com ela.

O reverendo Bruce Chilton, em seu livro *Rabbi Jesus*, sugeriu um meio-termo: que Jesus de fato vivenciou essa tentação, mas em um nível interior da realidade. Chilton descreve Jesus como alguém profundamente envolvido nas jornadas místicas e meditações que mais tarde se desenvolveriam na Cabala. Por meio desse trabalho, semelhante ao xamanismo, Jesus chegou a um lugar muito elevado. Ali ele enfrentou um grande perigo, pois as tradições mágicas e misteriosas do mundo nos ensinam que podemos cair na mesma proporção que alçamos as alturas.

Outro mito cristão ensina uma lição semelhante, desta vez de alguém que não passou no teste. Lúcifer, o portador da luz, era um anjo de grande beleza, próximo a Deus. Quando ele cedeu ao ego, mergulhou no inferno e tornou-se Satanás. Muitas pessoas criadas como cristãs rejeitam essa história porque sabem que a ideia literal do inferno foi usada para assustar as pessoas e levá-las a obediência. Mas há muito a aprender com o mito depois que superamos a doutrina do pecado e da punição.

Nós, que trabalhamos com o Tarô (ou mesmo com a Cabala), enfrentamos perigos muito menores, pois não afirmamos nada no nível de Jesus ou Lúcifer. Mas o perigo existe, qualquer que seja o nível que alcancemos. No Tarô, podemos nos tornar tão bons em fazer leituras que passamos a acreditar que temos poderes psíquicos e conhecimento além dos das pessoas comuns, e que isso nos torna seres superiores. Nesse caso, podemos nos perder, não apenas dos outros, mas de nós mesmos. Lembra-se da carta do Mago? A postura dele com um braço levantado para o céu e o outro apontando para a Terra nos diz que nosso poder pessoal não traz a luz para o mundo; em vez disso, nos tornamos um canal, uma passagem aberta para o poder fluir através de nós. De fato, é assim que a maioria dos tarólogos sensitivos vivenciam o que fazem.

Ainda assim, se fazemos leituras com o Tarô, enfrentamos o perigo de acreditar que temos poderes especiais. Se vemos o Tarô como um plano para o conhecimento secreto, podemos nos considerar acima das massas que não sabem o que sabemos. Ambas as abordagens podem despertar energias em nós com as quais não sabemos lidar. Pois há poder nas cartas, assim como há poder em todo simbolismo profundo: o poder de nos despertar de maneiras mal exploradas.

A ideia de que podemos cair mais porque subimos mais alto aparece nos Arcanos Maiores do Tarô. O Diabo só aparece na carta 15, após a Temperança.

As cartas da Temperança e do Diabo do Tarô de Marselha.

A Temperança indica um alto grau de consciência. Na carta anterior a ela, a Morte, abandonamos o que não importa de verdade na vida, para que, em Temperança, possamos descobrir nossa natureza "angelical". O perigo, no entanto, é acreditar que chegamos à consciência divina, que de fato nos tornamos Deus (não parte de Deus, mas uma espécie de substituto). Isso pode parecer fantasioso, mas, infelizmente, a história da religião e do esoterismo inclui muitos exemplos.

As pessoas com frequência dizem que o Tarô as assusta. Elas podem rir de constrangimento quando dizem isso, mas em geral estão falando sério. Elas podem ter procurado um tarólogo por brincadeira ou para fazer um experimento e acabaram vendo sua vida sendo desvendada diante delas, não apenas segredos ou acontecimentos futuros, mas possivelmente alguma verdade profunda do seu coração. Então elas riem e dizem: "Ah não, não vou fazer isso de novo. Essas coisas me assustam".

Alguns fundamentalistas religiosos expressam um medo mais sombrio. Em algum lugar surgiu a ideia de que Satanás se sentou ao lado de um poço ardente e inventou cartas de Tarô como um truque para atrair seres humanos confusos e desviá-los do verdadeiro caminho. Uma vez li um panfleto que explicava que as cartas de Tarô realmente "funcionam" (preveem o futuro), mas apenas porque Satanás alimenta as pessoas com as respostas. O motivo, aparentemente, era fazer as pessoas pensarem que Cristo não era necessário ou que talvez os seres humanos possuíssem poderes sobrenaturais e poderiam substituir Deus.

Ambas essas reações expressam medos semelhantes, apenas em estruturas mentais muito diferentes. O Tarô de fato parece conter um poder e as pessoas não o entendem e por isso querem mantê-lo longe delas. Parte desse medo está na ideia extravagante de que um baralho de cartas pode realmente revelar acontecimentos futuros e/ou o estado interior de uma pessoa. Mas é mais do que isso. Pode parecer como se um sonho tivesse nos seguido para o mundo da vigília. Ou pior, como se o sonho tivesse corrido à nossa frente e estivesse à espreita ao virar da esquina.

Aqui está uma história de como o Tarô pode atrair alguém: Se você viajar para o sul pela estrada perto da costa da Toscana, na Itália, de repente verá estátuas coloridas e altas erguidas sobre árvores maduras. Em formas arredondadas e vivas cobertas de fragmentos de espelho e cerâmica polida, as estátuas pertencem ao jardim de esculturas do Tarô da grande artista Niki de Saint Phalle (1930-2002). Como uma visão de outro mundo (um mundo onírico), o jardim contém todos os Arcanos Maiores. Saint Phalle levou cerca de vinte anos para criar esse projeto, durante os quais ela morava no local, literalmente dentro do corpo da Imperatriz, que ela retratou como uma esfinge feminina de seios grandes. Todos os dias, a equipe inteira chegava para despejar concreto em molduras de aço ou para colar cuidadosamente pedacinhos de espelho nas superfícies. À noite, no entanto, todos saíam e a artista se encontrava sozinha com suas estátuas.

Perto do final desse grande trabalho, tudo começou a afetá-la. Durante o tempo em que trabalhou na carta da Morte, um amigo querido adoeceu e Niki temia que ele fosse morrer, como se estivesse sob o efeito de um feitiço. O amigo, na verdade, sobreviveu à doença, mas, para seu horror, um ataque cardíaco levou um dos trabalhadores da obra. Durante esse período, Niki fez uma pausa para cuidar de assuntos familiares em Paris, onde, por coincidência, eu havia ido visitar um amigo. Nós nos conhecemos e ela me pediu para fazer uma leitura sobre sua sensação de que as estátuas eram uma presença avassaladora que começava a assustá-la.

Eu não me lembro das cartas específicas, mas me lembro muito bem da mensagem. A leitura lhe disse que ela precisava libertar as estátuas. Ela precisava abandonar a crença de que elas lhe pertenciam porque ela as havia projetado e construído. Como uma mãe que deixa uma criança viver sua própria vida quando ela atinge certa idade, ela precisava considerar as estátuas como figuras independentes dela. Paradoxalmente, isso as devolveria ao estado de estátuas, em vez de criaturas que viviam dentro da sua mente.

Quando estamos assustados com o poder do Tarô ou da Cabala, podemos pensar em uma antiga expressão russa: "O que deve ser feito?". Uma coisa que muitas pessoas fazem é definir e nomear esse poder para criar uma ilusão de controle. Como Adão contando as estrelas, elas fazem listas. "O Mago contém tais e tais qualidades. Ele pertence ao planeta Mercúrio. Ele simboliza o princípio masculino." E assim por diante. Quando David Rosenberg escreve "A maioria dos livros sobre a Cabala resume-se a explicar e simplificar", poderíamos facilmente substituir "Cabala" por "Tarô" e obter uma boa descrição do que acontece em grande parte do estudo do Tarô.

Como Rosenberg diz, "explicar e simplificar" são "coisas muito boas e adequadas". Precisamos de livros e aulas que transmitam os séculos de sabedoria que as pessoas codificaram nas cartas. Explicações são úteis porque nos proporcionam uma primeira visão das imagens, mas precisamos ter cuidado para não confundir uma descrição com a própria coisa.

Às vezes, em uma aula ou leitura, uma pessoa recebe uma carta que ela não entende ou acha perturbadora. Eu direi a ela: "O que você vê?". Se ela responder com ideias simbólicas ou "significados adivinhatórios" tradicionais, posso dizer: "Essas são ideias. O que você *vê?*". Então, ela pode pegar a carta, segurá-la na frente dela e começar a descrevê-la de maneiras completamente originais e significativas para ela, naquele momento.

Rosenberg novamente: "Podemos tentar desarmar o outro lado" (as imagens e histórias assustadoras de sonhos que emergem de lugares profundos) "com conhecimento e mais conhecimento. Mas nunca haverá conhecimento suficiente". Como cabalistas, tentamos desarmar o Tarô com conhecimento. Muitas vezes é o mesmo conhecimento, são as mesmas as listas de correspondências, a Árvore da Vida, as correlações astrológicas, os mesmos os caminhos e seus sinais precisos. Correlacionamos, enunciamos, enumeramos. Precisamos lembrar, no entanto, que o conhecimento não é um fim em si mesmo.

No entanto, o conhecimento pode ser um veículo. Na Árvore da Vida, "Conhecimento" é na verdade o título da *Sephirah* invisível, Da'ath, a energia que nos levará através do "Abismo" que separa o caminho exterior das explicações e definições do caminho interior da experiência direta. O termo "conhecimento" aqui significa mais do que o sentido costumeiro que damos a ele, como informação. Significa uma consciência que vive dentro de nós. No Tarô, isso só pode acontecer quando estudamos as imagens e não apenas as listas do que elas deveriam significar.

A Mulher com o Leão

O que nos levará através do Abismo não é apenas informação, mas abertura. Se queremos descobrir os segredos do Tarô, precisamos expor nossos próprios segredos. Por "segredos", quero dizer, antes de tudo, os lugares profundos em nós mesmos, nossos medos e desejos. Sem essa sinceridade, não podemos avançar, certamente não com segurança, porque, se reprimimos alguma parte de nós ao mesmo tempo que tentamos explorar as maravilhas do Tarô, podemos perturbar a psique.

Expor segredos não significa que temos de expressar um pesar profundo por eles ou falar sobre eles a todos os nossos amigos. Certamente não significa que devemos enumerar todos os nossos pensamentos ou atitudes ruins e nos denunciar, pois isso é vergonha, não abertura. Nem mesmo significa coisas escondidas de fato. Em vez disso, significa apenas que nos aceitamos, nos sentimos à vontade com quem realmente somos, cada parte da nossa vida e

A carta da Força dos Tarôs Waite-Smith e de Marselha.

caráter e desejos e fantasias, sejam eles luminosos, temerosos ou simplesmente absurdos. (Com certeza, não é uma experiência fácil!)

O Tarô nos oferece uma imagem maravilhosa desse tipo de aceitação. Nós a chamamos de Força (ou Fortaleza, dependendo do *deck*).

Na imagética tradicional, a mulher não controla nem domina o leão. Ela não o aprisiona nem o obriga à submissão. Em vez disso, ela o abraça.

Algumas versões renascentistas, mais antigas, da carta mostravam a famosa cena mitológica do herói grego Hércules matando um leão. Algumas pessoas interpretaram essa imagem como se devêssemos lutar e até matar nossas paixões do mesmo modo que um guerreiro mata uma fera selvagem.

A carta da Fortitude do Tarô Visconti-Sforza.

No entanto, cerca de duzentos anos após o Visconti-Sforza, o Tarô de Marselha nos mostra a mulher segurando, talvez domando, o leão. Ela parece abrir a boca do leão, como se o fizesse entregar algo, talvez revelar segredos. Será que isso nos conta a verdade oculta do Cosmos? Ou será que na verdade libera as paixões que Hércules procurava destruir?

A imagem de uma mulher com um leão é, na verdade, extremamente antiga, muito mais antiga do que Hércules e seu porrete. Na verdade, a história de Hércules pode ter representado a necessidade dos guerreiros gregos de subjugar uma cultura mais antiga e indígena, centrada em uma Deusa. A imagem de uma divindade feminina com grandes felinos remonta a pelo menos oito mil anos, a uma pequena estátua encontrada em uma escavação na Turquia. Uma mulher poderosa está sentada em uma cadeira e dá à luz, sem esforço, com um leopardo deitado de cada lado.

A deusa babilônica Ishtar apareceu com leões em histórias e arte iconográfica. O mito grego da esfinge era uma combinação de uma mulher e um leão (não deve ser confundido com a famosa estátua egípcia, cujo aspecto humano é masculino). Na Índia, encontramos a deusa guerreira Durga com leões. E da Turquia, exatamente na mesma área da estátua anônima, apenas cerca de cinco mil anos depois, Cibele, a "Grande Mãe" dos deuses, viajou para Roma Imperial em um carro puxado por leões (combinando assim as cartas do Tarô da Força e do Carro).

A parceria não termina aí. No final do século XI, na França, o *Zohar* descreve a *Shekhinah*, o aspecto feminino de Deus, com leões ao seu lado. E, cerca de quinhentos anos depois disso, a mulher e seu leão falante do Tarô de Marselha substituiu Hércules como a imagem padrão.

Em vez de produzir uma explicação para essa parceria, sugiro que você passe um tempo com os parceiros. Tente se imaginar primeiro como a mulher e depois como o leão. Comece a sentir a carta a partir de dentro. E se o que você encontrar for um leão que não se mantém dócil, mas que se vira e o ataca, deixe-se vivenciar isso também. Não é por acaso que David Rosenberg chamou seu livro de *Dreams of Being Eaten Alive* [Sonhos de Ser Devorado Vivo].

A Mulher com o Véu

A tradição ocultista se refere às cartas do Tarô como "arcanos", ou segredos. Quando consideramos essa palavra, com frequência presumimos que ela signifique "informações secretas", como algum documento guardado a sete chaves (ou, como o clichê diz, "trancado nos porões do Vaticano"). Se não são informações, como uma fórmula de algum tipo, então talvez a melhor palavra para defini-la seja revelação. Ou contemplação. De qualquer maneira, "segredo" parece implicar "conhecimento".

Considere a carta da Sacerdotisa no Tarô Waite-Smith (poderíamos analisar muitas outras versões, e de fato vamos fazer isso em breve com pelo menos mais uma, mas a imagética desse Tarô é um exemplo melhor neste caso).

Trajando as vestes da Deusa Ísis (Lembra-se dela? Aquela que conseguiu que Thoth a ajudasse a trazer Osíris de volta dos mortos?), ela se senta diante de um véu, como se estivesse bloqueando a entrada para seu templo. A Ísis com Véu é um símbolo tirado das religiões de mistério do mundo helenístico (o mundo de Hermes Trismegisto). A autora Madame Helena Blavatsky (1831-1891), cofundadora da Teosofia, um movimento do século XIX que influenciou a Aurora Dourada, intitulou uma de suas obras de *Ísis sem Véu*. Ela chamou sua outra obra principal de *A Doutrina Secreta**. Estamos definitivamente no território da Sacerdotisa aqui e isso é mostrado até mesmo pelo fato de Blavatsky ter publicado duas obras, cada uma originalmente em dois volumes. Portanto, o véu esconde os segredos e podemos pressupor, com o exemplo das muitas centenas de páginas de Blavatsky, que os segredos são extremamente complicados.

A imagética do segredo continua no rolo de pergaminho em seu colo. Marcado com a inscrição "TORA" (uma variação de *Torá*, a escritura hebraica, mas também um anagrama da palavra "Tarô"), ele está fechado, como se fosse proibido ou esotérico. Se estivesse aberto, significaria a Torá "exterior",

---

* Ambas as obras de Helena Blavatsky foram publicadas pela Editora Pensamento. *Ísis sem Véu*, em IV vols., 1991, e *A Doutrina Secreta*, em VI vols., 1980. (N. da T.)

exotérica, lida nas sinagogas nas manhãs de sábado. Fechado, sugere uma verdade interior. Ao mesmo tempo, os cabalistas com frequência descrevem esse nível esotérico como os significados que residem no espaço entre as letras visíveis. Em outras palavras, o pergaminho enrolado não diz "Eu sei coisas que você não sabe e você não tem permissão para saber", mas sim "O mundo contém mais sabedoria do que parece à superfície. Aprenda a olhar para os espaços e você descobrirá maravilhas".

A carta da Sacerdotisa do Tarô Waite-Smith. À esquerda, podemos ver o simbolismo dessa carta criando a Árvore da Vida.

O véu se estende entre duas colunas, uma preta e uma branca, rotuladas com as letras *B* e *J*. (Talvez a pergunta mais comum que me fazem em *workshops* seja "O que significam as letras *B* e *J*?".) O simbolismo deriva da Maçonaria, bastião de segredos complexos. Boaz e Jakin eram os nomes das colunas erguidas na entrada do Templo de Salomão na antiga Jerusalém.

Representadas na carta, as colunas recriam simbolicamente a entrada. Este é o objetivo espiritual maçônico: reconstruir o Templo, não de pedra e madeira reais, mas sim uma construção psíquica no "plano astral" ou "uma frequência vibracional superior", como os ocultistas gostam de dizer. (Minhas profundas desculpas aos maçons se distorci seus objetivos e práticas.)

É a Maçonaria o segredo? São os ensinamentos de Blavatsky? Os rituais de iniciação do antigo Egito ou da Alexandria helenística? Talvez o segredo esteja enterrado no Monte do Templo de Jerusalém ou talvez em uma das duas grandes mesquitas que agora estão no mesmo local (mais dualidade, e tenho certeza de que não é por acaso que uma brilha com uma cúpula dourada e a outra com uma prateada). Ou talvez a Bíblia contenha o segredo, oculto nas instruções de Deus a Salomão sobre como construir o Templo. Embora todas essas doutrinas tenham levado a construções maravilhosas, em pedra ou filosofia ou alegorias, ainda são doutrinas e não o próprio segredo.

As colunas não apenas fazem referência a Salomão ou à Maçonaria. Preta e branca, elas simbolizam toda dualidade, toda dupla, da nossa existência humana. Luz e escuridão, positivo e negativo, masculino e feminino, consciente e inconsciente, ação e quietude, nascimento e morte, comédia e tragédia, beleza e feiura, quente e frio, seco e úmido... e assim por diante. Esse é o universo como o conhecemos (ou melhor, como o percebemos, pois na realidade nenhum desses absolutos existe).

Mas espere. Há uma terceira coluna na imagem. A Sacerdotisa está entre as duas colunas. Apenas pela sua presença tranquila ela incorpora a coluna do meio na Árvore da Vida.

Na Cabala, encontramos a dualidade nas colunas direita e esquerda, sendo a direita o princípio da *expansão* e a esquerda da *contração*. A expansão inclui os ideais da compaixão e da misericórdia; a contração, os da severidade e da justiça. Ambas são necessárias, assim como o universo não poderia sobreviver sem as cargas positivas e negativas dentro dos átomos. Muita contração e tudo entraria em colapso, muita expansão e tudo se desintegraria. Qualquer pai pode lhe dizer que a mesma coisa acontece ao criar filhos.

Mas o que impede o universo de oscilar entre a expansão e a contração desenfreadas? A coluna do meio representa a harmonia, o princípio do equilíbrio. E na Sacerdotisa não vemos esse princípio como uma coluna de pedra ou um símbolo abstrato, mas como um ser humano, uma mulher calma e confiante. Agora começamos a nos aproximar do tipo de segredo que a carta realmente nos mostra (não informações proibidas, mas uma descoberta).

Como uma mulher viva ou um homem (ou trans, ou intersexo, ou não binário, mas não mais do que qualquer outra pessoa), você mesmo pode harmonizar os opostos e conflitos da vida. Aprenda o caminho da Sacerdotisa e você poderá se sentar calmamente em meio à turbulência. Do mesmo modo, aprenda o caminho da Força e você poderá brincar com leões.

Isso é tudo? Bem, não. Não se esqueça do véu, a cortina pendurada com romãs e palmeiras (as plantas na verdade formam uma imagem da Árvore, com as romãs como as *Sephiroth* e as árvores como as colunas direita e esquerda). Ele bloqueia o caminho para o templo para que não possamos ver as maravilhas escondidas ali dentro. Ou será que não? Olhe atentamente para a imagem. Existe uma abertura entre a cortina e as colunas, de modo que você realmente pode ver o que está por trás, e o que é visível é uma poça de água. Não há tabuletas de pedra esculpidas, nem seres sobrenaturais, nem uma grande lista de fórmulas ou equações. Apenas uma poça de água. Essa é a imagem perfeita do "Sem Imagem", pois a água é poderosa, mas não tem forma além do recipiente que a contém. Profunda e misteriosa como a mente, a água é a própria vida, pois os ancestrais de todas as criaturas orgânicas, sejam animais, plantas ou micróbios, tiveram origem em nossa Mãe, o mar. A superfície da Terra é algo como três quartos de água, assim como a substância do corpo humano. O sangue que transporta a vida em nosso corpo tem gosto de sal, assim como o mar, assim como as lágrimas que expressam nossas emoções mais profundas, seja tristeza ou alegria.

O *segredo* da Sacerdotisa é muito simples; nenhuma regra fixa define a existência, nenhuma verdade absoluta. Para conhecer a realidade, precisamos fluir como a água e abrir a nossa alma para o pulso da vida. É fácil dizer, talvez, mas difícil, ou talvez apenas assustador, fazer. Para realmente experimentar essa realidade, devemos deixar a forma fixa da nossa personalidade se dissolver e fluir para longe. Precisamos desistir do desejo de contar as estrelas e de acreditar que as controlamos. É o que torna isso um segredo.

Isso tudo significa que a Água é o elemento supremo e o naipe de Copas é a única realidade verdadeira? É claro que não, senão o Tarô viria até nós de uma forma diferente. A Água nos Arcanos Menores de fato simboliza a falta de forma da existência, mas esse é um ponto de vista particular. Precisamos equilibrá-lo com outros para viver no mundo real. O naipe de Água representa um dos quatro aspectos da nossa experiência.

A taróloga dinamarquesa Helle Agathe Beierholm descreve os Arcanos Menores como quatro maneiras de trazer os princípios espirituais dos Arcanos Maiores para a nossa vida. A ideia realmente funciona em ambas as direções, pois os naipes dos Arcanos Menores também descrevem quatro abordagens para descobrir tais princípios.

Helle descreve os elementos em relação ao nascimento de uma criança. A criança flutua no líquido (elemento Água) do útero, que também podemos comparar ao útero original do planeta, o mar. O elemento Fogo nos traz à mente a maneira como o corpo queima calorias para obter energia e permanecer vivo e crescer. Quando a criança sai da barriga da mãe e precisa existir por si própria, começa a respirar (elemento Ar) para obter o oxigênio que alimentará suas células. O Ar é o naipe da mente, uma expressão do fascínio do bebê pelo seu novo universo. Toda essa atividade ocorre em um corpo e essa forma física, o próprio corpo, representa o elemento Terra. Os Arcanos Maiores nesse esquema significam a alma do corpo, aquilo que o torna um ser vivo único.

Dez

Torne-se um Leitor

Podemos olhar os elementos de uma perspectiva diferente se pensarmos em como trabalhamos com o Tarô. Como eu já mencionei, David Rosenberg nos diz que não podemos recorrer ao conhecimento se quisermos mergulhar profundamente na Cabala, pois o conhecimento pode se tornar uma tela. Isso certamente ocorre com o Tarô. Quanto mais você pensa que sabe, mais provável é que deixe de ver com profundidade o que está diante de você, com um clique de reconhecimento em uma lista mental. "Ah sim, isso significa..."

Rosenberg faz uma declaração maravilhosa: "Temos que nos tornar mais do que portadores de conhecimento. Temos que nos tornar leitores".

Ora, ele não quer dizer leitores de Tarô, ele se refere às qualidades de alguém que realmente lê um poema ou uma história, no lugar da pessoa que o explica ou o categoriza, mesmo que apenas para si mesma. Para realmente ler algo, você precisa se abrir para isso com o coração e a intuição tanto quanto com o intelecto, e continuar fazendo isso, não importa quantas vezes já o tenha lido antes. Mas, mesmo que Rosenberg não tenha pensado no Tarô, suas palavras têm um significado especial para nós, devido ao duplo significado da palavra "leitor" no Tarô. Esse é um microcosmo da relação peculiar entre o Tarô e a Cabala – os sistemas e as ideias cabalísticas se aplicam tão bem ao Tarô que os dois realmente parecem feitos um para o outro.

A carta da Lua dos Tarôs de Marselha, Waite-Smith e Raziel.

Precisamos nos tornar mais do que portadores de conhecimento, temos de nos tornar leitores. Para realmente "entrar" nas cartas, temos de fazer mais do que aprender sobre elas; temos de *usá-las*. A leitura das cartas permite que elas o levem a lugares que você nunca pensaria em ir por conta própria. Envolve riscos além do conhecimento, pois um sistema de conhecimento é exatamente isso, um sistema conhecido, ao passo que, quando joga com a Lua – brinca com a imaginação para trazer à tona sua intuição mais profunda –, você nunca sabe o que pode vir à tona. A carta da Lua do Tarô ilustra esse mistério na forma do caranguejo ou lagosta que rasteja das profundezas.

Quais são as qualidades de um leitor? Podemos usar o próprio Tarô para revelar possibilidades. Suponha que consideremos os quatro naipes e seus elementos como diferentes aspectos de como ler as cartas. Com o Fogo, lemos com paixão. Temos introvisões. Precisamos nos importar profundamente e estar dispostos a nos entregar ao que podemos perceber nas cartas, ou nunca funcionará. Como o Cavaleiro de Paus em seu corcel tempestuoso, cavalgamos na leitura com a alegria da aventura.

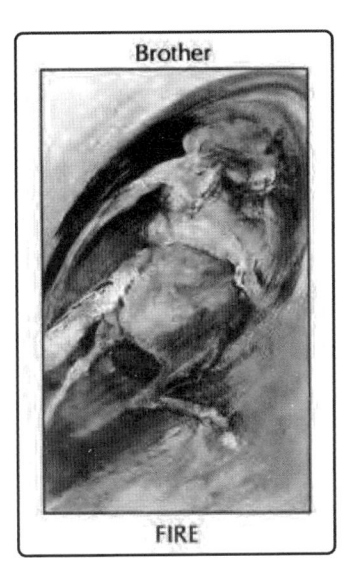

A carta do Cavaleiro de Paus do Tarô de Thoth e do Tarot of the Spirit.

Há uma história cristã sobre o elemento Fogo que Annie Dillard cita em seu livro *For the Time Being*. Nos primeiros dias dos Pais do Deserto – exemplos da vida real do Eremita – um certo abade Lot foi ver seu mestre, o abade Joseph. "Pai", ele disse ao abade, "segundo minhas possibilidades, sigo minhas regrinhas e meu pequeno jejum, minha oração, minha meditação e meu silêncio contemplativo, e, segundo minhas possibilidades, me esforço para purificar meu coração de pensamentos. Agora, o que devo fazer?"

O sacerdote mais velho se levantou e estendeu as mãos ao céu. Seus dedos se transformaram em dez lâmpadas. Ele disse: *"Por que não se transformar completamente em fogo?"*.

A busca espiritual (e, como mostra a palavra "divinação", as leituras de Tarô são uma espécie de busca espiritual) não é um lugar para falsa modéstia. Para obter um resultado real, precisamos nos entregar completamente. Precisamos permitir que as imagens nos transformem em Fogo.

Com a Água, recebemos sutileza e sentimento profundo. Deixamos nossa intuição nos guiar, como se flutuássemos em um rio. A Água é o elemento do amor, necessário para estabelecer um verdadeiro vínculo com a pessoa que fez a pergunta (mesmo que essa pessoa seja você mesmo). A Água traz *compaixão*, uma palavra que significa compartilhar o sofrimento de outra pessoa. Muitas pessoas recorrem às cartas por causa de algum tipo de dor. Tendemos a não consultar as cartas quando um romance vai bem, mas corremos para elas quando o amor da nossa vida não retorna mais as nossas ligações. Se você não quer que suas leituras se tornem frias ou até cruéis, apenas uma exibição egocêntrica das suas habilidades e poderes proféticos, então você precisa lembrar que a leitura não existe para você exibir suas percepções, mas para aliviar o desconforto do consulente. Você precisa da Água da Compaixão para a pessoa que fez a pergunta, mesmo que essa pessoa seja você mesmo.

O Ar traz inteligência. Não podemos confiar apenas nos sentimentos para entender as cartas que estão na nossa frente em uma leitura. Mesmo que a intuição possa nos guiar até o ponto principal de uma carta, ainda precisamos entender como ela se relaciona com as outras cartas e com a vida do consulente. Também precisamos da mente, a qualidade principal do Ar, para obter o benefício de todas as interpretações e os estudos feitos nos mais de duzentos anos desde que Antoine Court de Gébelin abriu o Tarô esotérico.

O elemento Terra, a realidade material, nos lembra de que uma leitura trata de coisas reais. As pessoas se apaixonam, trabalham, adoecem, viajam ou mudam de endereço, dão à luz. Todas essas realidades entram na sabedoria que buscamos quando lançamos as cartas do Tarô. No caso de muitas pessoas, isso é tudo o que buscam no Tarô. Elas assistiram a filmes com "ciganas" lendo a sorte ou anúncios de televisão, tarde da noite, mostrando tarólogos sensitivos esperando para atender suas chamadas, com 98% de precisão garantida, e agora buscam as cartas esperando saber com quem vão se casar, se o parceiro as está traindo ou onde se candidatar a um emprego. O leitor de Tarô pode tentar mostrar a lição espiritual nas cartas ou questões psicológicas, mas elas querem saber apenas uma coisa: até que ponto o Tarô é preciso?

As preocupações da Terra são preocupações reais e não devemos descartá-las, por achar que são inferiores às "verdades mais elevadas". Uma leitura de Tarô verdadeiramente valiosa combina as questões práticas com as muitas camadas de significado que a cercam.

Muitas das obras de ocultismo mais antigas exaltam o Ar e a mente como o elemento mais próximo do Espírito puro simbolizado nos Arcanos Maiores. O Ar é invisível, não está ligado à Terra, é o menos físico e, portanto (supostamente), o mais semelhante ao divino. A mente (supostamente) pode nos libertar da perspectiva limitada dos nossos sentidos físicos e, portanto, também das ilusões para descobrir a verdade da razão pura. Para entender essa exaltação do Ar, precisamos dar uma breve olhada na história das ideias espirituais e, em particular, nas atitudes em relação às mulheres.

Não é coincidência que aqueles que escreveram sobre a superioridade da mente eram quase todos homens, e que consideravam a sensualidade e a intuição como qualidades femininas e a racionalidade como uma qualidade masculina. A aversão ao corpo e ao mundo físico é produto de uma história cultural (remontando pelo menos à Grécia antiga) que desejava negar as possibilidades sagradas das mulheres e exaltar as qualidades dos homens. Por que os homens deveriam associar as mulheres ao corpo e considerar ambos inferiores? Muito simplesmente, todos nós, homens e mulheres, viemos do corpo da nossa mãe. Muitas expressões iniciais da religião, como a arte e os templos da Idade da Pedra (às vezes construídos no formato do corpo de uma mulher), celebram essa capacidade feminina de dar à luz. Em reação a esse fato muito poderoso sobre nossa existência, os gregos (do sexo masculino) e outros povos trataram a existência física não apenas como algo separado do espírito, mas também inferior a ele, até mesmo como seu inimigo. Eles descreviam o espírito como algo que estivesse literalmente aprisionado na "matéria grosseira" da realidade física. Nossa mente supostamente pode nos libertar das prisões do nosso corpo. Podemos notar aqui que "matéria" deriva de "*mater*", a palavra latina para "mãe".

Muito do preconceito contra as qualidades da Água, como instinto, intuição e emoção, se inverteu quase completamente nas décadas de 1960 e 1970. De repente, as pessoas passaram a considerar a *mente* como inimiga da verdadeira existência. Se nos livrássemos apenas de nossos pensamentos, se pudéssemos agir instintivamente, como os animais, poderíamos "explodir nossa mente" (ou seja, nos libertar dos nossos próprios pensamentos). Voltaríamos à natureza e redescobriríamos nossos verdadeiros seres ou até mesmo nossos seres divinos. Também descobriríamos grandes poderes. No filme *Guerra nas Estrelas*, Luke não consegue guiar sua nave até o coração da maligna Estrela da Morte enquanto tenta fazer isso conscientemente. "Confie nos seus sentimentos, Luke", diz seu professor. Somente quando Luke deixa de lado a mente, ele consegue entrar em contato com a Força e deixar que ela o leve ao seu objetivo.

Por que deveríamos considerar um elemento superior a outro, um puro e outro maculado, ou um confiável e outro falso? No Tarô, todos os quatro naipes têm as mesmas cartas numeradas, de Ás a Dez, e os mesmos personagens, quer os chamemos de Valete, Cavaleiro, Rainha e Rei; ou Filha, Filho, Mãe e Pai; ou qualquer uma das outras variações. Quando fazemos uma leitura, embaralhamos todas as cartas, porque é isso que encontramos na vida; uma mistura complexa de qualidades, cada uma com seu próprio sabor e poder de nutrição, e com seus próprios excessos e perigos.

Os movimentos contemporâneos da Deusa e dos pagãos começaram nos anos 1970 e 1980. (Eles não traziam ideias novas, mas tornaram as existentes amplamente conhecidas na época.) Esses movimentos honravam tanto o feminino quanto a natureza, tratando o corpo físico como algo sagrado. A conscientização ambiental começou nesse mesmo período, e com ela uma fascinação por aprender sobre os costumes sagrados dos povos indígenas, cujas tradições muito variadas às vezes são descritas como "religiões baseadas na Terra". No Tarô, esse período viu o surgimento de *decks* da Deusa, que homenageavam diferentes culturas e pagãos/wiccanos.

Pode parecer a princípio que, se a ideologia ocultista anterior colocava o Ar e a razão acima de tudo, e os hippies tornaram supremos os sentimentos da Água e o ímpeto do Fogo, os pagãos simplesmente exaltavam a Terra acima de tudo. Felizmente, esse não foi o caso. Os pagãos e adoradores da Deusa têm pessoas de visão limitada como qualquer outro grupo, mas, no geral, eles têm feito do equilíbrio dos elementos um objetivo importante.

Talvez esse senso de equilíbrio tenha surgido em parte da importância do Tarô no renascimento pagão. Muitos pagãos leem as cartas em festivais, especialmente no Samhain (Dia das Bruxas), o Ano-Novo Celta e Wiccano, que consideram uma época em que o véu entre o "mundano" e o mundo dos Espíritos se abre. Outros escolhem uma carta no meio de rituais. Eles podem percorrer um labirinto traçado no chão e, no centro, chegar a uma sacerdotisa velada com um *deck* de cartas aberto, que os convida a escolher uma carta para o que precisam liberar e outra para o que desejam levar consigo.

Alguns estudiosos do Tarô e cabalistas menosprezam as leituras, considerando-as algo trivial em comparação ao estudo das cartas como um sistema mnemônico das leis da existência. Quando você faz isso, pode classificar determinadas cartas ou elementos como superiores ou "mais elevados" do que os outros. Você pode achar que certas cartas são ruins ou equivocadas. Mas, quando você faz das leituras o centro do seu trabalho espiritual com o Tarô, aprende que a vida está sempre mudando e alguma qualidade ou ideia que lhe serve bem em um momento pode limitá-lo em outro.

Suponha que, no centro do seu labirinto, você tenha tirado a carta do Sol quando perguntou o que deveria deixar para trás e a carta do Diabo ao perguntar sobre o que deveria levar consigo.

As cartas do Sol e do Diabo do Tarô de Marselha.

Você entra em pânico ou decide ignorar essas cartas, como se a leitura não estivesse correta? O fato é que o Tarô nunca nos obriga a nada e sempre podemos recusar o seu conselho. Se você interpreta essas duas cartas como "desistir da felicidade e se tornar adorador do diabo", provavelmente seria melhor rejeitá-las. Mas, se você se comprometeu a levar o Tarô a sério, talvez possa considerar que a simplicidade e o prazer nem sempre nos beneficiam em todas as situações e, às vezes, precisamos entrar em nossa escuridão interior para liberar o que quer que esteja escondido ou aprisionado ali. E alguns, é claro, verão o Diabo como sensualidade.

Em todo esse equilíbrio dos elementos, o que acontece com os Arcanos Maiores? A primeira coisa a ter em mente é que eles incluem o elemento Éter, o espiritual, no jogo dos elementos Fogo, Água, Ar e Terra. Aqui novamente, as leituras ensinam uma lição valiosa, pois, quando embaralhamos as cartas, não podemos mantê-las separadas, como se fossem superiores aos naipes. O espiritual se mistura inextricavelmente à vida cotidiana. Ao longo das décadas de interpretação esotérica do Tarô, escritores e professores às vezes menosprezavam os Arcanos Menores como se fossem triviais em comparação com as verdades elevadas dos Arcanos Maiores. Livros de centenas de páginas nem chegavam a mencionar os naipes ou lhes conferiam apenas os significados mais superficiais. Esse preconceito se transferiu para as leituras. As pessoas ficam empolgadas se tiram muitas cartas dos Arcanos Maiores em uma leitura e decepcionadas ou *ofendidas* se a maioria das cartas for dos Arcanos Menores. Mas, como espero que as leituras deste livro tenham mostrado, o instrumento da nossa sabedoria usa todas as 78 cartas. A verdade emerge da individualidade das cartas e da maneira como se relacionam umas com as outras. Assim como acontece com a vida.

Três Níveis do Tarô, Três Níveis do Leitor

Como mencionei anteriormente, no meu trabalho com o Tarô, acho valioso examinar os Arcanos Maiores como o Louco mais três grupos de sete cartas cada: do Mago até o Carro, da Força até a Temperança e do Diabo até o Mundo. Voltaremos a esses grupos várias vezes neste livro, com diferentes perspectivas de como eles interagem entre si. Por enquanto, contudo, vamos considerar o que eles podem nos dizer sobre como nos tornamos leitores.

A imagem do três penetra profundamente na mente mítica. Podemos encontrar o três em tantas trindades religiosas, desde a Tríplice Deusa Donzela-Mãe-Anciã até o Criador-Preservador-Destruidor hindu, passando pelo Pai-Filho-Espírito Santo cristão. O três também aparece em mitologias modernas, desde a filosofia (tese-antítese-síntese de Hegel) até a psicologia (id-ego-superego de Freud). O três deriva de duas fontes básicas: a necessidade de ir além da dualidade e, mais fundamentalmente, a tríade mãe-pai-filho.

Como todos viemos de uma mãe e um pai, o três está enraizado em nossa psique. Como resultado, organizamos o tempo como passado-presente-futuro e o mundo da experiência como corpo-mente-espírito. A autora e professora de Tarô Mary K. Greer me disse que, quando ensina leituras de duas cartas, as pessoas sempre querem adicionar outra carta. Mostre a elas dois lados de uma questão e imediatamente procurarão uma resolução. Ela aponta que às vezes podemos ganhar muito ao permanecer com o dilema.

Torna-se natural, então, quando consideramos qualquer tópico importante, olhar para ele em três níveis. Os Arcanos Maiores nos fornecem um modelo perfeito para uma jornada a três mundos. À medida que o Louco viaja primeiro para o Carro, depois para a Temperança e, por fim, para o Mundo, descobrimos diferentes questões e desafios da vida. Para o nosso "diálogo" final com as visões de David Rosenberg sobre a Cabala, vamos analisar as sugestões que ele dá para três tipos de tesouros que as pessoas buscam na Cabala e descobrir algo muito semelhante no Tarô.

Rosenberg rotula suas três abordagens como prática, criativa e fronteiriça. A Cabala prática descreve as pessoas que desejam usar fórmulas cabalísticas, magia e meditação para beneficiar a própria vida. Quando escrevi este livro pela primeira vez, no início de um novo milênio (no calendário), a Cabala estava passando por uma grande onda de popularidade. Estrelas de cinema exaltavam seu poder, colares da Árvore da Vida eram vendidos em lojas esotéricas e livros prometiam sucesso financeiro, saúde perfeita e um sexo melhor, tudo por meio da Cabala e suas verdades divinas. Mesmo antes disso, às vezes era possível encontrar, em estações de trem ou aeroportos, mesinhas com livros coloridos sobre a Cabala e tudo o que ela podia fazer por você.

No Tarô, certamente não encontramos escassez de abordagens práticas. A maioria das pessoas que procuram um leitor espera respostas para perguntas específicas, geralmente sobre amor, sexo, carreira ou saúde. (Uma pesquisa em massa com leitores de Tarô sobre quais perguntas eles costumam receber e a frequência de vários tópicos poderia revelar muito sobre o que as pessoas querem da vida.) Às vezes, o consulente esconde a pergunta para testar o leitor. Uma mulher me procurou uma vez para obter uma leitura e, quando perguntei sobre o que ela queria saber, ela disse que não tinha uma questão específica, apenas queria ver o que as cartas poderiam dizer a ela. Quando abri as cartas, as oito cartas da tiragem incluíam as únicas três do *Tarô Shining Tribe* que tratavam de bebês e gravidez. Então fiz a ela a pergunta mais sensata: "Existe alguma chance de você ter um bebê no ano que vem?". Ela ficou muito animada e disse que era isso que ela tinha vindo descobrir.

O fato de que o Tarô pode fazer essas coisas surpreende e às vezes assusta as pessoas a ponto de elas não conseguirem ver mais nada nas cartas. Seria um erro, no entanto, considerar essas expectativas superficiais. Esse nível "Carro" do Tarô analisa algumas das questões básicas da vida das pessoas. As cartas podem nos ensinar muito à medida que revelam respostas a perguntas sobre o amor ou o trabalho. Podemos aprender a ver a nós mesmos e os nossos padrões. As cartas podem nos ajudar a construir a nossa vida. É como se estivéssemos criando o nosso próprio Carro, um veículo para nos levar pelos desafios da vida.

A maioria dos livros "sérios" sobre o Tarô, aqueles que tentam corrigir a imagem sensacionalista da divinação, na verdade aborda as cartas a partir do nível do Carro, só que de uma maneira mais completa, mais verdadeira, com relação ao que consideram necessidades genuínas das pessoas. Professores e leitores descreverão como trabalham com alguém que queira perguntar ao Tarô se alguém o ama ou até mesmo como fazer alguém amá-lo. (O boletim informativo da American Tarot Association uma vez citou uma carta que perguntava: "Como posso fazer o Mikey ir para a cama comigo?".) Normalmente, o leitor sugere que o consulente formule a pergunta com base nas suas próprias questões sobre o amor, por exemplo: "O que eu quero de um relacionamento?" ou "Qual é o meu padrão nos relacionamentos?" e "Como eu bloqueio o amor na minha vida?" ou "O que me ajudará a superar os meus bloqueios?". Sempre que os leitores de Tarô ou os livros sobre o assunto tratam de bloqueios e avanços, isso significa que estão "a bordo do Carro".

Rosenberg chama sua segunda categoria de "Cabala Criativa". Nela, a pessoa busca uma transformação espiritual. O estudo e a meditação profunda levam o buscador a abandonar preocupações externas e descobrir um centro espiritual e uma consciência do sagrado. Encontramos esses temas com frequência no nível intermediário dos Arcanos Maiores, as sete cartas que terminam com a Temperança. A pessoa encontra a Força para se afastar do sucesso do Carro, para transformar valores anteriores e buscar a Morte do ego para encontrar um anjo interior, calmo e equilibrado. A anulação do ego, a descoberta de valores verdadeiros, a libertação da espiritualidade. Para a maioria de nós, esses pareceriam os objetivos finais de qualquer busca. E mesmo assim, no Tarô, ainda restam sete cartas, um novo nível completo.

Rosenberg escreve que não duvidava da sinceridade daqueles que seguiam o caminho criativo, mas algo o deixava inquieto. Ele por fim entendeu quando se deu conta de que a busca inteira dizia respeito ao eu. Toda invocação, ele escreve, está "a serviço do ser humano".

Mesmo o vasto universo de alguma forma se torna uma entidade feita para o benefício dos seres humanos. Se você passou algum tempo em círculos esotéricos da Nova Era, provavelmente ouviu pessoas dizendo coisas como "Peça ao universo um novo emprego" ou "O universo lhe proporcionará o relacionamento perfeito". É fácil ver que essas afirmações são ambições do Carro. Mas e a pessoa que medita sobre as lições aprendidas com a lei universal ou que insiste em acreditar em um universo benevolente, criado para nos conduzir à iluminação? O universo realmente existe como uma espécie de sistema de "educação domiciliar" para a consciência humana?

Nos últimos anos, "o universo" se tornou uma expressão ainda mais comum entre leitores de Tarô, buscadores espirituais e médiuns. Muitas vezes me chamou a atenção o fato de que a palavra "Universo" substitui o termo "Deus" na fala de pessoas que rejeitam a religião rígida ou dogmática presente no lar da sua infância. As pessoas podem dizer: "O Universo sempre quer o melhor para nós" ou "O Universo nunca lhe dá um desafio que você não possa superar". Evidentemente, essa palavra significa algo diferente do que significa na astrofísica!

Quando confundimos o nível da Temperança com a realidade última, tudo se torna uma lição, uma metáfora. Nada existe apenas por si mesmo,

Cartas de 15 a 17 dos Tarôs Waite-Smith e Shining Tribe.

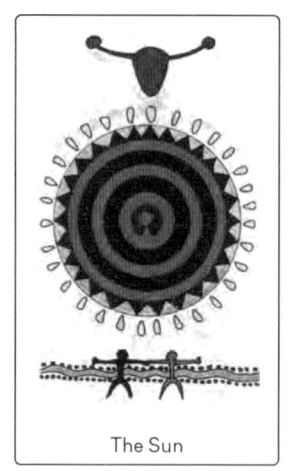

Cartas de 18 a 20 dos Tarôs Waite-Smith e Shining Tribe.

sem a necessidade de nos ensinar ou nos dar alguma coisa. Começamos a acreditar que cada acontecimento da vida, cada carta do *deck*, existe apenas para nos ajudar a avançar. Se estudamos o simbolismo das cartas ou descobrimos a mensagem espiritual de uma leitura, não permitimos que as imagens permaneçam sendo um mistério, algo que nos cause assombro e admiração. É por isso que tantas vezes insisto em que devemos amar as imagens. De que outro modo podemos deixá-las escapar da gaiola das explicações que construímos ao redor delas?

E de que outro modo podemos deixá-las *nos amar*? Uma das frases que me ocorreu anos atrás (eu tendo a acreditar que a inventei, mas a essa altura já não me lembro bem) é: *O que você ama também ama você*. Se você abordar o Tarô com amor, ele se abrirá para você, revelará maravilhas e mistérios, o guiará e se mostrará a você.

Rosenberg intitula seu terceiro nível de "Cabala Fronteiriça", um termo que ele empresta dos ecologistas que buscam reconhecer a fronteira que existe na natureza além do controle humano. O Cabalista Fronteiriço não aceita uma explicação definida para cada *Sephirah*, não dá toda sua atenção à Árvore da Vida ou qualquer outro sistema de conhecimento predeterminado. A fronteira se torna o lugar onde nos tornamos mais do que portadores de conhecimento; ali nos tornamos *leitores*. Portanto, vamos chegar às cartas finais dos Arcanos Maiores, não por sua doutrina, mas por sua história. Na verdade, vamos analisar uma história em particular, um conto que a maioria dos leitores conhece desde a infância.

Tarô, Tarô, Solte suas Tranças!

Em um plano mais superficial, as cartas de 15 a 21 dos Arcanos Maiores seguem um plano definido, até mesmo simples. Vamos chamá-lo de libertação da luz, pois ele vai da escuridão do Diabo ao relâmpago da Torre, depois da luz das estrelas, da luz da Lua, da luz do Sol, até a luz do espírito na carta do

Julgamento/Despertar, e por fim até a luz cósmica descoberta dentro do próprio ser, na carta do Mundo.

Mas, embora o plano seja simples, isso não significa que ele não contenha ideias complexas.

Podemos começar no nível da história. O anjo da Temperança desce à escuridão para libertar a luz. A tradição esotérica identifica o anjo como Miguel (em hebraico, *Micha-el*, que significa "Aquele que é como Deus", uma afirmação, não uma pergunta), o campeão divino que, de acordo com o mito cristão, lançou Lúcifer no Inferno. Lúcifer não era apenas um monstro assustador que torturava almas com tridentes e contratos ruins. Lúcifer era o Portador da Luz, a Estrela da Manhã, ou Vênus, um planeta que os pagãos consideravam uma Deusa, seja Vênus, Afrodite, Inanna ou Ishtar. Lúcifer renunciou à luz divina por orgulho, em favor do ego, e assim se tornou o regente daquilo que o poeta John Milton chamou de "trevas visíveis".

Mas a carta da Estrela também simboliza o planeta mítico Vênus (os aspectos de Vênus como uma imagem no céu e uma história, em oposição a qualquer exame factual do planeta físico). Aqui a vemos em sua forma de Deusa. Como resultado, Vênus aparece duas vezes, de cada lado da Torre: Vênus na escuridão como o Diabo e a Vênus revelada, na Estrela.

Mas eis algo curioso. Há pouco, fizemos uma diferenciação entre a Vênus do mito e a Vênus do conhecimento científico. Devido à sua bela luz no céu, as pessoas antigamente imaginavam o planeta como uma figura gloriosa, uma Deusa ou um anjo, e uma mensageira do amor. No entanto, quando cientistas do final do século XX enviaram sondas, eles descobriram que Vênus na verdade sofre de um efeito estufa extremo. Espessas nuvens recobrem o planeta e produzem uma pressão superficial intensa (as sondas mais resistentes só conseguiram persistir durante um breve período), ilusões e distorções (se algum ser senciente pudesse sobreviver por tempo suficiente para olhar ao redor), além de um calor imenso, sendo o planeta mais quente do sistema solar. Isso não parece mais o Inferno?

E ainda assim, existe também a outra Vênus, a figura da beleza e da esperança; a imagem desassociada dos fatos físicos. Vênus não é visível durante

As cartas do Diabo, da Torre e da Estrela do Tarô de Marselha.

todo o ano, e em muitos lugares sua reaparição sinalizava uma época boa para o plantio, ou seja, o retorno da fertilidade da Terra. É por isso que as várias deusas associadas a ela eram quase sempre figuras sexuais, pois os povos antigos reconheciam uma profunda ligação entre a sexualidade humana e a capacidade da Terra de produzir frutos. O Diabo, portanto, se torna Vênus longe dos nossos olhos, uma época de infertilidade ou de sexualidade reprimida, enquanto a Estrela mostra Vênus retornando e a vida sendo mais uma vez restaurada e recuperando a exuberância.

A história das últimas sete cartas é simples, no entanto, mesmo assim é possível reconhecer nela quase tantos mitos, filosofias e até teorias científicas quanto no próprio Tarô. Os gnósticos viam na escuridão do Diabo e na libertação da luz seu próprio conto favorito sobre a alma aprisionada na matéria escura. Podemos encontrar nessas cartas todas as histórias de deuses e deusas mortos e levados aos Mundo Subterrâneo, depois resgatados por um(a) amante leal.

As cartas do Enamorado e do Diabo do Tarô Waite-Smith.

Podemos ver o Diabo como um símbolo da perversão no amor, de um amor com correntes, pois o número do Diabo, o 15, se reduz a 6, o número do Enamorado (15 = 1+5 = 6). A. E. Waite explicitou esse fato redesenhando a carta do Enamorado de modo que o Diabo acabasse parecendo uma distorção do Enamorado.

No *Tarô Shining Tribe*, a conexão com o Diabo se torna mais sutil, embora igualmente forte. Nele, vemos a carta do Enamorado como um casal apaixonado se abraçando livremente no céu, enquanto o Diabo aparece como uma figura solitária trancada porta adentro, com sua sexualidade altamente concentrada devido à repressão.

Liberar a luz do Diabo significa liberar o amor. Lembra-se da ideia dos três níveis dos Arcanos Maiores? Cada um apresenta sua própria tarefa, e a carta final seria o resultado do enfrentamento desses desafios. O nível do Carro nos mostra desafios pessoais no mundo exterior. O nível da Temperança nos leva a uma transformação pessoal. O terceiro nos leva além do eu, para uma espécie de experiência divina. Ela vai do Diabo até o Mundo, da escuridão para a luz final. Em termos míticos, o propósito da Temperança não é apenas nos levar além do ego. A Temperança, na verdade, nos prepara para a grande tarefa da terceira linha. Tornamo-nos Micha-el e encontramos o campeão divino em nós mesmos, não para lançar Lúcifer na escuridão, mas na verdade para libertá-lo. Em outras palavras, precisamos entrar na escuridão para descobrir a luz e liberá-la para o mundo.

Essa é uma história que podemos encontrar nas cartas, a libertação da luz. Existem muitas outras, inúmeras outras. Vamos analisar uma história em particular, que pode parecer surpreendente a princípio.

No conto de fadas dos Irmãos Grimm, *Rapunzel*, uma feiticeira chamada Gothel (não uma "bruxa", no texto original, mas a figura mais sombria e poderosa de uma feiticeira) aprisiona sua filha adotada em uma torre sem portas. Segundo William Irwin Thompson, em seu livro *Imaginary Landscape*, "Goth-el" significa "Deus brilhante". E ainda assim, como Lúcifer, ela se torna uma figura trevosa. Essa feiticeira/Deus deseja controlar o amor, como o Diabo do Tarô com suas correntes, mantendo Rapunzel afastada de qualquer contato com criaturas que não fossem a própria feiticeira.

O príncipe anônimo, como um Orfeu invertido, o poeta/cantor grego que desceu ao Hades para trazer sua amante Eurídice de volta à vida, ouve a canção estranhamente bela de Rapunzel e sobe até a torre, pela "escada" do corpo dela (seu cabelo). Gothel os descobre e, furiosa, os atira pela janela, para a paisagem desolada do amor perdido. Essa é a imagem exata da Torre, duas pessoas sendo atiradas por uma janela alta de uma construção sem portas.

Agora precisamos brincar um pouco e trocar duas cartas, colocando a Lua antes da Estrela. Pelo menos estaremos em boa companhia, pois a Aurora Dourada trocou a ordem das cartas da Justiça e da Força, e Crowley trocou as letras hebraicas da Estrela e do Imperador. A carta da Lua, com seus lobos e caranguejos misteriosos e ausência de seres humanos, pode significar o infortúnio do príncipe, que perdeu a visão quando caiu da janela sobre um espinheiro e foi, portanto, reduzido à condição de um animal, que busca alimento e foge de bestas selvagens.

Os anos passam e então ele ouve a canção. Após aquela longa noite, ele mais uma vez se emociona com a estranha canção quase incivilizada da sua amada, que afinal nunca tinha ouvido a música da cultura humana, mas teve que aprender a cantar em sua solidão. O príncipe vai até ela, indefeso e fraco.

Vendo o estado do seu amado, Rapunzel chora. Suas lágrimas caem nas órbitas vazias do homem amado e, milagrosamente, ele se cura. Essa não é a própria imagem da Estrela? Nua, inculta, derramando suas águas sem cessar? Ela é mais uma vez Vênus, a Estrela da Manhã e da Noite que, na forma de tantas deusas, cura seu amado morto ou ferido.

Curado, o príncipe tem uma visão maravilhosa: não apenas sua abençoada Rapunzel, mas um menino e uma menina, gêmeos. Apesar de todas as tentativas de Gothel de fazer da sua filha uma extensão de si mesma, Rapunzel teve filhos. Essa imagem dos gêmeos é também a imagem exata da tradicional carta do Sol.

As duas cartas finais nos levam ao "felizes para sempre". O Julgamento, com mãe, pai e criança, pode significar a família reunida (com um filho em

As cartas do Diabo e da Torre dos Tarôs de Marselha e Waite-Smith.

vez de gêmeos). Também sugere o amor que se tornou completo, a visão original do Enamorado que o Diabo corrompeu. E a carta do Mundo nos lembra de que esse conto de fadas simples, que descobrimos em imagens e palavras, contém mais verdades sobre o mundo do que jamais suspeitamos.

Será apenas uma ideia fantasiosa ver os Arcanos Maiores no conto de fadas? Talvez, mas será mais fantasiosa do que a "descoberta" de que as cartas contêm os segredos da criação? E talvez aceitemos mais facilmente essa conexão se pensarmos em *Rapunzel* não apenas como uma história leve para se contar na hora de dormir (com um trocadilho intencional, ou *trocadilhos* intencionais, pois poderíamos fazer brincadeiras maravilhosas com as palavras "leve" e "hora" e "história", e até "cama", se tivéssemos tempo e espaço para fazer isso).

Em seu ensaio sobre Rapunzel, Thompson nos lembra de que "rapunzel" também é o nome de uma verdura, uma espécie de alface conhecida como "*rampion*" ["rapôncio"] em inglês. (Pouco antes de eu escrever esta passagem, passei algum tempo com Anne Gentner, uma professora de Sabedoria Feminina na Alemanha; numa noite, o marido dela nos serviu uma salada feita com essa verdura rapunzel.) Na história, um casal de camponeses mora ao lado do jardim da *Frau* Gothel, onde podem ver seus canteiros de alface rapunzel. Quando a mulher engravida, ela tem tanta vontade de comer a verdura que o marido dela escala o muro para pegar um pé para a esposa. Infelizmente, *Frau* Gothel o pega em flagrante e o obriga a prometer que lhe dará a criança ao nascer, em troca de toda a alface que a esposa desejar.

A planta silvestre chamada rapunzel possui duas qualidades interessantes. Primeiro, assim como muitos vegetais, ela pode se autofertilizar, clonando a si mesma se os insetos não a polinizarem. Para induzir a polinização, no entanto, a planta lança um caule semelhante a uma torre. Se a torre não atrair insetos, ela se divide em dois caules que se enrolam um ao redor do outro, "como tranças ou cachos na cabeça de uma donzela", como diz Thompson. Isso faz com que o tecido celular feminino entre em contato com o pólen masculino. E não é só isso, pois, para ajudar nessa fertilização, no caule da torre crescem "pelos coletores", e assim temos a imagem exata de Rapunzel atirando seu cabelo para trazer o masculino para sua torre, de outra forma estéril.

As cartas da Lua, da Estrela e do Sol do Tarô de Wirth.

As cartas do Diabo, do Julgamento e do Mundo do Tarô de Marselha.

A autofertilização, na verdade, sugere um retorno à reprodução assexuada, anterior à época em que a evolução criou os machos. O jardim murado da *Frau* Gothel representa esse mundo muito antigo, quando criaturas simplesmente se dividiam em dois e uma mãe se tornava duas filhas. Sua prisão de Rapunzel na torre se torna uma espécie de experimento de evolução invertida. Ela pode fazer de Rapunzel uma cópia exata de si mesma, pode mantê-la longe do mundo exterior? Como tantas vezes acontece, o sexo supera todas as tentativas de bloqueá-lo, e o mundo perfeito da torre desmorona. O sexo é o grande agente de mudança, o arauto de novas possibilidades. Cada criança representa uma oportunidade única e nova para a vida, mas, mesmo sem filhos, o sexo desfaz o ego, mostra nossa ilusão de que podemos controlar a nós mesmos ou aos outros, até mesmo o mundo.

A carta do Sol do Tarô Wheel of Change.

Em alguns Tarôs, a carta do Sol mostra dois meninos em vez de um menino e uma menina. Paul Huson, em seu estudo injustamente negligenciado sobre o Tarô, *The Devil's Picturebook*, relaciona a imagem ao mito e à constelação de estrelas com o nome dos heróis gêmeos Castor e Pólux. No livro que escreveu para o *Tarô Wheel of Change*, Alexandra Genetti descreve essa carta como o renascimento do sol no meio do inverno, com os irmãos gêmeos como o Deus do Sol e sua sombra, que assumirão após o solstício de verão, quando a luz começa a diminuir. (Genetti, na verdade, identifica a segunda criança com o Diabo.)

Eu pessoalmente prefiro a imagem de um menino e uma menina por duas razões. Primeiro, sugere a introdução da sexualidade e, portanto, a evolução. Segundo, reúne por fim os opostos estabelecidos desde o Mago e a Sacerdotisa, em que o Mago significava luz, masculinidade, sol e consciência, enquanto a Sacerdotisa representava escuridão, feminilidade, Lua e inconsciente. No Sol, masculino e feminino se unem, e, no Julgamento, eles produzem uma criança, a nova consciência que chegará à plena percepção no Mundo.

Quando descobrimos as mesmas imagens (duas pessoas caindo de uma torre sem porta e crianças gêmeas) tanto em Rapunzel quanto no Tarô, percebemos que ambos contam a mesma história. Isso não significa que o Tarô tenha se originado do conto de fadas. Ambos *vêm da mesma fonte*, os mistérios da evolução e da consciência espiritual.

E os mistérios do céu, pois a segunda qualidade especial da alface rapunzel é que ela contém uma flor de cinco pétalas. Como a estrela no meio da maçã de Eva ou as cinco pétalas da rosa selvagem de Afrodite, a flor da rapunzel a conecta com o planeta Vênus e com o padrão de uma flor de cinco pontas, que ela forma no céu ao longo do seu ciclo de oito anos. Os antigos consideravam certos tipos de alface silvestre como plantas afrodisíacas. Em mitos do Oriente Médio sobre a Deusa Vênus, com frequência seu amante moribundo e renascido se deitava em camas de alface. (Parece que os bufês de saladas daquela época não tinham apenas comida saudável!)

Os astrônomos antigos que estudavam os padrões dos planetas (o conhecimento remonta à Idade da Pedra) não examinavam apenas os padrões individuais, mas a maneira como eles interagiam e a conexão que tinham com a vida terrena ao longo das estações. Se observamos Vênus e Marte com o passar do tempo, eles parecem dançar um ao redor do outro em um movimento apaixonado, como amantes. Os símbolos gráficos dos planetas Marte e Vênus também representam o masculino e o feminino biológicos (♂ e ♀, respectivamente). Em alguns Tarôs, a Imperatriz segura um escudo com o símbolo de Vênus. Isso a identifica com a feminilidade, mas também com o planeta Vênus e a deusa do amor.

A maioria dos Tarôs com atribuições astrológicas segue o sistema da Ordem Dourada, no qual as cartas de 1 a 4 representam Mercúrio (O Mago), a Lua (A Sacerdotisa), Vênus (A Imperatriz) e Marte (O Imperador).

Uma alternativa que faria sentido é o Sol, a Lua, Vênus e Marte. Isso nos daria os princípios ideais de masculino e feminino representados pelo Sol e a Lua (simbolizados no Mago e na Sacerdotisa), seguidos pela realização, representada por Vênus e Marte (Imperatriz e Imperador). As cartas mostram esse tipo de relação, com o Mago e a Sacerdotisa como princípios, como luz e sombra, enquanto a Imperatriz e o Imperador transferem os princípios para qualidades menos abstratas, como a natureza e a sociedade ou a paixão e o controle.

E quanto às cartas do Sol e da Lua, propriamente ditos? Sem nos preocuparmos por enquanto com correlações astrológicas (a questão não é criar um novo sistema, mas sugerir novas maneiras de olhar as cartas), poderíamos dizer que o Mago e a Sacerdotisa representam o Sol e a Lua como ideias, ao passo que as cartas do Sol e da Lua mostram um ponto em que essas ideias se tornam experiências reais, dentro da nossa própria vida e do nosso próprio corpo. É por isso que elas aparecem quase no final do *deck*.

Thompson escreve que os povos antigos chamavam a dança complexa dos dois planetas de "o namoro de Marte e Vênus". Mas eles não consideravam essa dança uma simples história picante representada nos céus. Vênus volta a ficar visível na abóboda celeste no início da primavera, e isso significava mais do que uma indicação para iniciar o plantio ou começar a encontrar novas flores. O namoro entre Marte e Vênus, o retorno de Vênus à luz, indicava uma correlação entre o céu e a Terra, entre os grandes movimentos dos planetas e os fatos da nossa própria sobrevivência por meio dos alimentos que comemos, bem como o surgimento de nossa própria sexualidade quando as folhas aparecem nas árvores e a cor irrompe do solo monótono. Marte e Vênus ensinaram aos antigos o milagre da existência.

(Nota especial: Estou escrevendo estas páginas no dia 1º de maio, Dia de Maio, que, em tempos antigos, era uma celebração de alegria, sexo e fertilidade. No ano em que estou escrevendo este livro, 2021, esse dia cai numa sexta-feira, ou seja, o Dia da Deusa Freya, dedicado ao Planeta Vênus.)

O mundo moderno, em grande parte, retirou dos padrões do mundo o sentimento do miraculoso. Desconstruímos as coisas e as estudamos em partes e negamos veementemente que algo se conecte a qualquer outra coisa. Mas existem maneiras de restaurar esse senso de assombro. Uma delas é a divinação, pois a divinação demonstra que os padrões realmente existem, o mundo realmente se encaixa. "A primeira coisa que acontece", escreve Stephen Karcher, "é que o mundo ganha vida".

O namoro de Marte e Vênus aparece na história de Rapunzel. O momento em que o príncipe perambula, cego e perdido, representa o longo inverno da separação dos dois planetas, simbolizado na Torre e na Lua. E a reunião, o retorno do amor, quando o gelo derrete e as águas da primavera fluem livremente, aparece como a cura dos olhos do príncipe e a carta da Estrela, quando a donzela Vênus verte seu fluxo interminável.

A história de Rapunzel revela finalmente a origem secreta do Tarô? Bem, não e sim. Não, porque somente um louco (o jogo de palavras com o Tarô é intencional) argumentaria que o criador anônimo do conto de fadas projetou o Tarô. Sim, porque tanto Rapunzel quanto o Tarô *contam a mesma história* e, por meio de seus diferentes disfarces, ajudam a esclarecer um ao outro. O conto simples de Rapunzel une o céu e a Terra, a repetição imutável dos planetas com a evolução sempre mutante da sexualidade, de toda mãe, todo pai e todo filho. Essas coisas também aparecem no Tarô, de forma condensada e agradável como o conto de fadas.

Aqui está o grande segredo: Contos de fadas, mitos e cartas de Tarô não codificam a sabedoria em formas simples para mantê-la fora do alcance dos não iniciados. De certo modo, é justamente o oposto. Eles fazem o que fazem porque podemos absorver a sabedoria melhor quando ela nos emociona e nos fascina. "Nada é aprendido se não for pela alegria", disse minha professora Ioanna Salajan muitos anos atrás. E se realmente amamos as imagens do Tarô, incluindo as de dor e tristeza, entenderemos o que ela quis dizer.

Essa história cósmica/evolucionária é o que torna as últimas sete cartas do Tarô tão especiais, o que nos leva à "fronteira"? Não exatamente. Não é a história em si, mas sim a maneira como a lemos. Obter informações nos levará longe, mas ainda precisamos dar o passo mais importante. Precisamos vivenciá-lo. Podemos tentar libertar o Diabo com muito conhecimento, mas nunca haverá conhecimento suficiente.

As cartas do Despertar e do Mundo do Tarô Shining Tribe.

O profundo e rico mistério da escuridão ainda nos chamará para entrar nele, para descer até ele. E só *saberemos* quando o raio cair. E só vamos de fato nos levantar (e despertar, para usar o título da carta 20 do *Tarô Shining Tribe*) quando tivermos percorrido a noite iluminada pela lua das feras selvagens, quando tivermos derramado nossas tristes e amorosas águas para reunir Rapunzel e seu príncipe na gloriosa luz do sol. E, quando acordarmos, dançaremos. Saberemos que dançamos no Cosmos e o Cosmos dança em nós. *Realmente* saberemos, não como informação, mas em nossa vida.

Sem essa verdadeira gnose, podemos compreender a mensagem real das cartas, ou permanecemos na margem, presos na terra da informação, com apenas um vislumbre da luz no lado mais distante? Há um caminho e esse é o caminho do deleite. Quando brincamos verdadeiramente com as cartas, quando apostamos nossa vida com a Lua e lemos as histórias ocultas/reveladas nas imagens, quando amamos profundamente as imagens, começamos a nos tornar livres.

A carta do Louco do Tarô Shining Tribe.

Onze

A Mulher com o Camelo

Um antigo programa de televisão costumava começar com uma imagem da cidade de Nova York e uma voz que nos dizia: "Há oito milhões de histórias na Cidade Nua. Esta é uma delas". Não tenho certeza se o número de histórias do Tarô chega a oito milhões, mas não ficaria surpresa. Se considerarmos as histórias possíveis que podemos criar quando embaralhamos as cartas e escolhemos entre 1 e 78 delas, com todas as combinações possíveis, tanto na posição correta quanto invertida, deixaremos oito milhões para trás rapidamente. Mas vamos considerar uma dessas histórias, não escolhida ao acaso, mas como uma ilustração de um tipo especial de jornada que podemos percorrer em nossa vida espiritual, com o Tarô como nosso veículo.

Pouco tempo atrás (em número de páginas, quero dizer; percorremos vários mundos desde então), examinamos a Sacerdotisa no Tarô Waite-Smith como uma representação da ideia de segredos na página 191. Vamos agora para o outro Tarô moderno mais famoso, o Tarô de Thoth, projetado por Aleister Crowley e pintado por Lady Frieda Harris. Na imagem de Frieda Harris, vemos um camelo perto da parte inferior da carta. Outros Tarôs seguiram Thoth, mais particularmente nos últimos anos o *Tarô de Haindl*, do pintor alemão Hermann Haindl.

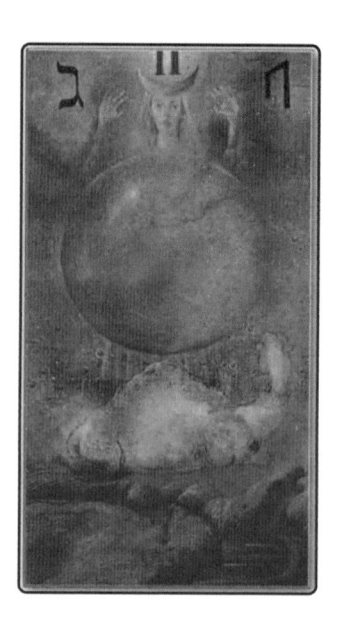

A carta da Sacerdotisa dos Tarôs de Thoth e de Haindl.

Por que um camelo? Se pensarmos em sacerdotisas, podemos imaginar templos no antigo Egito, mas nem mesmo Court de Gébelin sugeriu que os faraós andavam de camelo. A resposta mais direta está na atribuição das 22 letras hebraicas às 22 cartas dos Arcanos Maiores. No sistema da Aurora Dourada, a carta rotulada como Dois na verdade recebeu a terceira letra do alfabeto hebraico, uma vez que a primeira letra foi atribuída à carta zero, o Louco, e a segunda à carta 1, o Mago. Abordaremos esse sistema curioso com mais detalhes no Capítulo Treze. Em hebraico, a terceira letra é "gimel", que literalmente significa "camelo".

Agora que sabemos como ela chegou lá, o que isso significa? Paul Foster Case, fundador da escola moderna de mistérios Builders of the Adytum e criador de um curso de Tarô por correspondência que já tem mais de uma década, oferece várias interpretações baseadas nas qualidades do camelo. As pessoas usavam camelos para transporte, portanto, a carta significa "viagem, comunicação, comércio e ideias similares" (curiosamente, todas essas ideias estão associadas a Hermes, um Deus geralmente associado ao Mago). Como mercadores e peregrinos usavam camelos, e as pessoas que tinham essas profissões trabalham com outras pessoas, Case vê o camelo como símbolo de "associação, combinações, coexistência, parceria e coisas semelhantes". (Todas as citações de Case são retiradas do livro *The Tarot*, de Paul Foster Case.)

Ora, podemos associar esses conceitos ao número 2, mas não a uma sacerdotisa velada. Há algo de esquemático nessas listas de qualidades, como um gráfico escrito num quadro-negro, para a classe memorizar antes da próxima prova.

O simbolismo ganha um pouco mais de vida quando Case relaciona o camelo com a associação astrológica da Sacerdotisa com a Lua. Esse satélite, segundo ele, simboliza a personalidade e as camadas profundas da memória. Assim como o camelo que armazena água em sua corcova (cujo formato lembra um crescente lunar), o subconsciente armazena e carrega memórias da alma de uma encarnação para outra.

Poderíamos dizer que, como o camelo, o subconsciente é resistente, irascível e difícil de abordar. Também poderíamos lembrar da fala de Sherif Ali no filme *Lawrence da Arábia* (*Lawrence of Arabia*, 1962): "Se os camelos morrerem, nós morremos". Para um símbolo funcionar de fato, ele precisa fazer mais do que resumir uma lista de qualidades. Ele realmente precisa nos conduzir, como um camelo, através do deserto de experiências externas a um oásis de significado.

Angeles Arrien, uma intérprete moderna do Tarô de Thoth, destaca que o camelo está num oásis, não no deserto. O arquétipo da Sacerdotisa, escreve ela em *The Tarot Handbook*, "representa *a jornada de volta para casa* ou o *retorno para si mesma*" (itálicos dela). A carta para esse arquétipo simboliza o "retorno ao oásis interior, ou ao jardim interior". Ela vê o camelo como "autossuficiência", pois ele pode percorrer terras áridas "e sempre encontrar o oásis". (Na verdade, eu pensaria que o condutor do camelo o direciona ao oásis. Em outras palavras, a consciência precisa direcionar o instinto.)

Vamos considerar o lugar do *gimel* na Árvore da Vida (veja a página 230). As 22 letras/cartas do Tarô não estão nas *Sephiroth*, mas nas linhas, ou caminhos, entre elas. Essas linhas são, em sua maioria, de comprimento igual, exceto uma. Uma linha longa se estende da *Sephirah* superior, Kether (Coroa), até o meio da Árvore. Na tradição cabalista do Tarô, essa é a linha do *gimel*, o camelo, a linha da Sacerdotisa.

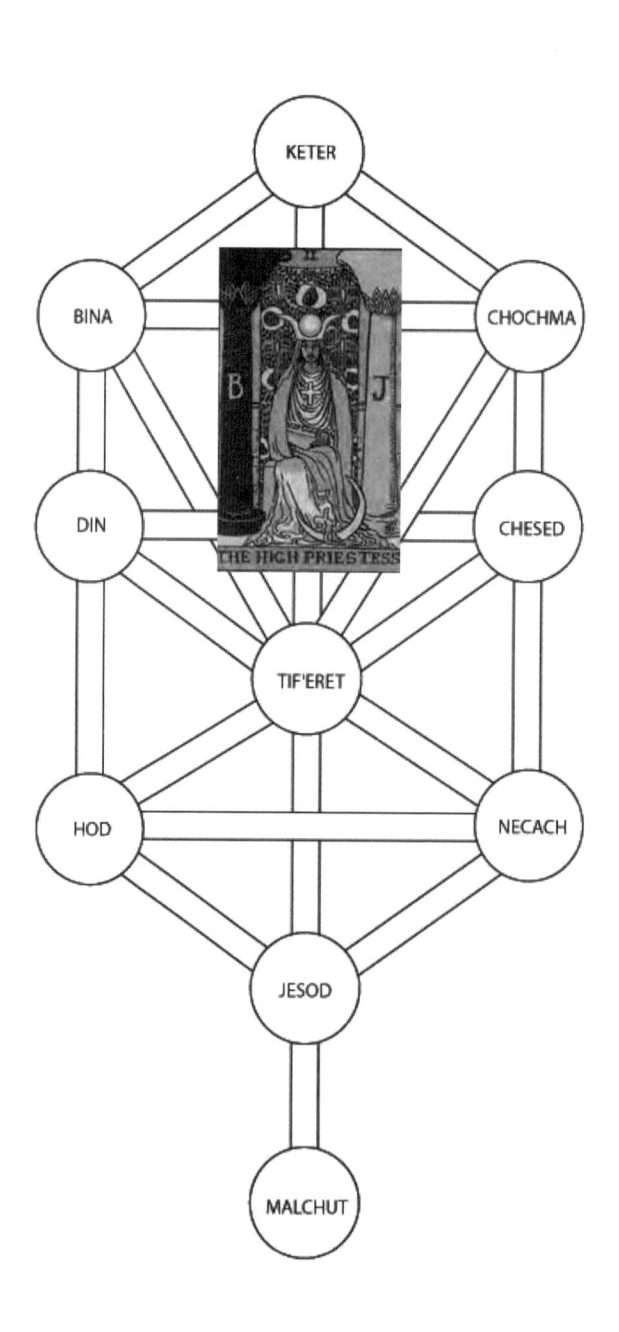

Essa linha é a mais longa porque há uma espécie de espaço vazio, um "Abismo", como os cabalistas o chamam, entre o triângulo apontando para cima das três *Sephiroth* superiores e o triângulo apontando para baixo das três *Sephiroth* do meio. As primeiras três *Sephiroth* significam perfeição divina, quase além da compreensão humana. As sete inferiores nos aproximam mais da consciência humana. Embora ainda exaltadas, são mais acessíveis, mais parte da nossa vida. A jornada entre as partes da Árvore é difícil, até mesmo perigosa. Assim como um camelo pode nos levar através de um deserto, as qualidades de *gimel*, a Sacerdotisa, podem nos conduzir através do Abismo entre o humano e o divino.

Crowley escreve em seu *Livro de Thoth* que a Sacerdotisa é a ligação entre os mundos arquetípico e formativo. O camelo é o que pode carregar a consciência na grande jornada, do ideal puro à realidade física. Intuição, silêncio, integralidade, interioridade, perfeição, ausência de palavras, profundidade, tudo isso vem da Sacerdotisa. O *mar* informe do inconsciente se torna a *água* na corcova do camelo, que lhe permite viajar através dos espaços vazios.

Perguntei ao meu amigo Hercel V. Schultz, um ancião mórmon e verdadeiro estudioso de ideias esotéricas (verdadeiro porque ele as relaciona com a vida real que as pessoas vivem), sobre camelos e a Sacerdotisa. Entre seus outros comentários, ele escreveu que, se alguém lhe contasse que tinha sonhado com camelos, ele pediria a essa pessoa que lhe dissesse três coisas que lhe viessem à mente sobre camelos, e o significado surgiria das próprias palavras. Experimente fazer isso (não é necessário esperar por um sonho, você pode fazer isso com qualquer imagem) e veja o que descobre.

Hercel continuou dizendo que a Sacerdotisa permanece em um lugar fixo, enquanto o camelo viaja por todos os lados, de modo que eles parecem opostos. Na verdade, estão profundamente conectados. A Sacerdotisa habita o "Grande Abismo", termo de Hercel para a forma da existência quando não dividimos o mundo em categorias mentais. Assim como a carta da Sacerdotisa no Tarô Waite-Smith revela água dentro do templo, as qualidades da água permeiam a pintura de Frieda Harris no Thoth, assim como na versão de

Hermann Haindl. No *Tarô Shining Tribe*, a sacerdotisa mascarada habita literalmente no mar.

O camelo carrega o Grande Abismo dentro do corpo. Nutrido por essa água interior, ele viaja através do vazio. Sem ela, ele morre. Hercel escreve que devemos ter essa água profunda dentro de nós ou morreremos espiritualmente. Por certo, nos movemos por um mundo que muitas vezes parece árido e severo. Na verdade, carregamos o Abismo dentro de nós, literalmente, pois nossas lágrimas são salgadas e nosso sangue se assemelha quimicamente às águas dos oceanos que primeiro trouxeram a vida à existência.

Começamos a ter uma ideia, mas ainda é uma abstração. Vamos ver se podemos torná-la um pouco mais concreta.

Já que o camelo é um símbolo cabalístico e a Cabala deriva seus símbolos da Bíblia, vamos examinar um lugar em que o animal aparece na camada mais antiga e mítica da Bíblia: o Livro do Gênesis. Você talvez se lembre de que Deus diz a Abraão para sacrificar Isaac no alto de uma montanha. Assim que Abraão levanta a faca, um anjo detém sua mão e lhe diz que foi apenas um teste da sua disposição para se submeter a Deus. Esse episódio nos parece muito bizarro hoje em dia, mas, na época, o sacrifício de filhos do sexo masculino às vezes ocorria. (Nos últimos anos, na verdade, comecei a questionar isso. Me ocorreu que relatos sobre o sacrifício de crianças sempre parecem vir de inimigos ou rivais das pessoas que supostamente faziam isso, como em "*Aquelas pessoas ali* sacrificam bebês!")

A visão comum é que as pessoas consideravam o sacrifício de vidas preciosas como uma espécie de comunicação direta com o divino. Quando o anjo detém Abraão, ele afasta a humanidade desse tipo literal, e monstruoso, de expressão religiosa e a conduz para uma crença mais sutil, centrada no ser humano.

Duas coisas indicam essa mudança – e elas não são especialmente felizes. Uma é que, depois disso, Abraão nunca mais fala diretamente com Deus. A segunda é que Sara, a mãe de Isaac, morre. Um costume antigo termina para dar lugar a um novo.

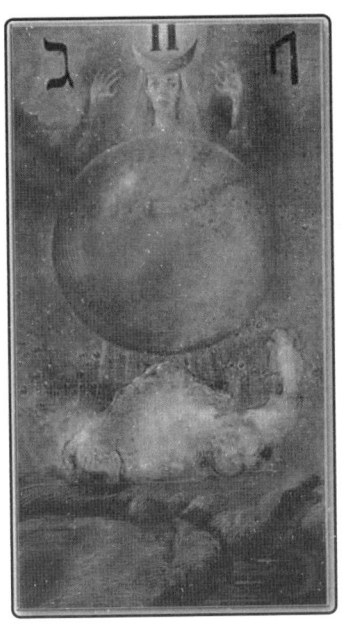

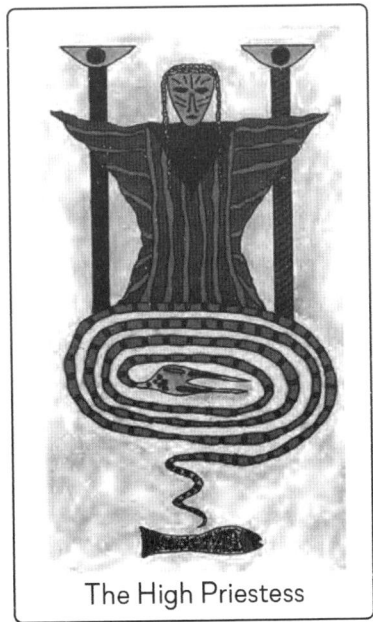

A carta da Sacerdotisa dos Tarôs de Thoth, Raziel e Shining Tribe.

Como parte dessa mudança, chega o momento de Isaac se casar, um ritual que sempre dá origem a um novo começo, tanto no mito quanto na vida. Mas onde encontrar uma noiva? Mesmo que houvesse bares de solteiros na Antiga Canaã, Isaac simplesmente não era desse tipo. Então Abraão envia seu servo de volta à terra natal de Abraão para procurar uma jovem adequada. Ao dar as suas instruções, Abraão diz algo estranho. Embora ele insista que a noiva deve vir da sua terra natal, ele insiste ainda com tanta veemência que, sob nenhuma circunstância, Isaac deve ir lá pessoalmente.

O servo parte com dez camelos. Quando ele chega a um poço, uma mulher (Rebeca) oferece água não apenas a ele, mas também aos seus camelos. Entusiasmado porque Deus o conduziu a uma mulher tão gentil, ele pede ao pai dela que arranje o casamento. O pai pergunta a Rebeca se ela irá com o servo (muito progressista para a época), ela diz que sim, e eles partem.

Enquanto isso, Isaac vai a um campo para meditar. A distância, Rebeca o avista e ele parece tão radiante que ela *cai do seu camelo*. Após as apresentações adequadas, eles se casam. Isaac então a conduz à tenda de Sara, onde finalmente ele encontra consolo pela perda da mãe.

O que está acontecendo aqui? O que significa Rebeca cair do camelo ou Isaac levá-la para a tenda da mãe? (É de se presumir que ele tivesse sua própria tenda.) E por que Abraão insistir com tanta veemência uma garota da terra natal, mas dizer com firmeza que Isaac não deve ir até ela pessoalmente? O que tudo isso tem a ver com o camelo da carta da Sacerdotisa?

Vamos começar com os dez camelos. Sempre que encontramos o número 10, podemos pensar na Árvore da Vida com suas dez *Sephiroth*. Alguns podem argumentar que o conceito das *Sephiroth* só surgiu muito depois que as histórias bíblicas foram registradas. Do ponto de vista histórico, nós as encontramos pela primeira vez no *Sepher Yetzirah*, ou *Livro da Criação*, que, segundo o estudioso Gershom Scholem, foi escrito por volta de 400 d.C.

Na verdade, o momento exato em que algo foi registrado não importa muito aqui, pois entramos no mito e o mito sempre nos tira da história. Sem essa mudança, nunca poderíamos discutir a Cabala e o Tarô de forma alguma, pois não há evidências de qualquer origem cabalista para as cartas de Tarô.

E, ainda assim, a conexão funciona tão bem e se encaixa tão bem que ela traz as cartas, e a nós mesmos, a níveis profundos quando permitimos que nos afastemos dos fatos históricos.

A Árvore da Vida, as dez *Sephiroth*, os dez camelos se movem, portanto, de Canaã para a terra natal e retornam, trazendo agora a noiva de Isaac. Vamos fazer uma sugestão. Vamos supor que a *terra natal* de Abraão, onde quer que ela possa estar no mapa, é na verdade o reino celestial do espírito puro, o lugar das nossas origens, de cada um de nós. No mito galês, um homem chamado Gwion Bach passa por uma transformação terrível e emerge no corpo de um bebê flutuando no mar. Mesmo com a sua aparência infantil, a criança sabe cantar e profetizar, de modo que, quando chega à corte, o rei admirado pergunta o nome dela e o lugar de onde ela vem. "Meu nome é Taliesin", diz o bebê, "e minha casa é a região das estrelas de verão". Essa é a casa de Abraão também, a região das estrelas de verão, e a nossa casa, embora a maioria de nós tenha esquecido. O Tarô nos ajuda a lembrar. O Tarô é o nosso camelo.

Anos atrás, durante uma crise extrema em minha vida, peguei as cartas e, em vez de fazer perguntas ou uma tiragem fixa, simplesmente disse: "Me leve para casa". Não me lembro das cartas exatas ou mesmo quantas eram, mas me lembro de que a contemplação das imagens me trouxe de volta ao conhecimento do meu eu profundo, abaixo de toda a tempestade superficial da minha situação imediata.

Crowley descreveu a Sacerdotisa como a ligação entre o arquétipo e o formativo. A jornada não tem mão única. Viemos da região arquetípica das estrelas de verão, o reino dos céus, como Jesus o chamou, e com nossos dez camelos, as emanações da Árvore da Vida, podemos voltar para lá.

Rebeca pode montar seu camelo do arquetípico ao formativo, até o mundo *físico*, onde ela cairá do seu camelo para se tornar a esposa de Isaac na tenda da sua mãe. Abraão sabe que a noiva de Isaac deve vir dessa terra natal arquetípica, mas ele também sabe que Isaac não pode ir lá pessoalmente, pois Isaac pertence a este mundo. Quando o anjo deteve o sacrifício e Deus interrompeu suas conversas com Abraão e Sara morreu, Isaac ficou enraizado no mundo humano. E, assim, o servo seguiu o caminho do dez, de volta à terra natal. E Rebeca vem montando seu camelo de volta pela estrada mais longa na Árvore, apenas para cair no mundo da fisicalidade, à vista do seu amado predestinado.

O pai de Rebeca pergunta se ela está disposta a ir, algo talvez sem precedentes naquela época e parte do mundo. Nenhuma magia ou poder pode atrair o espírito para a realidade física contra sua vontade. A luz do espírito entra no mundo de forma deliberada, por escolha própria, e faz isso como um ato de amor.

De certo modo, estamos lidando aqui com a carta do Enamorado. No Tarô de Thoth, vemos a glória do casamento alquímico, a fusão do masculino e do feminino, que produz a consciência divina. No *Tarô Shining Tribe*, vemos o abraço do humano e do divino. No Tarô de Marselha, um jovem parece hesitar entre uma mulher mais velha (sua mãe?) e uma mais jovem. No Tarô Waite-Smith, vemos Adão e Eva junto às Árvores da Vida e do Conhecimento; apenas o anjo não os condena nem os bane, ele os abençoa, pois são Adão e Eva como deveriam ter sido, sem pecado. Isaac e Rebeca são Adão e Eva como deveriam ter sido.

Sara era a sacerdotisa do outro mundo, do antigo modo de comunicação direta com o divino. Algumas pessoas sugeriram que ela era uma sacerdotisa cananita. Não quero de forma alguma insinuar que ela presidia o sacrifício humano. Na verdade, uma longa tradição *midrash* (história) afirma que Sara morreu de horror ao saber o que Abraão estava planejando fazer. (Recentemente escrevi uma história na qual Sara morre para se tornar o anjo que detém Abraão.) No entanto, como a sacerdotisa que habita as profundezas, ela deve dar lugar a uma nova sacerdotisa, uma que se tornará parte do novo mundo. Rebeca é a sacerdotisa que viaja no camelo para se tornar a amante deste mundo.

Isaac faz amor com Rebeca na tenda de Sara e encontra consolo para a perda da mãe. Uma maneira de interpretar a carta do Enamorado é vê-la como a união entre os princípios aparentemente opostos simbolizados pelo Mago e pela Sacerdotisa.

A carta do Enamorado, no sentido horário, a partir do canto superior esquerdo:
Tarô de Thoth, Tarô Shining Tribe, Tarô de Marselha e Tarô Waite-Smith.

Está lembrado da história em que Deus tira uma costela de Adão para criar Eva? Se alguma vez houve uma história usada para fins políticos, é essa, citada por inúmeras gerações de homens sexistas como prova da inferioridade das mulheres, até mesmo de que os homens estão mais próximos de Deus, porque Deus os fez primeiro. Alguns cabalistas deram a ela uma interpretação menos detestável. Adão e Eva, dizem eles, eram originalmente um único ser, um hermafrodita perfeito unido pela costela. Mas, como um único ser, eles não podiam criar nada novo, então o Criador os separou em dois seres que se procuram para se tornarem inteiros. Essa também é a carta do Enamorado, a totalidade dos dois. Também podemos nos lembrar do Sete de Pássaros na leitura da Criação, na posição de "fonte". Naquele caso também, a unidade deve formar dois aspectos para se conhecer.

Rebeca, a nova sacerdotisa do amor humano, viaja da pátria, a *Sephirah* mais elevada na Árvore da Vida, até o coração da Árvore, a *Sephirah* 6, o lugar

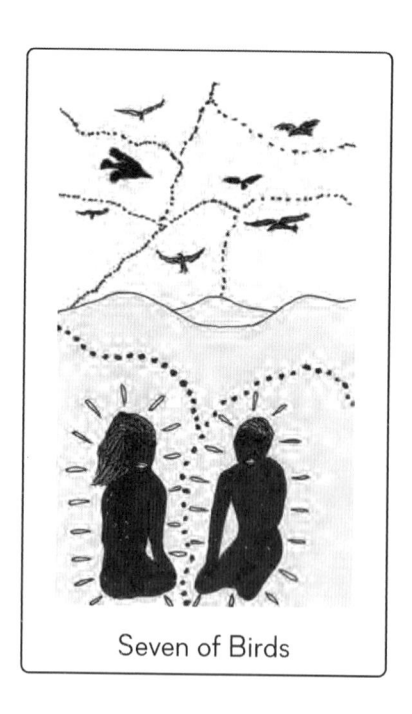

A carta do Sete de Pássaros do Tarô Shining Tribe.

do amor (6 é o número do Enamorado). Para fazer isso, ela deve cruzar o Abismo que separa as três *Sephiroth* superiores das sete inferiores.

O camelo, que carrega o Grande Abismo dentro do seu corpo, a transporta. O camelo é uma imagem apropriada para essa jornada mais longa na Árvore. Assim como a Sacerdotisa, o camelo mantém silenciosamente em si a memória das nossas origens. A queda do camelo é como a queda do Louco da sua montanha: não é um pecado ou um desastre, mas um ato de amor. Rebeca cai ao ver o seu amado. O Louco pula para o esplendor e a variedade do mundo material.

O camelo simboliza algo mais do que a memória. A tradição judaica associa a letra *gimel*, o camelo, à expressão hebraica *gimalut chasidut*, "atos de bondade amorosa". Isso inclui a caridade e os judeus às vezes descrevem um homem rico correndo atrás de um homem pobre para lhe dar dinheiro (infelizmente, algo que não vemos com muita frequência na sociedade contemporânea). Rebeca mostra sua verdadeira natureza ao servo quando oferece água a um estranho *e* seus camelos. (Em países desérticos, a água é preciosa.) Ela é a mestra das águas, outro aspecto da Sacerdotisa, mas também é gentil e generosa.

A bondade e o amor mantêm o mundo unido, eles conectam o material ao espiritual. O amor carrega Rebeca através do Abismo do arquetípico ao formativo. O amor também se tornará nosso camelo, para nos levar de volta para casa. Pois não é apenas a meditação ou o conhecimento que nos transportarão de volta. Precisamos nos tornar sagrados, e não fazemos isso apenas por meio de rituais ou magia. Fazemos isso por meio de *gimalut chasidut*, o camelo da bondade amorosa.

Grande parte do que foi mencionado neste capítulo, especialmente as ideias sobre Isaac e Rebeca e *gimalut chasidut*, eu devo a Avigayil Landsman, uma mulher de grande sabedoria e bondade.

Doze

Abrindo o Coração: Uma Jornada Através de um Abismo

Em nosso conto do camelo, vimos como atos de bondade amorosa podem nos fazer atravessar o Abismo que separa os níveis espirituais superiores dos mais acessíveis, pois a bondade amorosa abre o coração. Esse conceito (de abrir o coração) aparece em muitas tradições espirituais. Os egípcios consideravam o coração, e não a cabeça, o centro da inteligência. Abrir o coração não é simplesmente uma frase que define o sentimento quente e agradável que temos quando fazemos um favor a alguém ou assistimos a um filme onde o amor triunfa. Essa frase, na verdade, representa uma ideia complexa de grande importância para a consciência espiritual e para o modo como entendemos o Tarô.

Nos ensinamentos indianos, aprendemos que o corpo contém sete concentrações de energia que também são portais para o movimento da consciência. Cada um desses portais, associados ao sistema endócrino, brilha com uma cor própria. E, como são sete, eles compõem as cores do arco-íris, que também estão associadas aos sete "planetas" visíveis, fazendo com que os seres humanos se tornem um espelho do céu. A ordem dos portais, chamados *chakras*, e suas cores correspondem às cores do arco-íris, *mas apenas quando o corpo está de cabeça para baixo*. Em outras palavras, o vermelho está no alto do arco-íris e o violeta, na base, enquanto, no corpo, o vermelho está na base da coluna vertebral e o violeta, no Chakra da Coroa, localizado no topo da cabeça.

Hermann Haindl, criador do *Tarô de Haindl*, percebeu isso quando olhou para um arco-íris na Irlanda, com as cores demarcadas com precisão. O Pendurado, ele compreendeu, é o arco-íris, e sua posição de rendição através da inversão, sua libertação do ego, mostra um verdadeiro estado de abertura espiritual. Nós nos sintonizamos com os céus e, de fato, com a Terra, quando invertemos nossa condição normal. Podemos pensar no fato de que yogues ficam de cabeça para baixo ou que São Pedro foi crucificado de cabeça para baixo, ou que os cabalistas descrevem o Aytz Chayim, a Árvore da Vida, como uma árvore que cresce de cabeça para baixo, com suas raízes se estendendo para o céu e seus galhos alcançando a Terra.

A carta do Pendurado do Tarô de Haindl.

A energia que habita o corpo, chamada de *kundalini* no yoga, é tanto sexual quanto espiritual. Na verdade, trata-se da mesma coisa, mas expressada de maneiras diferentes, dependendo do nosso nível de consciência. Para a maioria de nós, a kundalini repousa enrolada na base da coluna vertebral, como uma serpente adormecida, despertando apenas ligeiramente através da excitação sexual. A maioria dos nossos chakras está apenas parcialmente aberta, embora possa se abrir mais em resposta a experiências específicas. (Por exemplo, um lampejo psíquico indica uma abertura momentânea do Chakra do Terceiro Olho, localizado na testa.)

Para que a kundalini se mova plenamente pelo corpo, é necessário abrir cada um dos portais. Quando isso ocorre, a pessoa sente um grande calor percorrendo a espinha dorsal e saindo pela parte superior da cabeça, em uma espécie de lampejo. A cabeça parece desaparecer, pois a pessoa não sente mais separação entre o eu, Deus e o universo. Essa experiência, esse lampejo de revelação, é outra maneira de ver a carta da Torre. A torre de pedra simboliza a rigidez fechada da consciência egoísta, a ilusão da separação do resto da existência. A liberação da luz despedaça a ilusão, e o ego dualista dividido se vê lançado para fora da torre. Em algumas versões, vemos o topo da Torre sendo arrancado, como se mostrasse a remoção da consciência mental.

Como vimos no conto *Rapunzel*, um período de confusão e de vagar pelo deserto pode ocorrer antes que o eu dualista realmente se cure. Na história bíblica do Êxodo, os israelitas vagam pelo deserto por quarenta anos, quando na verdade é possível atravessar o Sinai em questão de semanas (Lawrence da Arábia fez isso de camelo em apenas alguns dias). Quarenta é quatro vezes dez. Cada um dos quatro mundos da Cabala contém sua própria Árvore da Vida com dez *Sephiroth*, de modo que, na verdade, os israelitas estavam viajando por todos os mundos durante o tempo que passaram no deserto.

No simbolismo cabalístico, o relâmpago descreve a maneira como a energia divina desce pelas *Sephiroth* na Árvore da Vida. Em algumas representações da Torre, vemos um raio atingir a torre exatamente dessa maneira.

Existem exercícios e meditações para elevar a kundalini. No entanto, esses métodos não são apenas difíceis, como também podem ser perigosos. Para despertar essa energia, você primeiro precisa se preparar. Por esse motivo,

Joseph Campbell escreve em *The Inner Reaches of Outer Space* que a maioria dos adeptos eleva a kundalini até o quarto chakra e depois a deixa afundar novamente. Apenas aqueles que fizeram o trabalho espiritual necessário podem com segurança levá-la a subir além do quarto nível e a sair pela parte superior da cabeça. O quarto chakra, então, atua como uma espécie de barreira. O quarto chakra é o do Coração.

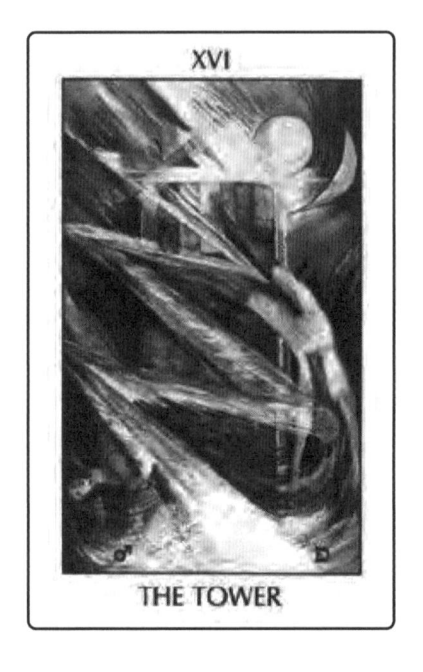

A carta da Torre do Tarot of the Spirit.

Campbell continua, descrevendo pinturas de areia dos índios navajo, em que os participantes de um culto pintam no chão a imagem de um espírito e dançam dentro dela para transformar sua própria consciência espiritual. Há sete posições nas pinturas. Apenas alguns dançarinos realmente passam por todas as sete posições e saem pela cabeça do espírito. A dança é muito mais do que exercício ou estética. Quando eles entram pelos pés, deixam o plano mundano e entram no corpo cósmico. Sair pela cabeça significa abrir sua própria mente, seu Chakra da Coroa. Aqueles que não estão prontos para fazer uma jornada completa dançam apenas até a quarta posição e depois retornam por onde vieram, de volta à consciência comum. Tanto nas tradições navajo quanto nas hindus, o coração se torna um ponto de parada, ou o abismo, que separa o que está acima do que está embaixo.

Muitas pessoas conhecem a expressão "Assim em cima como embaixo", do lendário fundador do Hermetismo Ocidental, Hermes Trismegisto. (Na verdade, essa frase vem de um período posterior.) Em geral, ela significa que os padrões dos céus refletem nossa própria vida ou que podemos conhecer os deuses se conhecermos verdadeiramente a nós mesmos. Ela também pode se referir aos chakras superiores e inferiores e ao ponto de encontro entre eles, no coração.

Agora mudamos nosso quadro de referência e voltamos no tempo, até o antigo Egito, onde, segundo as lendas, o Tarô começou e Hermes Trismegisto era considerado o outro nome de Thoth. Uma pintura em papiro de cerca de 1300 a.C. mostra uma cena mitológica em que o coração de uma pessoa morta é pesado numa balança junto com uma pena de avestruz. Vamos analisar mais de perto essa cena daqui a pouco, mas agora examinemos a haste central que sustenta os pratos desequilibrados da balança. Na imagem, a haste contém sete círculos dispostos verticalmente. A Deusa Ísis, que reuniu as partes do corpo despedaçado do marido Osíris, aponta com o dedo para o sexto círculo.

Se os sete círculos realmente representam os chakras (séculos antes das primeiras referências indianas conhecidas), Ísis estaria apontando para o Terceiro Olho, o local de abertura psíquica e conhecimento de mundos espirituais, além dos sentidos comuns. No Oriente Médio e no Mediterrâneo, as deusas associadas ao amor e à sexualidade às vezes eram associadas ao número 6, o número da carta do Enamorado no Tarô. O sexto chakra passa a ser uma espécie de ponto de partida para a unidade final do Chakra da Coroa, onde o eu se dissolve, mas também os deuses e deusas individuais.

(Julie Gillentine, uma professora de Tarô na tradição de Paul Foster Case, destacou para mim que alguns dizem que o sexto chakra na verdade se abre *após* o sétimo. A energia sobe pela espinha e passa por sobre o topo da cabeça, para descer pela testa e abrir a consciência psíquica.)

Há outra figura na imagem, uma mais diretamente relevante para os nossos propósitos aqui. Um monstro com a cabeça de um crocodilo, a parte traseira de um hipopótamo e o corpo de um leão (ou seja, todas as feras perigosas do campo egípcio) aponta seu focinho de crocodilo para o espaço entre o terceiro e o quarto círculos. Esse ser, que tinha o nome de Ammit, ocupava um lugar especial nas crenças egípcias sobre a vida após a morte e estava diretamente relacionado com as balanças da imagem.

O *Livro dos Mortos* (os manuscritos, imagens e hinos do templo, conhecidos coletivamente como *Pert Em Hru*, ou *Livro para Sair à Luz*) nos diz que a alma do morto deve subir para ser julgada diante de um tribunal de deuses. Como parte desse julgamento divino, uma Deusa chamada Ma'at, auxiliada por nosso velho amigo Thoth, pesa o coração da pessoa contra uma pena de avestruz. Se o coração não pesar na balança, os deuses vestem a pessoa com trajes divinos e a conduzem a uma nova vida. Mas, se o coração pesar sobre o prato da balança, mesmo que um pouco, então a pessoa se torna uma refeição para Ammit. Quando aponta abaixo do quarto círculo na haste da balança, Ammit está sugerindo que, para os egípcios, assim como para os hindus ou os índios navajos, o coração representa uma fronteira e um lugar de perigo.

A Mulher com a Balança

A pesagem do coração realmente aparece no Tarô, embora de forma disfarçada. No arcano da Justiça, vemos uma mulher vestida com uma túnica e segurando uma espada numa mão e uma balança na outra. A figura representa a Deusa romana Justitia (Themis ou Dike em grego). A maioria das pessoas a reconhecerá dos tribunais e de filmes sobre julgamentos, onde ela aparece vendada, para significar um tratamento igualitário para ricos e pobres.

O arcano da Justiça do Tarô não usa venda, pois a justiça espiritual requer que examinemos a nós mesmos e à nossa vida com absoluta honestidade e sem desviar o olhar. Sempre me pareceu que os olhos, penetrantes e diretos em muitas versões, representam o símbolo mais importante aqui, pois eles significam a coragem de não desviar o olhar de nada.

Nos tribunais norte-americanos, os pratos da balança estão desnivelados, pois em um julgamento uma decisão precisa pender para um lado ou para o outro. Na maioria das imagens do arcano da Justiça do Tarô, os pratos estão perfeitamente equilibrados, pois, quando realmente compreendemos nossa vida, percebemos que tudo se equilibra. As experiências que nos chegam de fora (nossas circunstâncias de nascimento, as ações de outras pessoas, os efeitos de nossa cultura) são equilibradas por nossa própria resposta à vida e suas demandas. Não somos responsáveis pelo que os outros fazem, mas certamente somos responsáveis pelas nossas próprias ações.

Ambos os lados das balanças são importantes. Ou seja, me parece que pensar que somos de alguma maneira responsáveis pelo que os outros fazem (ou pelas circunstâncias exteriores da nossa vida, pela nossa sociedade ou pelos acontecimentos) é uma mostra de desequilíbrio tão grande quanto acreditar que somos simplesmente vítimas.

Nos Tarôs mais antigos e tradicionais, a Justiça aparece como a carta número 8, o início do segundo grupo de sete cartas. Desse modo, ela deixa sua marca em toda a sequência. A Aurora Dourada trocou o lugar da carta da Justiça, que passou a ser a número 11, com a carta da Força, que antes era a 11 e passou a ser a 8. A Força no início simboliza a suave força interior de que precisamos para fazer a jornada interior da transformação.

A Justiça se encaixa muito bem na posição número 11. Onze é o ponto intermediário dos Arcanos Maiores, pois, se considerarmos o Louco como o viajante através das 21 cartas numeradas, então dez cartas precedem a Justiça e dez cartas a seguem. Como o Chakra do Coração (número 4 de sete chakras), a Justiça se torna o lugar aonde precisamos ir se quisermos continuar até obter uma morte e um renascimento genuínos (cartas 13 e 14, Morte e Temperança) que podem nos preparar para as grandes revelações das últimas sete cartas.

Podemos ver a Justiça como um ponto intermediário da nossa vida, independentemente da linha do tempo, pois é ali que realmente chegamos a um acordo com quem somos. Precisamos entender e finalmente aceitar o passado para criar um futuro, ou como Stephen Karcher diz sobre a divinação em geral, a Justiça pode nos libertar da escravidão às nossas condicionantes. Outra maneira de dizer tudo isso é que a Justiça abre o coração.

Por todas essas razões simbólicas, a imagem de Astreia funciona muito bem para essa carta, também. Mas a mulher com a balança também representa Ma'at, que pesa corações com os pratos da balança equilibrados. Por esse motivo, muitos Tarôs de estilo egípcio mostram justamente o momento em que Ma'at e Thoth pesam o coração contra a pena de avestruz.

A carta da Justiça dos Tarôs Waite-Smith e Raziel.

Mas o que significa "abrir o coração"? O que o fecha e o que o torna pesado? Como podemos tornar nosso coração tão leve quanto uma pena de avestruz e tão aberto que a energia divina possa brilhar através dele, como se ele tivesse se tornado transparente? Por que um monstro devora o coração que se torna pesado?

Falamos de uma pessoa gentil como alguém de coração aberto e de uma pessoa sem compaixão como alguém que fechou seu coração. Na história de Rebeca e do camelo, vimos que *gimalut chasidut*, atos de bondade amorosa, nos levam através do Abismo, das regiões mais elevadas das *Sephiroth* superiores até o coração da Árvore, Tiphareth, com a implicação de que tais atos podem nos trazer de volta novamente. A gentileza eleva nossa consciência espiritual e nos torna capazes de nos abrir.

Na tradição cabalista, Tiphareth é literalmente o coração da Árvore, pois, quando olhamos as *Sephiroth* no corpo humano, encontramos Tiphareth como o coração. Assim como os egípcios, que viam o coração como o centro da consciência, os cabalistas consideravam o coração, não a cabeça, como a sede do verdadeiro conhecimento.

O conceito do coração como a sede do conhecimento corresponde aos ensinamentos do yoga. A descrição da kundalini subindo pela coluna vertebral e saindo pelo topo da cabeça simplifica uma tecnologia altamente complicada da consciência. Como William Irwin Thompson escreve em *The Time Falling Bodies Take to Light*, a comunicação entre os genitais e o cérebro na realidade se concentra na experiência masculina da meditação profunda. O yogue vivencia tanto a excitação sexual intensa, sem o clímax, quanto o êxtase concentrado no cérebro.

Para a yogini, a conexão vital ocorre entre o útero e o coração, e a mulher em estados de meditação profunda encontra um êxtase que Thompson chama de "orgasmo no coração". Ele acrescenta: "A abertura repentina do Chakra do Coração causa uma experiência extática de iluminação; o coração da mulher se torna o centro do universo". Os sufis retratam essa experiência como um coração alado. Na cultura ocidental, a representação mítica mais famosa é a estátua chamada *Êxtase de Santa Teresa*, de Gian Lorenzo Bernini. A santa jaz em êxtase, com a cabeça jogada para trás, em um estado orgásmico, enquanto um anjo aponta uma flecha para o seu coração.

Thompson reconhece que as pessoas podem e usam a distinção entre a espiritualidade corporal masculina e feminina de maneira errada para "se desculpar", como ele diz, pelo domínio patriarcal sobre as mulheres. Ele observa, no entanto, que, quando o yogue abre "certos centros" em seu cérebro, ele aprende a mover seu ser para o coração, não para a cabeça. Em última análise, tanto mulheres quanto homens se concentram no coração como o lugar onde nos abrimos para o grande amor que preenche o Cosmos.

Quando conversei com Julie Gillentine sobre o movimento da kundalini, ela me disse que é um erro pensar na energia subindo degrau por degrau, desde a base da coluna até o topo da cabeça. O adepto aprende a puxar a energia de baixo para os três chakras inferiores, mas a energia superior desce de cima para os três centros superiores. Dessa forma, o físico e o espiritual se unem. Assim em cima como embaixo. O lugar onde eles se encontram (a fronteira de cima e de baixo) é o coração.

O êxtase de Santa Teresa, de Gian Lorenzo Bernini.

A bondade abre o coração porque nosso estado natural, nosso estado *sagrado*, é a empatia ou o sentimento de identificação com os outros. Não podemos esperar alcançar a unidade com o divino se não pudermos encontrá-la com as criaturas semelhantes a nós. É por isso que a Bíblia nos diz "Amarás o teu próximo como a ti mesmo" e "Amarás o Infinito, teu Deus, com todo o teu coração, e com toda a tua alma, e com toda a tua força". As duas afirmações são iguais, pois descrevem nossa condição natural quando não fechamos nosso coração: amar o divino, amar a nós mesmos e amar uns aos outros.

Encontramos a mesma ideia na Wicca, na declaração "Faça o que quiser desde que não prejudique ninguém". Às vezes, as pessoas acham isso contraditório, pois pensam em "faça o que quiser" como algo arbitrário e egoísta. Mas esse trecho se refere, na verdade, à nossa condição de empatia. A Wicca é uma religião profundamente otimista. Ao contrário das religiões organizadas mais tradicionais, ela não acredita que precisamos controlar as pessoas com regras rígidas de moralidade e o medo de punição. Em vez disso, ela confia que, quanto mais permitimos que as pessoas cheguem à sua verdadeira natureza, mais elas evitarão causar danos, porque essa será de fato a vontade delas.

Fechando o Coração

Ao mesmo tempo, o mundo e a cultura humana, com todo o seu condicionamento, nem sempre respondem à bondade. Por medo, confusão e pela necessidade de enfrentar situações difíceis, agimos contra nossa natureza básica. Às vezes, fazer o que sabemos que é certo parece que exige demais de nós. Podemos sentir que um certo emprego nos sufoca ou nos obriga a agir de maneira imoral (não ilegalmente, mas contra nosso próprio senso do que é correto), mas desistir significaria começar tudo de novo. Então, nós dizemos a nós mesmos que não é tão ruim assim, que não importa, estamos apenas fazendo o que é necessário.

A criança, o bebê, espera que o mundo adulto lhe diga o que fazer. Mesmo quando as instruções, ou a vida que os adultos lhe proporcionam, vão contra algo profundo lá dentro, ela ouve os pais e as mensagens da sua cultura. No entanto, por dentro, ela sabe que algo está errado. Por dentro, ela pode sentir que o coração está sendo violado.

E, ainda assim, nossos instintos permanecem, sempre. Podemos sentir uma culpa profunda, não apenas por condicionamento social, mas por sentir que traímos quem somos. Três coisas fecham o coração com mais força do que qualquer outra coisa: medo, culpa e vergonha. Essas coisas vêm de dentro, mas também de fora. Sentimos vergonha quando não seguimos nossa própria verdade, mas também quando descobrimos que a sociedade e as pessoas ao nosso redor, especialmente nossa família, consideram algum aspecto do nosso verdadeiro eu inaceitável.

Muitas pessoas precisam lutar constantemente contra a vergonha de ter a "cor errada", a "religião errada", o "idioma errado", o "gênero errado", a "sexualidade errada". A terminologia contemporânea chama isso de "aversão por si mesmo". Em tantas culturas humanas, praticamente todas as meninas aprendem a vergonha apenas por serem de um sexo "inferior" e indesejado. Crianças *queer*, especialmente meninos efeminados e meninas masculinas, enfrentam com frequência perigo extremo apenas por se comportarem de maneiras que são naturais para eles. Para evitar agressões, zombaria e punição, eles tentam se ajustar ao que esperam deles. O preço disso, a negação de como sabem que deveriam viver, é uma profunda vergonha. A vergonha vem de fora, imposta pelos valores arbitrários da sociedade sobre o que é bom e ruim, masculino e feminino, mas também de dentro, do conhecimento de que traíram o próprio coração.

A negação do nosso verdadeiro eu muitas vezes é mais profunda do que os compromissos conscientes que fazemos para nos dar bem em uma sociedade hostil. Isso pode remontar à infância. A criança instintivamente ama as pessoas e o mundo ao seu redor e espera receber amor em troca. Ela começa a se negar quando as pessoas, ou simplesmente a existência, a machucam. Ela fica confusa e assustada. Eu acredito que todos nós crescemos com nossos instintos intactos e um sentimento interior de como o mundo deveria ser. Podemos não saber disso conscientemente. Quando nossos pais nos maltratam ou simplesmente se negam a nos dar amor, quando enfrentamos crueldade e preconceito, quando a vida simplesmente não é do jeito que sabemos lá no fundo que deveria ser, ficamos desorientados e com medo e começamos a fechar o coração.

No nível mais profundo, o processo começa ainda mais cedo, nas primeiras horas de vida. Deixamos o corpo da nossa mãe com total consciência, capazes de fazer contato visual e dar e receber emocionalmente. Mas entramos em um universo totalmente novo e, em questão de horas, a mente do bebê se fecha.

Sobrevivemos aprendendo a descrição do mundo que nossa cultura chama de realidade, incluindo as variações provenientes de nossos pais, grupo étnico ou religião, todas as fontes externas de informações sobre a vida. Aprendemos a nos ver como se estivéssemos separados do universo e das outras pessoas, contidos e isolados em nosso corpo. Essa ilusão nos protege. Para mantê-la, no entanto, precisamos fechar a verdadeira consciência (interior) de que o mundo não é realmente como aprendemos a pensar que é. Precisamos bloquear as informações que vêm tanto de cima quanto de baixo. Para fazer isso, fechamos o coração, o centro do instinto e do conhecimento, e o selamos.

A maioria de nós fecha o coração de maneira tão intensa que não sabemos, pelo menos conscientemente, que o fechamos. Se praticarmos exercícios para fazer a energia circular através do nosso corpo e sair pelo topo da cabeça (ou seja, se nos abrirmos para a existência como ela realmente é), poderemos causar grande perturbação. Toda essa mistura de medo, culpa e vergonha, todas as nossas negações não reconhecidas da nossa verdadeira natureza vão resistir à exposição.

Se o trabalho for intenso o suficiente, a resistência pode assumir uma forma mitológica, como um monstro ou demônio. Podemos entender Ammit dessa maneira e também o Diabo. A palavra hebraica *Satan*, ou *shaitan*, originalmente significava "adversário". Ele parece ter sido uma espécie de promotor que acusava os seres humanos quando eles se afastavam do caminho sagrado. Como esse personagem secundário se transformou na besta sobrenatural do mito cristão? Em parte, a ideia de demônios se tornou uma maneira conveniente de atacar as religiões pagãs que o Cristianismo queria substituir: eles não podiam convencer as pessoas de que os deuses pagãos nunca tinham existido, então os denunciaram como demônios. Mas também pode ter havido um núcleo de experiência psíquica (distorcida).

Imagine que uma figura terrível tenha aparecido para os primeiros cristãos que tentavam "entrar no Reino dos Céus" antes de realmente abrirem o coração. Eles podem ter buscado a absolvição do "Pai" divino, como Jesus chamava a Deus, sem a purificação necessária para se libertarem do medo e da vergonha. Essas imagens são projeções psíquicas, mas parecem tão reais quanto são aterrorizantes.

Quando a Igreja começou a se estabelecer como centro de poder, ela formalizou o Diabo, construiu uma mitologia em torno da imagem, como um meio de controlar as pessoas. (Essa é uma explicação simplificada de um importante desenvolvimento religioso, e peço desculpas por quaisquer distorções.)

Podemos colocar esse problema na imagética do Tarô e dizer que pessoas que seguem caminhos espirituais ou meditativos podem tentar ir diretamente do Carro para o Diabo e a seguir para a Torre. Em outras palavras, elas acreditam que podem usar uma forte vontade para superar toda resistência e liberar a luz espiritual. Mas o Diabo apenas se alimenta desse heroísmo. Acabaremos forjando nossas próprias correntes, pois não podemos enfrentar essa tarefa antes de termos aberto o coração e alcançado o nível da Temperança. Possivelmente, o desejo de nos lançarmos em experiências mágicas intensas é, em parte, um desejo de evitar o autoconhecimento.

A diferença entre espiritualidade exotérica e esotérica muitas vezes se resume a uma compreensão dos processos interiores e dos estados de consciência. Como fora, assim dentro. O que a religião exterior descreve como acontecimentos (geralmente após a morte), o esotérico pode entender como estados psíquicos. Portanto, no Egito, o *Livro dos Mortos* parece delinear o que acontece no salão de julgamento dos deuses, com um monstro que devora qualquer um cujo coração não pese o mesmo que uma pena. Pessoas da atualidade vão ler esse relato surpresas pelo fato de alguém já ter levado isso a sério. Mas aqueles acostumados a textos simbólicos vão interpretar isso como uma descrição da necessidade de libertar o coração para abrir a consciência.

No Cristianismo, também, a religião exterior descreve o que acontece após a morte. Aqueles batizados em Cristo sobrevivem ao Juízo Final e entram no Reino dos Céus; todos os outros sofrem um tormento eterno no Inferno. Mas Jesus falou sobre a limpeza e a purificação para entrar no Reino nesta vida tanto quanto em um mundo vindouro. Tanto a purificação quanto o compromisso absoluto que Jesus exigiu são abordagens para abrir o coração. Assim como é a famosa declaração de "receber o Reino de Deus como uma criança".

O Tarô se adapta tão bem a tantas tradições esotéricas porque descreve o processo necessário para avançarmos na direção da transformação espiritual. O Tarô não é egípcio, cabalístico, wiccano, cristão ou tântrico. *Ele só pode parecer ser tudo isso porque não é nenhum deles.* Podemos descrevê-lo como um mapa para a jornada da alma, partindo de uma visão estreita e limitada para o amplo esplendor da realidade.

A Jornada para Abrir o Coração

No *Tarô Shining Tribe*, uma carta em particular nos oferece uma visão do coração completamente aberto. O Sete de Árvores (lembra-se dessa carta da leitura de Páscoa?) mostra a coluna vertebral, com o Sol (a luz do céu) brilhando no Chakra do Coração. A própria coluna se torna uma árvore, a Árvore da Vida, agora identificada como o corpo humano. Os gânglios de cada lado se tornam galhos, pois, quando abrimos nosso coração para o Sol, descobrimos nossas conexões profundas com toda a natureza, não como uma ideia filosófica, mas como uma experiência profunda dentro do nosso corpo.

Nenhuma cabeça aparece na parte superior da coluna. Como vimos, quando a energia atravessa todo o corpo e sobe completamente, a cabeça parece desaparecer; não acreditamos mais na fronteira rígida entre nós mesmos e o mundo. Nossos sentidos não filtram mais a realidade, para transformá-la em uma construção segura. Encontramos os ventos sagrados do Cosmos em toda a sua glória.

Na linha mediana do Tarô, das cartas 8 a 15, passamos das preocupações exteriores com o sucesso mundano e da força de vontade simbolizados pelo Carro para os estados interiores mostrados simbolicamente pelo anjo da Temperança. Como vimos, no entanto, a mudança pessoal não representa o objetivo final, embora possa dar essa impressão enquanto lutamos para abandonar os velhos costumes e os valores antigos. Na verdade, toda a experiência é uma transição. Passamos da Força para a Temperança para nos permitir mudar de uma consciência pessoal direcionada para fora, no Carro, para o caminho que nos levará a uma "superconsciência" transcendente, no Mundo.

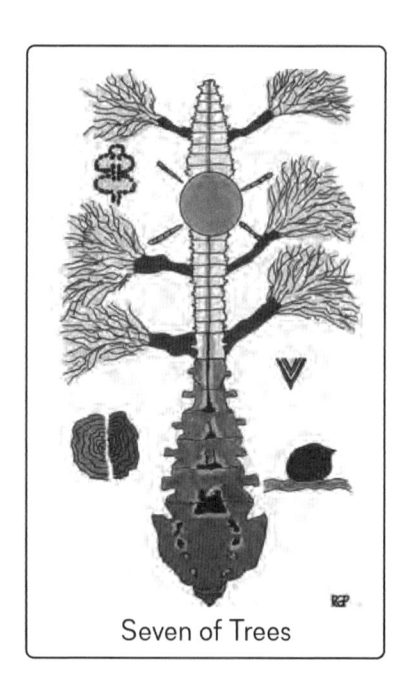

A carta do Sete de Árvores do Tarô Shining Tribe.

A Justiça é a carta-chave e que fica no centro da linha (pelo menos na tradição da Aurora Dourada), mas não é a única que trata dessas questões. Na verdade, toda a linha abre o coração para que possamos nos preparar para descer ao simbólico Diabo e liberar a luz do amor extático. Seguiremos os passos de forma breve e reconhecendo que essas descrições formam apenas um modelo para as cartas de 8 a 14. Muitas outras interpretações existem, cada uma com sua própria verdade. A explicação simbólica do Tarô não é um esporte competitivo.

A Força nos mostra o compromisso básico de nos abrir. Ela representa a disposição para abandonar as preocupações externas e ir para dentro. Ela nos ensina uma paixão pela vida e pelo mundo que é profundamente espiritual, pois não busca conquistas ou poder, mas apenas o amor. O Eremita então começa a se voltar para dentro. A imagem tradicional do Eremita muitas vezes o mostra no pico de uma montanha, segurando seu lampião, como se estivesse iluminando o caminho para os outros. Podemos imaginá-lo em uma escalada difícil, afastando-se da vida comum e seguindo na direção das raras alturas da sabedoria. Ao mesmo tempo, também podemos descrever sua jornada solitária como uma descida, pois toda vez que nos afastamos do mundo exterior e buscamos a verdade dentro de nós fazemos uma descida atravessando as camadas de cultura, condicionamento e medo. Assim em cima como embaixo.

Podemos encontrar um paralelo para essa ascensão/descida nas jornadas meditativas dos místicos judeus (talvez incluindo Jesus), há dois mil anos. Antes das formulações da Cabala, esses primeiros exploradores praticavam meditações intensas baseadas na visão do *Merkavah*, ou carro, das visões de Ezequiel.

Na primeira edição deste livro, presumi que o Carro fosse o veículo da ascensão. Ou seja, Ezequiel tinha dado uma descrição tão detalhada e precisa do Carro celestial que os místicos podiam visualizá-la como seu próprio veículo para atravessar sete "palácios" celestiais (para as sete esferas planetárias). Desde então, descobri que o Carro de Ezequiel não era o veículo, mas sim o *objetivo*, pois os rabinos consideravam que o que o profeta viu era, na verdade, o Trono de Deus.

As cartas do Carro, da Temperança e do Mundo do Tarô de Marselha.

As cartas do Carro, da Temperança e do Mundo do Tarô Shining Tribe.

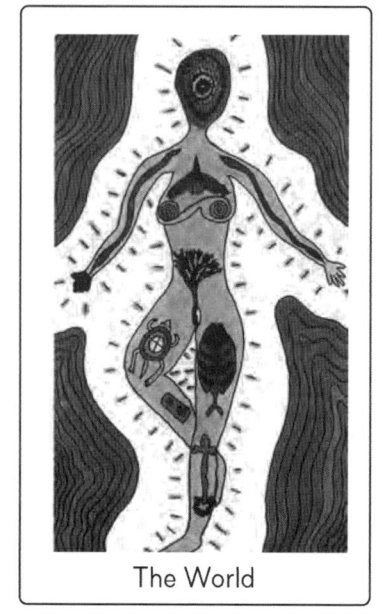

Quando Robert M. Place e eu criamos o *Tarô de Raziel*, com base em histórias e ensinamentos judaicos, sugeri que usássemos a visão de Ezequiel para a carta do Carro. A imagem da arte tradicional é extremamente complicada, mas Robert teve a inspiração de capturar apenas uma parte da imagem, contendo os detalhes essenciais (veja a imagem na página 261).

Muitos de nós cresceram com a imagem de Deus como um homem idoso de cabelos brancos, sentado em um trono no céu, e a imagem de uma carruagem divina evoca a visão de uma ascensão da terra ao céu (pinturas que mostram Elias sendo levado ao céu em um carro celestial de fato o mostram voando para cima). E, ainda assim, os místicos da Merkavah descreviam suas jornadas como uma *descida*: "A Descida à Merkavah". Eles, na verdade, descreviam o movimento através dos sete "palácios" celestiais (que eu considero que sejam as sete esferas planetárias da Astrologia), mas toda a jornada era vista como uma descida.

Talvez possamos dizer que, para viajar por tais caminhos, primeiro temos que meditar sobre nós mesmos. Só então encontraremos as portas para outros mundos. O Eremita pode estar no topo de uma montanha, mas ele ilumina as profundezas dos vales.

Poderíamos descrever a Roda da Fortuna como aquilo que o Eremita vê. A Roda exibe uma visão, tanto da vida individual da pessoa quanto dos mistérios da existência. Se chamarmos isso de roda do karma, ou destino, ou estações, ou simplesmente os ciclos da vida do nascimento à maturidade até a morte, a imagem de uma roda leva as pessoas a um senso de destino. Em muitos Tarôs, há imagens simbólicas em torno da Roda da Fortuna. Podemos ver uma esfinge ou outros seres mitológicos. As criaturas aladas nos cantos podem representar os quatro signos "fixos" do zodíaco ou os quatro evangelistas do Novo Testamento. Animais, como macacos, podem subir e descer pela roda.

Depois da visão vem a aceitação. Enquanto a Roda da Fortuna nos impressiona com seus símbolos, a Justiça olha diretamente para nós, e sua mensagem é clara: Pese sua vida na balança. Seja honesto. Aceite quem você é e o que o fez ser o que é. A Justiça pode ser dura, poderosa, assustadora, profundamente triste. E, ainda assim, no final das contas, a experiência é

A carta do Carro do Tarô de Raziel.

A Merkavah, a "visão do carro celestial" de Ezequiel.

intensamente alegre, pois a Justiça nos liberta. Como em outras situações que encontramos nessas explorações, precisamos lembrar que a alegria não é necessariamente o mesmo que felicidade ou prazer.

Na mesma aula semanal em que Ioanna Salajan declarou que "Nada é aprendido se não for pela alegria", muitas vezes tratávamos dores e traumas passados. Lembro-me de uma aula em especial, em que exploramos antigas experiências de raiva e vimos que mesmo a raiva justificada se entrelaçava com o medo, a vergonha e a história ancestral da nossa infância e até mesmo da primeira infância. A alegria da Justiça é a empolgação e a maravilha da liberdade genuína por meio da verdade. Através da Justiça abrimos nosso coração, primeiro para nós mesmos, depois para aqueles próximos a nós, mesmo aqueles que pensamos ter prejudicado e que nos prejudicaram, e por fim para a tristeza e a beleza do mundo.

A carta da Justiça dos Tarôs Waite-Smith e Raziel.

Quando abrimos o coração para a Justiça, descobrimos algo incrível. Não precisamos enfrentar a imensidão da existência sozinhos. A sensação de um eu pequeno e isolado em um universo frio se torna uma ilusão e descobrimos que estamos conectados ao que as pessoas em Alcoólicos Anônimos e outros programas de doze passos chamam de "um poder maior que nós mesmos".

No pós-morte egípcio, a pessoa que passou no teste, cujo coração não carrega fardos e assim não pesa mais do que uma pena de avestruz, é vestida com as roupas do deus, em preparação para a sua passagem para uma existência maior. Ela não *se torna* o deus cuja vestimenta usa, mas fica *conectada* a Ele, no sentido mais profundo possível. Essa ligação leva a alma através da morte, para uma nova vida.

Nos Grandes Mistérios de Elêusis, os celebrantes (até vários milhares) não se vestiam como Perséfone, a deusa que morre e retorna (a carta da Estrela), embora a mensagem fosse de que a morte não seria permanente para eles. Como os seguidores de Osíris, eles também passariam pela morte para uma existência maior. Em vez disso, todos usavam o manto do luto de Deméter, mãe de Perséfone (a carta da Imperatriz). Quando a cerimônia de nove dias terminava, os mantos eram cortados e transformados em panos para embrulhar recém-nascidos.

No Tarô, encontramos essa profunda ligação na carta do Pendurado. A maioria das pessoas que olha para essa carta vê a posição invertida antes de qualquer outra coisa. Observe alguém que não conhece o Tarô conhecendo as cartas; essa pessoa vai virar a carta do Pendurado ao contrário, achando que ela está de cabeça para baixo. Entre os muitos significados possíveis para essa inversão, encontramos duas ideias importantes. No que se refere à primeira, o iniciado agora segue um caminho tão diferente da maioria da sociedade que parecerá estar de cabeça para baixo. A segunda inversão é, na realidade, a mesma, mas interior. O Pendurado fica de cabeça para baixo porque ele busca a verdade dentro de si, não no mundo exterior. Como o Eremita e os viajantes do Merkavah, ele aprendeu um grande segredo: a abertura para vastos mundos está dentro de si mesmo e para olhar para cima é preciso olhar para baixo.

Para muitos, a visão interior ocorre com grande dificuldade, principalmente se o ego resistir à entrega àquela sensação de vida além dos seus próprios recursos. Isso pode ser o motivo pelo qual muitas pessoas acham a carta do Pendurado uma imagem perturbadora ou presumem que ela signifique sofrimento. A imagem original, na maioria das cartas, não é perturbadora. Se olharmos para a versão mais antiga que conhecemos, o Tarô Visconti-Sforza, de cerca de 1450, veremos uma expressão beatífica e nenhuma dor.

O mito nórdico de Odin e as Runas ilustra as medidas extremas necessárias às vezes para direcionar a atenção para dentro e para baixo. O deus escandinavo Odin saiu em busca das runas, um alfabeto mágico usado para divinação, lançamento de feitiços, proteção e a maior magia de todas, a escrita. As runas estavam na escuridão, no fundo do Poço de Mimir, um deus do conhecimento. Para obrigar Mimir a entregar o tesouro, Odin feriu a si mesmo na lateral do corpo (uma possível referência a disciplinas sexuais meditativas) e se amarrou a Yggdrasil, a Árvore do Mundo, por nove dias e nove noites. (O número 9 tem grandes associações míticas, com o Grande Ano de 25.920 anos (2 + 5 + 9 + 2 + 0 = 18 = 1 + 8 = 9) e com os nove ciclos lunares da gravidez humana.)

Por fim, Odin arrancou seu olho direito e o atirou no poço. Enquanto Mimir aceitava seu sacrifício, Odin estendeu o braço e alcançou as runas. O lado direito muitas vezes representa a razão ou a consciência exterior; o esquerdo, a intuição ou a consciência interior. (Não existem símbolos universais, mas essa distinção entre direita e esquerda aparece em todo o mundo, respaldada por algumas pesquisas modernas que estudam o cérebro.) Em outras palavras, Odin teve que ir a extremos para reverter sua direção espiritual.

O artista Hermann Haindl vê o autossacrifício violento de Odin como uma resistência do ego, bem como a arrogância da separação da Terra. Para Haindl, a Árvore do Mundo significa natureza e Odin, uma cultura, principalmente a europeia, que tenta forçar a natureza a revelar seus segredos. Para ilustrar a possibilidade de uma alternativa, Haindl pintou Odin duas vezes. O conto violento habitual aparece como o Rei de Copas, enquanto um Odin alegre e sem mutilações se entrega à Terra no Pendurado.

Embora muitas pessoas, ao verem pela primeira vez a carta do Pendurado, se concentrem na figura de cabeça para baixo, a Árvore é pelo menos tão

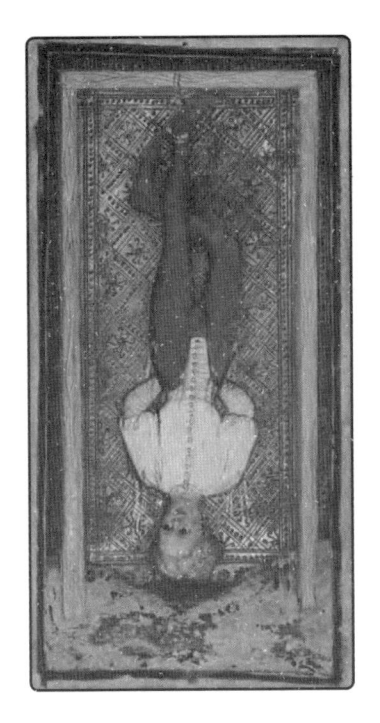

A carta do Pendurado dos Tarôs Visconti-Sforza e Haindl.

As cartas do Pendurado e do Rei de Copas do Tarô de Haindl.

importante quanto essa figura. Seja um *T* de cabeça para baixo (a chamada cruz *tau*, como a última letra no alfabeto hebraico) ou um galho ou uma árvore em plena floração ou uma viga de madeira, a Árvore significa encontrar um poder maior do que o ego individual. Por meio dessa ligação, podemos ir além das nossas limitações. Podemos morrer.

A Deliciosa Palavra "Morte"

Pode parecer um mau negócio que a Morte venha logo depois do Pendurado. Imagine uma campanha promocional do Tarô: "Renda-se à consciência superior e morra!". Felizmente, o Pendurado não vê as coisas do ponto de vista da publicidade (se visse, não estaria de cabeça para baixo). A Morte significa libertação, liberdade das limitações passadas. Em vez de vir antes da Justiça, como no mito egípcio, a morte vem após a rendição e, portanto, ela vem com suavidade, sem nenhum Ammit para nos devorar.

Mas precisamos ter cuidado para não encarar tudo isso como se fosse algo simples e pouco desafiador. A maioria dos leitores modernos de Tarô, ao tirar a carta da Morte, se apressa em dizer aos consulentes que não se preocupem, pois ninguém está prestes a morrer; que a carta significa apenas a morte de antigos hábitos ou, como eu às vezes caracterizei, como "a morte do velho eu".

As aspas nesse caso indicam a superficialidade com que às vezes encaramos a carta da Morte. Nós nos sentimos confortáveis e seguros quando asseguramos que a Morte significa uma maravilhosa liberação das nossas melhores qualidades, como se nossa sensibilidade superior tornasse mais fácil enfrentá-la. A Morte realmente vem com facilidade para a pessoa que verdadeiramente abriu o coração e se conectou à Árvore da Vida, mas a maioria de nós não passou por essas profundas experiências de libertação e conexão. Portanto, embora a Morte liberte, ela também assusta.

Essas são principalmente visões psicológicas da carta da Morte. Podemos levá-la a um nível mais mítico ou xamânico, e de fato muitas vezes me parece que essas abordagens são mais verdadeiras (e menos confortáveis) do que as

A carta da Morte dos Tarôs Waite-Smith, Marselha e Shining Tribe.

psicológicas. Uma pista do tipo de poder existente na Morte é o fato de que, em muitos Tarôs, a Morte é a imagem mais evocativa.

Em parte, isso reflete a Morte como o Grande Desconhecido, e, portanto, uma oportunidade para a imaginação dos artistas alçar voo. É justamente esse mistério que pode conferir à Morte seu poder. Mais uma vez, podemos citar todas as tradições esotéricas que se revestem de histórias do pós-vida. Do ponto de vista estrutural, a história egípcia da pesagem do coração e a cristã de entrar no Reino dos Céus se tornam notavelmente semelhantes, e ambas ocorrem após a morte. Também na tradição pagã, histórias de transformação psíquica com frequência descrevem acontecimentos que supostamente acontecem no "Outro Mundo", também chamado de Terra dos Mortos.

Para de fato abrir de forma plena o coração, indo até mesmo além da honestidade da Justiça, para vivenciar verdadeiramente o poder da energia liberada, precisamos abraçar a morte (mais uma vez, não como uma ideia, mas como uma experiência). Temos de convidá-la com os braços abertos e a mente desanuviada. Jesus vai voluntariamente para a cruz quando ele poderia ter mudado com facilidade o curso dos acontecimentos. A deusa grega Perséfone, sequestrada por Hades e depois libertada, come várias sementes de romã no Mundo Subterrâneo dos Mortos (o número de sementes varia de acordo com a narrativa). Embora o Hino Homérico descreva isso como um truque de Hades, o deus dos mortos, eu e muitos outros comentaristas modernos acreditamos que Perséfone come as sementes deliberadamente, para sinalizar sua disposição de retornar a cada ano e dar nova vida às almas que passam por seus mistérios.

A atração e a sensualidade da morte psíquica emergem no magnífico relato de Walt Whitman sobre seu despertar poético "Do Berço Infindamente Embalando". Whitman foi o poeta mais místico dos Estados Unidos e o mais terreno. Para aqueles de nós criados em tradições que veem alma e corpo como inimigos, a paixão de Whitman pelo sagrado e pelo sensual pode parecer estranha. Mas Whitman, como o poeta persa Rumi ou o autor do *Cântico dos Cânticos*, entendia que, para amarmos verdadeiramente a Deus, temos de amar o mundo, com todas as suas alegrias e seus desafios. Essa é uma das razões pelas quais a carta do Enamorado é uma das primeiras dos Arcanos Maiores, pois, sem paixão, nossas devoções espirituais permanecem sem vida. Doreen Valiente evocou essa ideia de maneira muito bela em seu poema ritual "O Chamado da Deusa", no qual a Deusa declara "Todos os atos de amor e prazer são meus rituais".

Em "Do Berço", Whitman descreve que, quando menino, observava dois pássaros junto ao mar cantando seu amor um pelo outro. Todos os dias ele ia observar e ouvir. Então, um dia, o "pássaro fêmea" desapareceu, "talvez estivesse morto", e nunca mais voltou. Pelo resto do verão, o "pássaro macho" canta sobre as ondas do oceano, como se a água de alguma forma tivesse levado sua amada. Os leitores que conhecem o mito grego reconhecerão a história do poeta-vidente Orfeu, mais uma variante do mito difundido sobre a busca pelo amado, levado para o Mundo Subterrâneo.

Orfeu perdeu sua Eurídice para a morte e não conseguiu trazê-la de volta quando ele perdeu a coragem. Quando ele próprio morreu, despedaçado por mulheres furiosas, sua cabeça, flutuando nas ondas, continuou cantando para sempre seu amor perdido.

No poema de Whitman, enquanto a criança ouve o pássaro, ela descobre: "Agora, num instante, eu soube para que vim. Acordei", enquanto "mil canções… ganharam vida dentro de mim, para nunca mais morrer". Mas, se o pássaro despertou poesia e anseio na criança, ele sabe que uma verdade maior, "a palavra final… superior a todas", está no som do mar, nossa mãe original. E assim ele suplica às ondas: "Se devo ter tanto, deixe-me ter mais!".

O mar responde a ele: "Sussurrou para mim noite adentro… a baixa e deliciosa palavra morte/E de novo, morte, morte, morte, morte". A partir dessa hora, Whitman escreveu, suas próprias canções realmente despertaram.

Não podemos abraçar a Morte com o pensamento meticuloso de que só fazemos isso para obter coisas boas depois. Esse conhecimento ajuda a combater o nosso medo, mas na verdade não funcionará se olharmos diretamente para a Morte, se a virmos apenas como "a morte do velho eu". Precisamos amar a Morte e nos unir a ela.

Se alinharmos as sete cartas intermediárias dos Arcanos Maiores com os sete chakras do corpo, então a Morte, o sexto chakra, se torna o Chakra do Terceiro Olho. Na fileira acima, o Enamorado abre o sexto chakra, enquanto, abaixo da Morte, na fileira final de sete, o Terceiro Olho se abre para a carta do Julgamento, ou no *Tarô Shining Tribe*, para a carta do Despertar. Não é por acaso que a sequência vertical é amor, morte, ressurreição. Podemos descrever a verdadeira libertação como o momento em que essas três experiências se fundem em uma só. Talvez seja por isso que Ísis aponta para o sexto chakra, porque ela sabe que não podemos descobrir nosso verdadeiro eu até que tenhamos abraçado esse grande trio: amar com todo o nosso coração, nos entregarmos à morte e despertar para a luz.

E depois da Morte vem a liberação final, o anjo da Temperança. Aleister Crowley chamava essa carta de "Arte", e alguns Tarôs modernos, como o *Tarô de Haindl*, dão a ela o nome de "Alquimia". Como descrito acima, algumas pessoas acham essa carta entediante. Afinal de contas, depois de tudo o que passamos, depois da própria Morte, nossa recompensa é manter a calma e o equilíbrio? Confesso que, quando olhei pela primeira vez as cartas do Tarô Waite-Smith, há anos, não reagi imediatamente à carta da Temperança como aconteceu, digamos, com a do Mago ou a da Estrela.

A mudança na minha resposta visual (em comparação com a análise simbólica) aconteceu quando percebi que as asas se desdobravam com tamanha intensidade que a imagem não podia contê-las. Uma energia intensa flui por meio de um estado sereno. Muitos de nós pensam que serenidade significa que temos que nos fechar, não permitir que a vida nos atinja. Presumimos que temos que evitar a paixão para permanecer serenos, intocados. Mas imagine um estado no qual você pudesse permitir que as emoções mais fortes passassem por você, praticasse ações firmes sempre que necessário (afinal, esse é o anjo que lançou Satanás no Inferno), amasse, chorasse, dançasse e nunca perdesse o chão, seu conhecimento sobre quem você é e o que realmente importa. Imagine que você *saiba*, não como uma ideia, mas como conhecimento em cada parte do seu corpo, e em cada ação e cada emoção, que o divino flui através de você como um rio. Ou como um fluxo de água brilhante que passa de um copo para outro.

Nossa cultura tirou dos anjos seu poder original e os transformou em guardiões fofos ou defensores sábios da virtude moral. Os antigos que criaram essa tradição reconheciam os anjos como seres de imenso poder, cheios da glória de Deus. Como o crítico literário gnóstico Harold Bloom descreveu em seu livro *Omens of Millennium*, os anjos originalmente não eram assexuados. Passou-se a se falar de anjos masculinos e femininos, e eles não apenas faziam amor, como se reproduziam.

E as pessoas também não os inventaram apenas como um dispositivo simbólico inteligente. Místicos e artistas antigos *viam* anjos e conversavam com eles em jornadas xamânicas e em meditações místicas, como a "descida" à Merkavah. Muitos médiuns modernos continuam essa tradição quando falam em receber mensagens de "anjos e guias". Curiosamente, se lembrarmos

A carta da Temperança dos Tarôs Waite-Smith e Shining Tribe.

do modo hebraico de considerar apenas as consoantes como letras oficiais, *God* [Deus], *Good* [Bom] e *Guide* [Guia] são todas a mesma palavra: *GD* (que é como alguns se referem à Ordem Hermética da Aurora Dourada*).

A carta 14 não é uma visão de algo além de nós mesmos. Já ultrapassamos isso. A Temperança é a parte angelical de você, aquela parte que se emociona com a eternidade, sem nunca perder a noção do tempo ou da responsabilidade. A Temperança é o que você pode se tornar se abrir o coração e abraçar a Morte.

Uma Leitura para Abrir o Coração

Precisamos nos lembrar, quando trabalhamos com o Ttarô, que ele faz duas coisas por nós. Primeiro, a história das cartas, a sequência simbólica da carta do Louco até a do Mundo, além de cada naipe em sua ordem, nos ensina tradições de sabedoria. Se quisermos aprender o que pode significar "abrir o coração", podemos identificar esse conceito com a carta da Justiça e depois estendê-lo de ambos os lados do *deck*, para as sete cartas que estarão no meio dos Arcanos Maiores. Essa é a primeira coisa. A segunda, no entanto, é a possibilidade de aplicarmos o conceito diretamente à nossa própria vida. Fazemos isso com as leituras.

Quando lemos as cartas com base em ideais de transformação sagrada, tendemos a "reduzir" a energia, ou pelo menos as grandes ideias, para que se adequem à nossa realidade. Isso não torna as leituras rasas, pois, ao lidarmos com a realidade do que somos e do que enfrentamos em nossa experiência de vida, podemos chegar a descobertas profundas. A divinação nos leva à possibilidade de uma verdadeira libertação, pois na divinação vamos além das teorias, rumo a uma visão sincera dos reais talentos e pontos fortes que nos moldaram.

---

* *Hermetic Order of the Golden Dawn*, em inglês. (N da T.)

Na página 274, há, portanto, um esquema de leitura para abrir o seu coração na vida diária. As posições surgiram de discussões entre mim e minha amiga Zoe Matoff.

Aqui estão elas:

$$4$$

$$6\quad 3\quad 1\quad 5\quad 7$$

$$2$$

1. **Qual é o cerne do meu coração?** Escolhemos essa expressão para enfatizar que queremos olhar para a essência de uma pessoa. O que torna uma pessoa única? Quais são seus desafios e oportunidades?
2. **O que fecha o coração?** Que experiência passada, medo ou repressão mantém esses dons especiais escondidos? O que estreita a vida da pessoa e a deixa como um túnel escuro onde a consciência das maravilhas da vida fica obscurecida?
3. **O que cerceia ou obscurece o coração?** Que camadas se acumularam em torno desse fechamento inicial? O que a pessoa deve "purificar" para recuperar essa conexão única entre si mesma e o mundo?
4. **Qual é a aspiração do meu coração?** Zoe e eu discutimos sobre isso por um tempo. Queríamos que a posição 4 funcionasse como um pivô para toda a leitura, o lugar onde fazemos a transição do que fecha o coração para o que o abre. Como a quarta carta de sete, ela representa o próprio coração e, portanto, o cerne da questão. Zoe sugeriu a ideia de aspiração. O que o coração essencial deseja? Em outras palavras, o que o Espírito incita a pessoa a fazer? Aqui é importante ver a carta como algo positivo. Com a carta do Cinco de

Ouros do Tarô Waite-Smith (os mendigos fora da igreja), por exemplo, podemos ser chamados a ajudar aqueles que sofrem.

5. **O que ajudará a abri-lo?** Para iniciar o processo de autodescoberta, precisamos de ajuda para superar nossos medos, culpas ou vergonhas. Essa carta pode representar uma qualidade que ajudará o buscador do coração ou alguma energia espiritual que eles possam visualizar como uma deusa ou um deus, ou até mesmo uma pessoa real, como um professor, conselheiro ou amigo em quem o buscador possa confiar profundamente. Assim como na carta 4, se a carta aqui for desafiadora, não devemos rejeitá-la. Muitas vezes, as qualidades das quais nos afastamos são as que podem mostrar mais poder.

6. **O que me sustentará?** Na maioria dos casos, o processo de autodescoberta leva tempo. Assim como os primeiros passos são difíceis ou assustadores, a jornada como um todo pode exigir qualidades especiais que ajudem a pessoa a não recuar, recorrendo a camadas de proteção e evitação.
7. **O que eu vou experimentar?** As cartas não podem e não devem nos dizer tudo o que vai acontecer, pois o coração aberto vivencia a vida com um constante assombro. Ao mesmo tempo, uma sensação do que podemos encontrar pode nos inspirar a continuar.

Treze

Um Pequeno Salto Até o Lugar do Louco

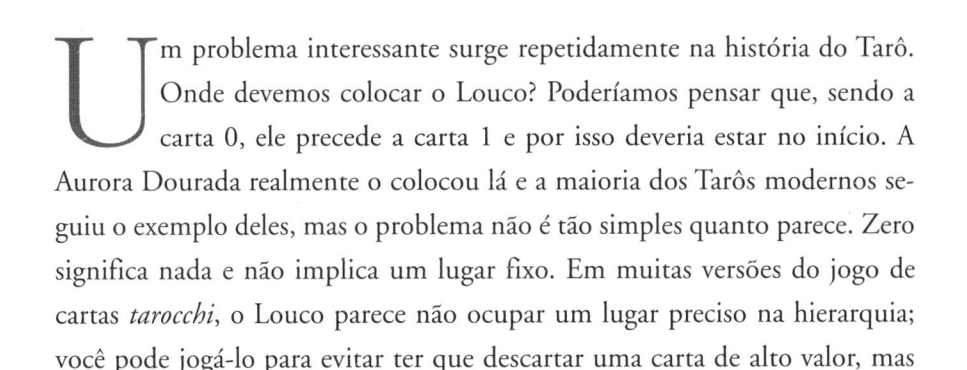

Um problema interessante surge repetidamente na história do Tarô. Onde devemos colocar o Louco? Poderíamos pensar que, sendo a carta 0, ele precede a carta 1 e por isso deveria estar no início. A Aurora Dourada realmente o colocou lá e a maioria dos Tarôs modernos seguiu o exemplo deles, mas o problema não é tão simples quanto parece. Zero significa nada e não implica um lugar fixo. Em muitas versões do jogo de cartas *tarocchi*, o Louco parece não ocupar um lugar preciso na hierarquia; você pode jogá-lo para evitar ter que descartar uma carta de alto valor, mas ele não tem valor próprio. Em comparação, o "primo" do Louco, o Coringa, pode se tornar qualquer coisa, mas somente quando colocado ao lado de outras cartas. Sozinho, ele não existe (se interpretássemos as cartas de jogar da mesma forma psicológica que interpretamos o Tarô, poderíamos considerar o Coringa como a carta mais dependente de todas).

A maioria das interpretações modernas do Louco descreve essa carta como um viajante que percorre todas as outras cartas. Todas elas permanecem em seus lugares, mas o Louco dança de uma para a próxima. É fascinante ver quantas pessoas que exploram os Arcanos Maiores descrevem isso como "A Jornada do Louco". Com frequência, elas chegam a essa expressão de forma independente, sem perceber que outros também chegaram à mesma expressão. Revelação: eu usei essa expressão no livro *Setenta e Oito Graus de Sabedoria*, mas não tenho a pretensão de dizer que todos que a usaram desde então a copiaram de mim.

O problema, no entanto, se torna mais grave quando consideramos a interpretação cabalística do Tarô. Nessa abordagem é preciso encaixar as 22 cartas nas 22 letras hebraicas e, por meio das letras, nos 22 caminhos da Árvore da Vida. No alfabeto hebraico, cada letra e palavra tem um valor numérico. Nenhuma letra do alfabeto hebraico significa zero (0). Elas começam com 1 e continuam até o final. Do mesmo modo, nenhum caminho da Árvore da Vida carrega a ideia simbólica do nada. Os caminhos seguem em ordem: de 1 a 22. O nada é às vezes visto como um aspecto da energia divina insondável além da Árvore, chamada *Ain Soph*, Sem Limites. Mas essa ideia não nos ajuda a posicionar a carta do Louco, pois, se a eliminarmos da Árvore propriamente dita, não haverá mais 22 cartas para os 22 caminhos.

Que efeito tem que o Louco seja 0 e a primeira letra/caminho hebraico seja 1? Bem, se você considerar a carta 0 a primeira letra, então a carta *1* se torna a letra *2* e a carta 2 se torna a letra 3 e assim por diante até o final, com a carta de número 21 (o Mundo) sendo a representação da 22ª letra e caminho da Árvore. Isso evidentemente cria um problema. Muitas vezes, em aulas ou workshops, vi as pessoas ficarem confusas quando tento explicar que a carta 2, a Sacerdotisa, com todo o simbolismo do número 2 (dualidade, aberturas femininas etc.), na verdade representa a 3ª letra, *gimel*, o camelo que nos conduz pelo caminho mais longo da Árvore da Vida, que é, lógico, o caminho 3. Entendeu? Até para ler isso é confuso, não é?

Para o cabalista do Tarô, isso se torna muito mais do que uma curiosidade ou mesmo um problema filosófico. Se você aceita a própria existência do diagrama da Árvore e que as cartas nos dão a chave para entender esse diagrama e, ainda mais, para usá-lo na magia ou para a iluminação mística, então se torna de vital importância descobrir exatamente onde as cartas se encaixam nos caminhos da Árvore. Nessa empreitada, a posição da Carta do Louco se torna uma pergunta muito importante.

Existem outras perguntas. A Aurora Dourada trocou os números e, consequentemente, os caminhos, das cartas da Força e da Justiça. Crowley trocou as designações das letras hebraicas, e os caminhos, das cartas do Imperador e da Estrela. (Crowley manteve os números tradicionais nas cartas, o que criou mais confusão, visto que as letras hebraicas dessas duas cartas não correspondiam mais aos seus números.) Mas o Louco tem a capacidade de mudar a posição de tudo ao seu redor.

Éliphas Lévi resolveu o problema considerando o Louco a penúltima carta. Dessa maneira, apenas a última carta, o Mundo, fica com um número a mais; ou seja, a carta 21 se torna a 22ª letra e o 22º caminho. Todas as outras cartas, do Mago ao Julgamento, seguem a mesma sequência de letras. O Mago, a carta 1, se torna a letra 1. O Julgamento, a carta 20, passa a ser a letra 20. Lévi poderia ter colocado o Louco como a última carta, o que teria atribuído ao Mundo, a carta 21, a 21ª letra. O Mundo, no entanto, parece

A letra hebraica shin e a carta do Louco do Tarô de Marselha.

tão claramente a carta final, a culminação, que se torna difícil não pensar nele como a última carta.

Outro motivo para considerar o Louco como a 20ª carta é que a letra 20, chamada *shin*, significa "dente" no simbolismo hebraico tradicional. Muitos dos Tarôs mais antigos retratam o Louco como alguém mordido por um animal.

Ao mesmo tempo, o simbolismo de uma letra e seu uso no Tarô nem sempre dependem do seu significado original em hebraico. A primeira letra, *aleph*, significa literalmente "boi", mas a maioria dos cabalistas não dá muita atenção a essa imagem. Outras qualidades importam mais, como o fato de o *aleph* ser silêncio (mais informações sobre isso em breve). Quando A. E. Waite projetou o Tarô Waite-Smith, ele instruiu Pamela Smith a pintar o Louco em uma postura que se assemelhasse à própria letra. O animal permaneceu, mas de um gato hostil passou a ser um cachorro amigável. O movimento do corpo e sua posição na borda do que parece um penhasco sugeriam a ideia de uma queda de um lugar alto.

A letra hebraica aleph e a carta do Louco do Tarô Waite-Smith.

O Louco foi a primeira carta que desenhei para o meu *Tarô Shining Tribe*. Impressionada por uma pintura que eu tinha visto de uma criança com os braços estendidos, desenhei o Louco como uma criança pequena que saltava de um penhasco para seguir um pássaro. Na sua pureza inconsciente, a criança voa por uma ampla paisagem, na direção de uma cordilheira de montanhas.

Sempre me pareceu insatisfatório inserir o Louco entre as duas últimas cartas. É possível que tenha me sentido assim porque comecei meus estudos sobre o Tarô Waite-Smith e fiquei tão absorvida pela ideia do Louco como o início que continuei a desenvolver a ideia do Louco como uma carta separada de todas as outras, o personagem que se move através delas. O Louco, para mim, representa a energia que resiste à complacência. Quando chegamos a algum lugar valioso, como o Carro, onde poderíamos querer parar ou nos convencer de que alcançamos o sucesso máximo, o Louco nos empurra para a frente. Apenas um Louco abriria mão do poder e do controle do Carro e prosseguiria para abrir o coração nas cartas de 8 a 14. E depois de alcançar o estado angelical da Temperança, apenas um Louco desceria ao reino do Diabo.

A carta do Louco do Tarô Shining Tribe.

Além das atrações simbólicas do Louco como a primeira carta, sempre me pareceu esquisito considerar o Louco como a penúltima carta, como se não conseguíssemos descobrir o que mais fazer com ele, como o parente excêntrico em uma festa de família. Há algum tempo, no entanto, comecei a pensar no que poderia significar o aparecimento do Louco entre as cartas do Julgamento e do Mundo. Quanto mais pensava sobre isso, mais interessante a ideia ficava (não para substituir a carta do Louco no início do baralho, mas como um acréscimo). Em outras palavras, podemos pensar no Louco como o início da jornada e, novamente, como um passo necessário para a libertação final, um salto do Despertar da carta 20 para a consciência cósmica da carta 21.

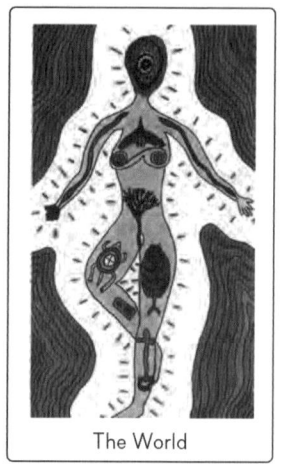

As cartas do Despertar, do Louco e do Mundo do Tarô Shining Tribe.

Eu entendo que essa abordagem não resolve o problema dos números e das letras da Cabala. Poderíamos dizer que ela piora, com o acréscimo do que equivale a uma carta extra. No entanto, os leitores deste livro provavelmente terão percebido que o *significado* simbólico me preocupa muito mais do que a estrutura simbólica. Uma vez que considero a Árvore da Vida uma imagem e não uma descrição científica, prefiro brincar com muitos significados possíveis do que insistir numa verdade absoluta.

O fato é que existem várias versões diferentes da própria Árvore (as *Sephiroth* permanecem no mesmo lugar, mas os 22 caminhos diferem muito), e a Árvore que a maioria dos tarólogos considera como verdade universal varia significativamente daquela encontrada na Cabala judaica tradicional.

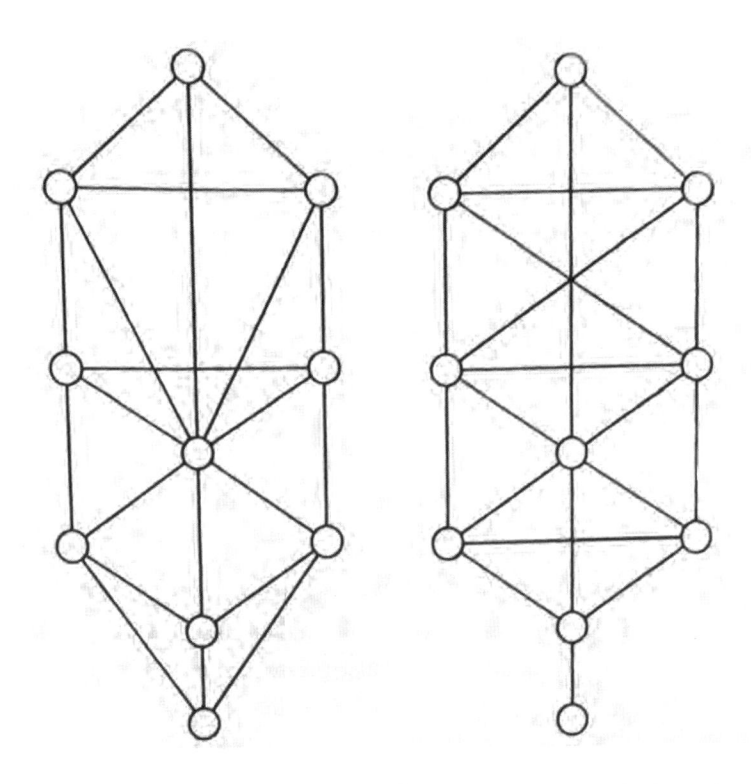

A Árvore do Tarô (à esquerda) e a Árvore de Isaac Luria (à direita).

Vamos agora examinar alguns significados atribuídos ao Louco, tanto como o início de todo o processo quanto nessa posição estranha entre as duas últimas cartas.

Talvez devêssemos mudar a primeira parte dessa descrição: não o início, mas a carta *antes* do início. Afinal, o Louco é a carta 0, e zero significa "nada".

Se você é nada, então você não é algo definido ou categorizado. Quando as pessoas tentam nos enquadrar ou nos ligar às suas próprias ideias ou identidades de grupo, o Louco nos lembra de que nada disso pode realmente nos aprisionar. O mesmo acontece com os Arcanos Maiores. O 0 separa o Louco de todos os números específicos que vêm depois dele; o 1, o 2, o 3 e todos os outros têm qualidades muito especiais. O Louco passa por todos eles, mas permanece... [sendo] nada.

Graças à física quântica, aprendemos a reconhecer que a realidade não é tão sólida e imutável como parece para os nossos sentidos cotidianos. Estou escrevendo estas palavras em um caderno de capa dura sobre uma mesa de madeira no segundo andar de uma casa em Minneapolis. Todas essas coisas parecem sólidas e fixas. Mas, na verdade, se eu pudesse perceber a realidade em seu nível mais profundo, reconheceria o livro, a mesa e a casa (e a cidade de Minneapolis) como um campo de partículas que são, elas mesmas, em parte matéria e em parte ondas de energia. Essas partículas não são realmente *coisas*, mas probabilidades que "colapsam", tornando-se realidade, quando uma consciência as observa.

Isso torna a carta do Louco mais verdadeira do que todas as outras cartas. A carta do Mago, da Sacerdotisa, e todas as outras, em certo sentido, significam aqueles vários momentos em que a energia colapsa em realidades específicas. Há anos, li uma maravilhosa descrição quântica de um elétron: "o nada girando". Poderíamos descrever o Louco (e, em última análise, a nós mesmos) como o nada dançando ou voando. O Louco, como a carta inicial, dança e voa, assim como salta.

Vamos brincar um pouco com a ideia de que o Louco pode estar presente nas antigas mitologias. Poderíamos dizer, então, que, quando Thoth cria o Tarô para jogar com a Lua e criar cinco novos dias fora do calendário, ele pode fazer isso porque foi tomado pelo espírito do Louco. Como jogador, o Louco assume riscos. Ele salta. Ele recusa a demanda de se tornar *alguma coisa* e permanece, perigosamente, *Nada*.

Como a primeira carta, o Louco corresponde à letra hebraica *aleph*. Além do fato de parecer uma criança saltando ou voando, a característica mais interessante dessa letra é que ela na verdade não emite som algum. Ela existe em palavras apenas como um transportador de vogais. Por si só, o *aleph* produz uma boca que se abre e não emite som algum, como uma tela em branco cujo vazio contém o potencial para todas as pinturas possíveis. O silêncio do *aleph* o torna a expressão perfeita para o 0 do Louco. O 0, o nada, contém todas as coisas possíveis. Essa é uma das razões pelas quais os numerais modernos em árabe desenham o 0 no formato de um ovo. (A representação mais antiga era um ponto.)

Nós examinamos várias vezes a Árvore da Vida e sua importância no Tarô. Os cabalistas ensinam que as *Sephiroth* emanam de Deus e contêm a essência divina em diferentes aspectos, mas a totalidade de Deus permanece além da Árvore, sem limitação ou definição. Como já mencionei, eles chamam essa totalidade divina de *Ain Soph*, "Sem Limite". Ora, a primeira letra de *Ain* é *aleph*, portanto os matemáticos usam o *aleph* como símbolo do infinito. O infinito e o 0, o tudo e o nada, são na verdade a mesma coisa, pois ambos existem fora da consciência normal, na verdade, fora da realidade normal.

Como descrevi anteriormente, a tradição judaica e cabalística considera o nome de quatro letras de Deus impronunciável. Isso não significa que não saibamos mais o segredo de como ele soa, mas sim que a mente humana, com suas limitações impostas pela linguagem e a cultura, não pode abarcar o nome de Deus. (As quatro letras, na verdade, formam uma variante do verbo *ser*, *existir*, mas em uma forma que está fora de qualquer tempo ou pessoa gramatical.) Os cabalistas modernos às vezes descrevem o Nome como um sopro em vez de um som. A boca se abre para dar vida ao universo. Esse "não som", esse sopro da boca aberta, também descreve o silencioso *aleph*.

Eis um mito que expressa o poder do *aleph*. Não o apresento como um relato literal, mas como uma história que pode nos ajudar a compreender o que o silêncio pode significar para nós.

A Bíblia nos diz que todos os israelitas se reuniram ao pé do Monte Sinai para ouvir a voz de Deus proclamar os dez mandamentos. Todos os outros mandamentos sobre como viver e ser virtuoso, cerca de 613 deles, Deus concedeu a Moisés e Moisés transmitiu ao povo, mas o próprio povo ouviu apenas os dez básicos.

Mas quanto eles ouviram? Ouviram cada palavra ou apenas uma parte delas? A experiência completa poderia tê-los sobrecarregado tanto que talvez a voz divina apenas tenha dito a parte mais essencial para a maioria das pessoas. Desse modo, eles conheceriam a realidade de Deus e ainda assim sobreviveriam.

Assim como a Árvore da Vida, com suas três *Sephiroth* superiores e sete *Sephiroth* inferiores, os dez mandamentos (a expressão hebraica na realidade significa "dez declarações") se dividem em três declarações de santidade (por exemplo, Honra o Sábado, para santificá-lo) e sete diretrizes morais (por exemplo, Não cometerás adultério). Por essa razão, algumas pessoas que examinaram essa questão disseram que os israelitas apenas ouviram Deus proferir os primeiros três e Moisés transmitiu posteriormente os outros sete. Mas todos os três eram necessários? A primeira declaração é "Eu sou o Infinito, teu Deus, que te tirei da escravidão na terra do Egito". (Essa é a versão judaica, pois em algumas bíblias cristãs a primeira parte é um pouco diferente.) Certamente esse anúncio da realidade de Deus foi suficiente para permitir que todos vivenciassem o poder divino que preenche a vida de todos nós.

Ou talvez tenha sido mais do que suficiente. Por que não simplesmente a palavra "Eu sou" (*anokhi* em hebraico)? Imagine que você fizesse parte do povo que estava no deserto. Seu líder, Moisés, afirma que fala com Deus e depois informa o que Deus deseja. Como todos os outros, você questiona essa afirmação, mas tem que admitir que Moisés realizou algumas façanhas surpreendentes. As pragas, a divisão do mar (bem, elas certamente foram impressionantes, não importa como ele as tenha feito). Agora ele subiu a montanha e desapareceu entre rochas e nuvens, com a promessa de que Deus falaria, não apenas com Moisés, mas com todos. E isso inclui você.

Com inquietação, você olha para cima. Nuvens espessas se reúnem ao redor do pico. Grandes raios rasgam o céu escuro. Suas fraquezas, sua vulnerabilidade, todas as suas perspectivas limitadas sobre a vida passam pela sua cabeça e depois desaparecem quando você olha para o céu em espanto.

E então... uma voz ressoa através dos relâmpagos. Mais alto do que um terremoto, mais suave do que um sussurro de uma mãe para o filho adormecido, ela enche o céu, penetra a Terra, ressoa através de cada partícula do seu corpo. **EU SOU**. Será que você realmente precisaria ouvir mais? Você *gostaria* de ouvir mais?

Ah, mas espere. Os místicos foram um passo além, como muitas vezes fazem. Por que a palavra inteira?, eles perguntaram. Por que não apenas a primeira letra? Isso já não preencheria as pessoas com o conhecimento da existência divina? Só que a primeira letra de *anokhi*, "Eu sou", é *aleph*. A letra silenciosa. Sem a adição de uma vogal, nem mesmo se emite o som "ah". Como o zero do Louco, o silêncio do *aleph* contém tudo e esse *silêncio* se torna a verdade suprema.

Com tanto simbolismo e história para apoiar a carta do Louco como o início dos Arcanos Maiores, por que consideraríamos a possibilidade de movê-la para quase o final? Mas, lembre-se, não precisamos *movê-la*, podemos *acrescentá-la*. Se procuramos por significado, então o Louco só o ganha se o considerarmos em ambos os lugares tradicionais. E podemos descobrir uma conexão ou relação entre as duas ideias.

Começamos no nada e nos movemos para algo. Alan Moore, em sua maravilhosa série de quadrinhos *Promethea*, que é em parte baseada no Tarô, descreve a criação do Universo (algo que saiu do nada) como o ato supremo de magia. Significativamente, a segunda letra hebraica, *beth*, que significa "casa", inicia a Bíblia e, portanto, a história da criação. A famosa frase "No princípio" traduz a palavra hebraica *B'raishith*. Em outras palavras, *beth* inicia o *algo* físico a partir do nada da existência original. Lembre-se, também, que *gimel* vem em seguida, a mulher com o camelo que percorre a longa estrada do mundo "superno" dos princípios divinos até o mundo mais acessível da compreensão humana. Então, depois do Nada, começamos nossa jornada por várias etapas de Algo, cada vez mais complexas até...

Chegarmos à carta 20, o Julgamento, ou Despertar, ou Éon, como Crowley a chamou.

A carta Aeon do Tarô de Thoth.

As cartas do Julgamento do Tarô de Marselha e do Despertar do Tarô Shining Tribe.

Após a carta de renascimento, ou "regeneração", para usar o termo de Paul Foster Case para a carta do Julgamento, nós simplesmente avançamos suavemente para o estado de consciência divina retratado no Mundo? Parece-me que ocorre uma quebra radical entre o Julgamento e o Mundo. O Julgamento dá prosseguimento à longa sequência de "algos". Ele culmina nisso, mas também pertence a isso. O Mundo não é apenas um Algo melhor ou mais completo. Do mesmo modo que o Louco é Nada, o Mundo é Tudo.

Não chegamos a Tudo acumulando mais "Algos". Na verdade, precisamos abrir mão de todos esses estados específicos de consciência que começaram com o Mago e a Sacerdotisa e avançaram até o Julgamento. Para realmente nos libertarmos, para realmente conhecer Tudo, primeiro temos que retornar ao Nada. Pois, como vimos com o número 0 e o trovão silencioso de Deus no Monte Sinai, o *Nada* contém o *Tudo*. No Tarô, a letra *aleph* significa zero; na matemática, significa infinito. Divida qualquer número por 0 e você obtém o infinito. Em um programa da National Public Radio, ouvi alguém descrever a singularidade que existia antes do universo como "Deus dividido por 0".

O posicionamento do Louco por Lévi contém grande sabedoria, pois precisamos da liberdade do Louco para alcançar o Mundo. Essa sabedoria se torna mais verdadeira, no entanto, quando também colocamos o Louco no início. E já que o Louco é 0, por que não deixar que ele vá aonde pode fazer o bem maior?

Juntamente com a ideia de Nada, encontramos o simbolismo da queda, ou salto, a partir de um lugar alto. Na versão do Tarô Waite-Smith, vemos um sol branco, para indicar luz espiritual. Então, o que essa queda significa? Ela se refere ao "grande erro" que Adão e Eva cometeram ao comerem da árvore errada? E qual é a diferença entre uma queda e um salto?

Vamos nos deter um pouco aqui, para examinar a história mais famosa de uma queda na cultura ocidental: a perda do Paraíso na história do Jardim do Éden. Alguns leitores podem rejeitar esse conto, quase por princípio, como algo que aprenderam na escola dominical e usado por líderes religiosos para controlar as pessoas. Outros podem se perguntar o que isso tem a ver com o Tarô. Peço aos leitores que tenham paciência comigo, pois a história,

As cartas do Louco, do Mago e da Sacerdotisa do Tarô do Shining Tribe.

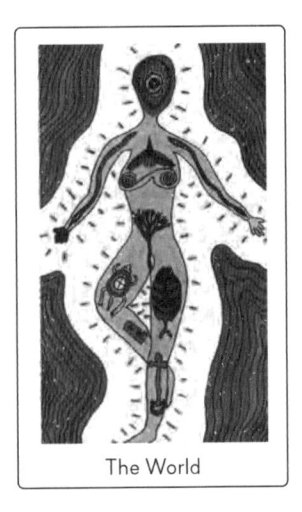

As cartas do Despertar, do Louco e do Mundo do Tarô Shining Tribe.

especialmente em seus significados mais sutis, influenciou muito o pensamento esotérico ocidental e, portanto, o Tarô.

Histórias do que aconteceu há muito tempo são muito parecidas com histórias do que acontece após a morte. Elas surgem em parte da necessidade de explicar fatos sobre o mundo e em parte como expressões exteriores de descobertas interiores. A história sobre uma queda do Paraíso dá uma explicação do motivo por que a vida é tão insatisfatória. Vivemos pouco tempo; ficamos doentes ou debilitados; nossos relacionamentos se tornam amargos; pessoas boas têm câncer... e o anseio que muitos de nós sentimos em conhecer a divindade diretamente encontra apenas silêncio e um universo tão vasto que nos tornamos menos que insignificantes. Diante de toda essa dor, não parece estranho que as pessoas tenham criado uma história de um tempo perfeito arruinado por algum erro idiota?

E, no entanto, essa história é muito mais do que uma justificativa para as misérias da vida. Por um lado, a intuição básica do mito muitas vezes é revestida do que poderíamos chamar de política. Esse parece ser o caso dos detalhes adicionais da história de Adão e Eva. A questão da desobediência e a fraqueza de Eva e a maldição de Deus muitas vezes são usadas para apoiar ideologias como o comando para as mulheres se submeterem aos homens ou o tratamento da natureza como inimiga ou a autoridade de um sacerdócio que pode ameaçar as pessoas com uma tortura eterna. E já que as religiões de Canaã centradas na Deusa usavam bosques como espaços rituais para a Deusa Aserá, a história do fruto de uma árvore proibida pode ter ajudado o sacerdócio hebraico a voltar o povo contra os seus rivais, o sacerdócio de Aserá.

Ainda há mais. Se os mitos de origem refletissem nada mais do que explicações ou política, eles nunca teriam persistido por milhares de anos. Uma percepção mais profunda reside nesses contos e ela nos é transmitida por místicos e sugerida por psicólogos e, cada vez mais, por cientistas. A percepção é a seguinte: o que pensamos como realidade é uma ilusão. Nosso verdadeiro estado reside em uma espécie de fluxo e unidade com toda a existência. Em nossa existência genuína, a luz preenche o mundo e a nós. Na verdade, nem podemos realmente dizer que a luz *preenche* o mundo, pois nós mesmos nos tornamos luz pura, uma "luz" que pode ser expressa fisicamente na escuridão da noite assim como na luz do sol, e a distinção entre nosso próprio senso de eu e a presença divina simplesmente desaparece.

Se tudo isso parece algo idealista ou apenas fantasioso, por favor deixe de lado suas dúvidas por um instante (voltaremos a essas questões em breve) e finja que os místicos estão certos. Como, então, perdemos o senso do nosso verdadeiro estado? É aqui que a distinção entre uma queda e um salto entra em cena. Se caímos num mundo de separação e isolamento, então ou fizemos algo muito ruim ou muito idiota. A história bíblica, pelo menos na superfície, sugere que foi algo muito ruim. Adão e Eva tiveram a chance de viver no Paraíso com Deus e arruinaram tudo ao desobedecê-lo. Mas que tipo de Deus exige obediência como preço para a perfeição? E se eles precisavam da fruta para distinguir o certo do errado *e* a fruta (a Bíblia nunca diz "maçã") veio da Árvore do Conhecimento do Bem e do Mal, então como eles saberiam que estavam cometendo um erro? Em outras palavras, eles só poderiam ter desobedecido se já tivessem separado sua consciência do Criador.

E quanto ao restante de nós? Santo Agostinho, muito consciente da sua própria fraqueza humana, desenvolveu a ideia do pecado original herdado de uma geração para a seguinte, até chegar a Adão. Se Agostinho conhecesse a genética, poderia ter dito que nosso DNA carregava o pecado. Em vez disso, ele afirmou que o pecado herdado reside no sêmen do pai. Para Agostinho, nossa concepção no ato sexual nos enche do pecado de Adão, e somente o sacrifício de Cristo pode apagá-lo.

Por outro lado, os primeiros rabinos rejeitavam a ideia de pecado herdado. Dificilmente poderiam ver o ato sexual como uma transmissão do mal, pois o primeiro mandamento na Bíblia diz para os seres humanos "crescerem e se multiplicarem". Portanto, eles sugeriram que *nossos* próprios pecados nos negam o Paraíso e a vida eterna. Adão pecou uma vez, dizem eles, e teve que morrer; nós desobedecemos o tempo todo, então o que mais podemos esperar? (Curiosamente, eles não culpam Eva de forma alguma; Deus deu as instruções a Adão, argumentam os rabinos, e Adão não as transmitiu da maneira correta a Eva, então ele é o culpado.)

Alguns cabalistas posteriores tendiam mais a pensar que tudo se tratou de uma idiotice. O ser original, o andrógino *Adam Kadmon*, olhou para a Árvore da Vida e ficou encantado com a *Sephirah* final, Malkuth (termo hebraico para "reino", como em "o reino deste mundo"). Pelo fato de Adão ter cometido o erro de tomar Malkuth como a árvore inteira, ele se separou da consciência divina e se dividiu em dois, como Adão e Eva (caídos). (O mito cabalista nos diz que as duas metades haviam sido unidas na costela e, portanto, foram separadas ali, dando origem ao relato bíblico de que Eva veio da costela de Adão.)

Na visão cabalista, repetimos a mesma ilusão, geração após geração. Não vemos a realidade, apenas seu aspecto mais óbvio, e pensamos que vemos tudo. Essa ideia se assemelha à doutrina budista de que nos separamos da bem-aventurança divina quando deixamos que o desejo crie o ego.

Todos esses conceitos e histórias compõem a crença em uma queda de um estado divino para um estado de ilusão e isolamento. As versões mais extremas dessa crença falam da existência física, da matéria, como uma prisão para a luz pura da nossa verdadeira natureza. Os gnósticos, uma seita dos primeiros cristãos, desenvolveram um mito de que o Deus do Gênesis era uma divindade falsa, que criou o mundo para ser uma armadilha para as almas livres. Em sua visão, a serpente se torna a heroína da história, por sua tentativa de libertar Adão e Eva por meio do conhecimento. (A palavra *gnosis* é o termo grego para "conhecimento".) Embora muitas pessoas se identifiquem com o conceito de uma rebelião contra um Deus que exige obediência, os gnósticos descreveram o mundo e o corpo físico em termos extremamente negativos. A doutrina ocultista herdou esse preconceito contra o físico.

Alguns mitólogos e feministas, particularmente Joseph Campbell e Merlin Stone, autora de *When God Was a Woman*, desenvolveram uma maneira diferente de reinterpretar o mito do Gênesis. Eles apontam que, antes da religião patriarcal, as pessoas adoravam deusas da Terra em bosques e jardins. Serpentes com frequência figuravam como companheiras das divindades femininas. Em alguns lugares, especialmente na Grécia, as deusas tinham nas mãos uma maçã, com suas estrelas de cinco pontas no centro,

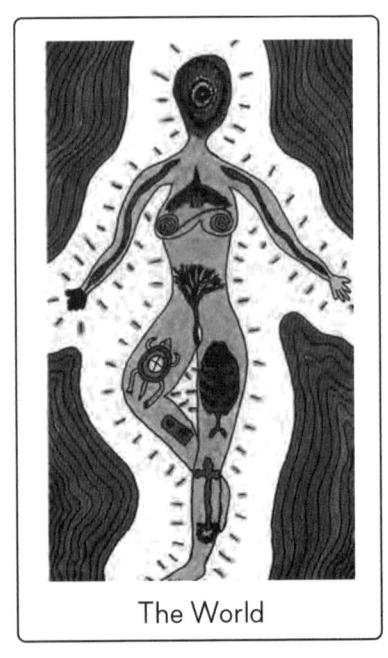

As cartas da Imperatriz, do Enamorado, da Estrela e do Mundo do Tarô Shining Tribe.

As cartas da Imperatriz, do Enamorado, da Estrela e do Mundo do Tarô Waite-Smith.

como um sinal da unidade entre o céu (a flor de cinco pétalas no céu formada pelo planeta Vênus ao longo de oito anos), o mundo natural das plantas e o corpo humano, que forma um pentagrama quando os braços estão abertos e as pernas, afastadas.

Nessa versão reimaginada do mito do Paraíso, a Deusa nos recebe em seu jardim, onde ela e sua serpente, que pode simbolizar a energia vital kundalini no corpo humano, nos *oferecem* o fruto do conhecimento. Em vez de inimigos do espírito, a natureza e o corpo humano se tornam os meios para redescobrirmos nosso eu divino. Podemos traçar esse mito em cartas de Tarô como a Imperatriz, o Enamorado, a Estrela e o Mundo.

Se a ideia de uma queda nos leva a uma visão negativa do mundo como uma prisão, o que dizer do Louco como um salto? Nessa versão, o Louco não peca nem comete um erro, mas escolhe alegremente entrar no mundo da experiência e da sensualidade. Desse modo, aquele grande ato de magia, a criação de Algo a partir do Nada, torna-se uma escolha, não um acidente;

A carta do Louco dos Tarôs Waite-Smith e Shining Tribe.

uma celebração, não um desastre. O movimento do Louco para o Mago (do silencioso *aleph* para o *beth*) torna-se um ato deliberado. O Tarô Waite-Smith mostra um belo jovem, alegre e despreocupado. O *Shining Tribe* mostra uma criança que saltou de um penhasco atrás de um pássaro e agora voa por uma paisagem ampla, pontilhada de linhas de energia.

Além de ser uma espécie de intuição poética, isso parece fazer algum sentido? Será possível que sejamos realmente criaturas de luz e energia divina, que de alguma forma passaram a acreditar em nosso isolamento e mortalidade? Afinal, temos corpos e nossos corpos ficam doentes e morrem.

Vamos nos afastar por um instante da doutrina esotérica e considerar uma fonte aparentemente muito diferente de conhecimento (gnose) sobre a luz: a teoria da relatividade restrita de Albert Einstein.

Vimos anteriormente que um experimento para descobrir a presença e o efeito do éter (o quinto elemento, ou quintessência) levou a dois resultados surpreendentes. Primeiro, até onde se podia dizer, o éter simplesmente não existia. Isso significava que as ondas de luz de alguma forma viajavam pelo espaço sem qualquer substância para atravessar. Uma onda sonora se move através do ar; o ar vibra e carrega o som. Sem ar, nenhum som é possível. Lembra-se do *slogan* promocional do clássico filme *Alien*, "No espaço, ninguém pode ouvir você gritar"? A onda que um surfista pega se move através da água. Sem água, nenhuma onda. As ondas de luz pareciam viajar por conta própria. Isso por si só conferia à luz um *status* especial. Mais tarde, os físicos reconheceriam essa qualidade especial com a ideia controversa de que a luz poderia agir como partícula *ou* onda, dependendo de como você a abordasse. Eles chamaram esse princípio de "complementaridade".

O segundo resultado do experimento para encontrar o éter foi ainda mais surpreendente, pois parece abalar nosso próprio senso de realidade. O experimento, realizado por dois cientistas chamados Michaelson e Morley, demonstrou que a velocidade da luz é absoluta. Na verdade, parece ser a única coisa absoluta no universo, em relação à qual tudo o mais se torna relativo, razão pela qual Einstein chamou seu trabalho de uma teoria da *relatividade*.

Para você ter uma ideia de quanto isso é radical, "contraintuitivo", usando uma expressão popular, considere o seguinte exemplo. Sob condições ideais, ou seja, num vácuo sem nada que possa bloqueá-la ou desacelerá-la, a luz viaja a 299 mil e 792 quilômetros por segundo. Digamos que eu, de alguma forma, construa uma nave espacial que possa viajar a cerca de 1.600 quilômetros por segundo, e digamos que você esteja no chão, pronto para acenar para mim enquanto eu passo voando. Pouco antes de eu passar por você, eu envio um raio de luz. Talvez a nave espacial tenha faróis e eu tenha acabado de me lembrar de ligá-los. (Eu estava ocupada, lendo o Tarô para meu copiloto.)

Agora, se ambos medirmos o feixe de luz, a que velocidade ele estará viajando? Do meu ponto de vista, a bordo da nave espacial, eu projeto o feixe de luz e ele dispara a cerca de 299.792 quilômetros por segundo. No entanto, enquanto você me observa, minha nave já está se movendo a 1.600 quilômetros por segundo; portanto, você espera que a luz viaje a 299.792 quilômetros por segundo, sua própria velocidade, mais os 1.600 quilômetros da nave? Errado. Quando você mede a luz, ela viaja a apenas 299.792 quilômetros por segundo, exatamente a velocidade que eu medi. A situação fica ainda pior se a nave espacial tiver luzes traseiras e elas forem acionadas ao mesmo tempo que os faróis, e alguém no solo estiver medindo a rapidez com que a luz se move *para trás*. Você esperaria medir a velocidade diminuída pelo movimento para a frente da nave, mas as luzes traseiras também viajam a 299.792 quilômetros por segundo, em qualquer direção, do ponto de vista de quem as mede.

Como isso é possível? A resposta é que o *tempo muda* de acordo com a rapidez com que você está se movendo. A velocidade da luz é absoluta para todos os observadores, a *única* coisa em toda a existência, e isso significa que o tempo, o próprio ritmo do tempo, muda constantemente, acelerando ou desacelerando de acordo com a rapidez com que um objeto está se movendo. Nós não percebemos esse efeito porque todos nós nos movemos muito lentamente, mas observações científicas confirmaram isso repetidamente. A relatividade do tempo é a razão por que às vezes ouvimos alguém dizer que, se pudéssemos fazer uma viagem numa nave espacial a, digamos, 90 por cento da velocidade da luz, o tempo diminuiria tanto que, mesmo que passássemos pouco tempo viajando, centenas de anos teriam passado na Terra.

Isso parece de algum modo familiar? Em muitas das histórias de pessoas que entram na Terra das Fadas, o mundo celta dos espíritos, o herói fica nesse lugar por uma noite e, ao voltar, descobre que cem anos se passaram e todos que ele conhecia já morreram. Se pensarmos nisso em termos de relatividade, o mundo espiritual avança num ritmo muito mais próximo à velocidade da luz do que a realidade comum.

Na verdade, três coisas mudam à medida que algo acelera. Enquanto o tempo desacelera, a massa aumenta, mas o comprimento, na verdade, diminui. O que isso significa é que esse objeto fica mais pesado e menor ao mesmo tempo. A massa não é na verdade peso; poderíamos descrevê-la como a presença física de um objeto. Então, paradoxalmente, um objeto se torna cada vez menor (contração do comprimento) embora mais denso, com uma presença maior. E o tempo fica mais lento.

Ora, imagine que você não pudesse apenas se aproximar cada vez mais da velocidade da luz, mas, na realidade, alcançar a própria velocidade da luz. Sua massa, sua presença e talvez, apenas talvez, sua consciência estariam em todos os lugares ao mesmo tempo. No entanto, você também não teria comprimento. Você se tornaria um ponto, sem dimensão, ou seja, sem forma física, *em todos os lugares* ao mesmo tempo e preso a *lugar algum*. E o tempo não existiria mais. Em termos espirituais, você se uniria à consciência divina. Você *seria* a consciência divina.

A maioria dos físicos dirá que a matéria não pode se tornar luz e a luz não pode se tornar matéria. Em outras palavras, existem descrições científicas para o que acontecerá com um objeto que atinge 99,999 ... 9 por cento da velocidade da luz, mas não o que resultaria se ele realmente cruzasse a barreira. Portanto, não há uma progressão da luz para a matéria e da matéria para a luz. Em vez disso, encontramos uma ruptura radical.

Mas, se não há uma descrição científica, existe, na verdade, uma descrição espiritual. Isso ocorre no Tarô. O movimento do Louco para o Mago (do Nada para o Alguma Coisa) é a transformação da luz em matéria. E o movimento do Julgamento para o Mundo (com o Louco entre eles como o momento de libertação) é a transformação da matéria em luz. Chamamos de Mundo porque a consciência se torna onipresente, sem limite físico e temporal.

Considere novamente a história esotérica da criação, com sua queda, ou salto, de um estado de luz pura para um estado de matéria, e agora pense em outro aspecto da relatividade especial, a famosa equação $E = mc^2$. Isso diz duas coisas muito notáveis: primeiro, que matéria e energia são na verdade a mesma coisa, apenas em formas diferentes, e, segundo, que uma tremenda quantidade de energia existe em uma quantidade muito pequena de matéria. Se você pensar em quanta destruição pode advir de uma bomba feita com um único quilo de plutônio, imagine quanta energia está contida em seu próprio corpo.

O Louco "desce" de um lugar, ou estado, de luz pura, além do nosso conhecimento. Se pensarmos nisso como um salto em vez de um pecado ou um erro, então a luz do espírito *escolhe* se tornar matéria para experimentar essa condição diferente. Ela precisa fazer isso como um salto, porque a luz não pode se tornar matéria gradativamente.

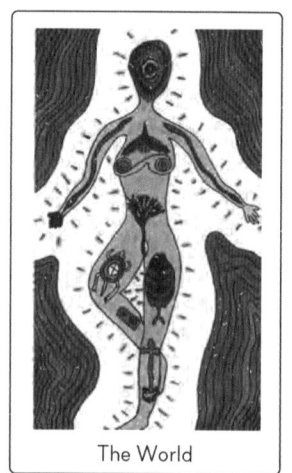

| Awakening | The Fool | The World |

Mas, depois que ela experimentou todos os diferentes estados e conhecimentos da matéria, todas as etapas da existência simbolizadas pelas cartas de 1 a 20 dos Arcanos Maiores, quando o único passo que resta é retornar ao seu pleno conhecimento de si mesma como luz pura, em todos os lugares e em lugar nenhum, e além do tempo... bem, então ela tem que saltar mais uma vez, porque a matéria não pode se tornar luz gradativamente. E assim chegamos à compreensão sábia de Éliphas Lévi de que o lugar do Louco é entre as cartas 20 e 21.

Catorze

Um Jogo Final, Arcanos Maiores Alternativos

+◇◈◇+

Vamos encerrar com um retorno a um tema que, a esta altura, já se tornou um velho conhecido: a ideia de que Thoth jogou com a Lua (ou como a própria Lua jogou com os outros deuses) e, na verdade, inventou o Tarô com esse propósito. Embora não saibamos qual jogo eles poderiam ter disputado, ou quais regras usaram, podemos dar a ele um título. Vamos chamá-lo de Jogo do Destino, ou talvez de Jogo da Vida. Como jogaríamos uma partida assim? O que poderia significar usar o Tarô para jogar com o destino?

Qualquer leitura é uma forma de jogo. Isso pode chocar algumas pessoas, afinal, a tradição do Tarô pressupõe que as cartas contenham a verdade e, portanto, a maneira como elas caem em uma leitura não é de forma alguma um mero acaso. Pessoas que preferem não acreditar em toda a empreitada vão apontar que, se você embaralhar as cartas novamente, outra mensagem surgirá. Em resposta, os leitores de Tarô, eu inclusive, vão insistir veementemente em dizer que a mensagem será muito parecida, mesmo que se tirem cartas ligeiramente diferentes. Agora, isso de fato acontece, e com frequência muitas das mesmas cartas aparecem na segunda leitura, mas talvez essa não seja a questão principal. Talvez devêssemos reconhecer que corremos um risco toda vez que embaralhamos as cartas. Talvez, em vez de procurar alguma agência secreta que controle o resultado (o Eu Superior, a sincronicidade, o inconsciente, o mundo espiritual) devêssemos brincar com a ideia de que *nada* controla as cartas, e é justamente essa falta de controle, esse jogo, que torna possível a descoberta de uma nova sabedoria.

Portanto, para encerrar essa caminhada pelo caminho esotérico, vamos brincar um pouco com essa tradição do Tarô mais venerada de todas: os Arcanos Maiores propriamente ditos.

✳ ✳ ✳

Os Arcanos Maiores chegam até nós em uma sequência numerada e, com o passar do tempo, essa sequência se tornou uma parte vital da interpretação das cartas. A maioria dos comentadores do Tarô não observa apenas o Mago por suas qualidades individuais, mas como a carta número 1, o início da jornada. Vimos que, para os Cabalistas, a ordem das cartas determina qual caminho cada uma ocupa na Árvore da Vida. E, no entanto, parte da glória do Tarô reside no fato de que ele é composto de *cartas*, não é um livro encadernado. Em vez de uma sequência fixa, elas formam na verdade uma ordem completamente nova cada vez que as embaralhamos.

A sequência, na verdade, sempre foi tema de questionamentos. Alguns Tarôs muito antigos não seguem a ordem estabelecida no Tarô de Marselha. As cartas mais antigas conhecidas por nós nem sequer têm números. Existe até mesmo a dúvida se sempre foram 22 cartas. À medida que a tradição esotérica se desenvolvia, as pessoas começaram a discutir qual seria a sequência correta. Éliphas Lévi, como vimos no último capítulo, posicionava o Louco quase no final do *deck*, enquanto a Aurora Dourada o posicionava no início. Lembre-se de que os magos da Aurora Dourada também trocaram os números da carta da Justiça e da Força.

No entanto, uma coisa que alinhava todas essas mudanças é a insistência em uma boa razão, mesmo que, ocasionalmente, a razão dada seja uma revelação divina ou informações canalizadas de espíritos desencarnados. As pessoas discutem, muitas vezes com veemência, por causa dessas mudanças. Sua nova ordem, elas dirão, *explica tudo*. Todas as leis do universo se encaixarão quando aceitarem a disposição que elas deram às cartas. Poucas pessoas consideraram que poderíamos abandonar toda a sequência, *sem nenhum motivo que não seja ver o que acontece se fizermos isso*. Se chamamos o Tarô de *instrumento* da nossa sabedoria, por que esperaríamos que ele tocasse apenas uma música, não importa o quanto seja primorosa? Por que não deixar que as próprias cartas improvisem novas composições?

Vamos imaginar, por um instante, que o Tarô realmente venha do Deus de Tudo que Vale a Pena Saber. Se Thoth tivesse desejado dar a seus discípulos originais uma sequência fixa de símbolos, ele teria entregado a eles uma única tabela ou um livro encadernado. Em vez disso, ele lhes deu cartas, e cartas, ao contrário da maioria dos textos sagrados e/ou mensagens divinas, não precisam permanecer na sua ordem original. Que outros Arcanos Maiores, ou que Arcanos Maiores alternativos, você poderia obter se pegasse as 22 cartas dos Arcanos Maiores, as embaralhasse e as dispusesse em uma nova sequência?

As pessoas chamam a sequência padrão de "Jornada do Louco" porque a carta principal, do Louco, mostra um viajante despreocupado. Eu não tenho o desejo de descartar o significado dessa jornada ou diminuir as percepções profundas que surgiram de sua contemplação. O capítulo anterior nos deu alguns vislumbres das maravilhas que podemos encontrar na sequência tradicional. E, ainda assim, ela continua sendo apenas uma sequência possível, um conjunto de Arcanos Maiores em uma vasta gama de possibilidades. (Para obter o número real de sequências possíveis usando todas as 22 cartas dos trunfos, multiplique $22 \times 21 \times 20 \times 19$ e assim por diante. Eu não fiz isso, mas garanto que seria um número *muito* grande.)

Se embaralhássemos as cartas e a primeira carta, a carta temática, passasse a ser a Sacerdotisa, poderíamos chamar os Arcanos Maiores como um todo de "A Meditação da Sacerdotisa" e vê-la como uma vasta visão meditativa. Na verdade, existem muitas Jornadas do Louco possíveis, para todas as diferentes sequências numéricas que poderiam começar com a carta 0.

Como os músicos de *jazz* sabem há muito tempo, até as improvisações mais livres funcionam melhor se tiverem uma estrutura. Para auxiliar nossas interpretações, podemos seguir qualquer um dos padrões descobertos pela primeira vez na ordem tradicional. Existem muitos desses padrões, provavelmente um para cada intérprete, e qualquer um deles nos dará uma maneira de entender as cartas. Poderíamos examinar a Árvore da Vida, por exemplo, em todas (ou qualquer) de suas variações históricas ou ocultistas.

Ou poderíamos usar diferentes mitos e histórias como diretrizes. Como descrevi nos capítulos anteriores, minha própria estrutura favorita para os Arcanos Maiores coloca o Louco fora do baralho, como a carta focal, e depois dispõe o restante em três fileiras de sete cartas. Ao longo dos anos, trabalhando com esse padrão, as diferentes posições adquiriram significados claros. Eis, mais uma vez, o padrão:

A carta inicial, o Louco na versão padrão, torna-se a carta temática. Cada uma das três linhas abaixo dele tem a mesma estrutura. As duas primeiras cartas estabelecem as questões básicas daquela linha. Por exemplo, na sequência padrão, o Mago e a Sacerdotisa simbolizam os opostos básicos da vida (ativo e imóvel, luz e escuridão, fala e silêncio, consciente e inconsciente). As três cartas do meio mostram o "trabalho" dessa linha: as questões que devemos enfrentar se quisermos compreender a mensagem das cartas, e especialmente se quisermos experimentá-las e dar sentido a elas em nossa vida. A Imperatriz, o Imperador e o Hierofante simbolizam tais tríades como natureza, sociedade e tradição; ou mãe, pai e educação; ou Deusa, Deus e Sacerdócio.

Em cada linha, a carta que está exatamente no centro apresenta um teste ou uma crise. O Imperador é uma carta difícil para muitas pessoas. Ele nos confronta com a sociedade, com regras e restrições. Algumas pessoas podem ver o pai como alguém distante e arredio, ou severo e crítico. Se quisermos reconhecer o Imperador em nós mesmos, temos que estabelecer limites e organizar a nossa vida. Precisamos aprender a reivindicar e defender nosso território. Como os fãs do Tarô são em geral pessoas empáticas e amorosas, tendemos a evitar a aparente frieza do Imperador. Mas, se quisermos percorrer as várias etapas, temos que entrar num acordo com o Imperador e suas estruturas.

As duas cartas finais representam as conquistas da linha. A sexta carta mostra uma experiência direta que obtemos depois de realizar o trabalho,

Do Tarô Waite-Smith:
Fileira 1: O Louco.
Fileira 2: Mago Sacerdotisa Imperatriz Imperador Hierofante Enamorado Carro.
Fileira 3: Força Eremita Roda da Fortuna Justiça Pendurado Morte Temperança.
Fileira 4: Diabo Torre Estrela Lua Sol Julgamento Mundo.

enquanto a sétima indica algo que podemos nos tornar. Em outras palavras, ao passar pelo trabalho de vida da Imperatriz, do Imperador e do Hierofante, o Louco chega a experimentar a paixão do Enamorado e assumir a *persona* bem-sucedida do Carro.

As outras duas linhas repetem o mesmo padrão, seguindo para níveis mais profundos de conhecimento e sabedoria. Como vimos na sequência padrão, a segunda linha pode reverter muitos dos valores da primeira, à medida que a pessoa olha para dentro de si e abre o coração. A primeira linha refere-se a desafios exteriores, a segunda, à exploração interior. A terceira, portanto, vai além do pessoal, na direção de princípios maiores e até da libertação da alma.

Nem toda nova versão dos Arcanos Maiores produzirá as profundas percepções da estrutura tradicional. Estudantes esotéricos têm estudado e refletido sobre esse padrão por mais de duzentos anos e o relacionaram a conceitos espirituais que remontam a milhares de anos. No entanto, a novidade tem seu valor também, como mostra a imensa quantidade de novos Tarôs que surgem quase todos os dias.

Com as três linhas (ou qualquer outro sistema estrutural) em mente, podemos embaralhar os Arcanos Maiores e arriscar para saber o que encontraremos. Existem duas maneiras de se fazer isso. Você pode embaralhar as 22 cartas e colocar a carta inicial como tema. Se a primeira carta que você virar for a Justiça, você terá um Arcano Maior da Justiça, com o qual aprenderá sobre as questões, desafios e experiências de vida que surgem desse tema. Se a carta for a Força, você aprenderá quais testes e recompensas surgem à medida que aprendemos a ser espiritualmente fortes. E se a primeira carta que virarmos for o Louco? Bem, então teremos uma *nova* Jornada do Louco.

O segundo método nos permite examinar um tema escolhido. Suponha que você se sinta desafiado por questões de amor e relacionamento. Você poderia separar a carta do Enamorado, misturar os outros 21 Arcanos Maiores e dispô-los em fileiras de sete cartas abaixo da carta do Enamorado. O padrão ilustria a questão do amor em sua vida.

Aqui está um exemplo do primeiro método, embaralhando todas as 22 cartas. O Tarô usado foi o *Shining Tribe*, meu Tarô padrão para sabedoria espiritual.

A carta temática é o Carro. Assim como o Louco, ele sugere uma jornada, mas o Louco age instintivamente, ao passo que o Condutor do Carro o conduz com consciência e propósito. Poderíamos descrever a questão básica como o modo com que nos tornamos assertivos no mundo ou como expressamos nossa vontade. O que segue é uma breve interpretação.

A primeira linha começa com o Imperador e a Justiça. O Imperador nos diz que, para conduzirmos nosso Carro na vida, precisamos ser fortes e estabelecer limites. Mas também precisamos agir com Justiça, pois, se não agirmos de maneira justa e honrada, o Imperador pode se tornar um tirano. As três cartas de trabalho são a Espiral da Fortuna (Roda da Fortuna nas cartas tradicionais), a Sacerdotisa e a Força. Um Condutor determinado precisa saber se ajustar às reviravoltas do destino. Ele precisa de Força interior para dar profundidade real à vontade direcionada para o exterior. No entanto, o teste crucial é a Sacerdotisa, símbolo de mistérios interiores, pois o Carro tende a voltar toda a sua atenção para fora.

Depois de ter realizado esse trabalho, experimentamos o Mago, ou seja, a criatividade mágica da vontade direcionada. Curiosamente, na sequência padrão, o Mago inicia a linha e o Carro a termina. Ambas as cartas envolvem o desenvolvimento da vontade e seu uso. Se a vontade deve se tornar o tema desses novos Arcanos Maiores, então faz sentido que o Mago ocupe o lugar do que podemos experimentar. Após o Mago, a carta do que podemos nos tornar nos traz o Mundo. A carta saiu do final da *terceira* linha para ocupar um lugar no final da primeira. Ela equilibra o poder exterior do Carro com um significado espiritual.

A segunda linha explora um nível mais interior. A Temperança e a Morte são ambos desafios para o Condutor do Carro. A primeira exige calma e equilíbrio, enquanto a segunda nos confronta com a perda. Ambas envolvem a entrega do controle. Curiosamente, as duas cartas trocaram suas posições usuais. Ou seja, na sequência padrão, a Morte está na sexta posição da

Do Tarô Shining Tribe
Linha 1: Carro.
Linha 2: Imperador Justiça Espiral Sacerdotisa Força Mago Mundo.
Linha 3: Temperança Morte Enamorado Eremita Louco Estrela Tradição.
Linha 4: Torre Sol Diabo Lua Mulher Enforcada Imperatriz Despertar.

segunda linha, seguida pela Temperança. Aqui, a Temperança vem primeiro e a Morte, depois. Na sequência de trabalho dessa linha, tanto o Enamorado quanto o Louco incitam o Condutor do Carro a abandonar ainda mais o controle. O Eremita, como o teste central, requer que o Condutor do Carro entre no estado descrito pela carta diretamente acima dele, a Sacerdotisa. O Condutor do Carro deve aprender a direcionar a atenção para dentro. Tendo seguido esse tema de entrega, o Condutor do Carro encontra um retorno à consciência na Estrela. Por meio desse retorno, as verdades espirituais da Tradição (Hierofante em Tarôs tradicionais). O Condutor do Carro *se torna* a Tradição, um mestre de sabedoria espiritual.

A última linha explora ainda mais esses temas. A Torre e o Sol são opostos. A primeira simboliza momentos em que tudo parece desmoronar, a segunda representa momentos de simplicidade e prazer. Ambos são muito intensos, cheios de energia. Eles criam uma espécie de dualidade de poder. Se o Condutor do Carro quiser ir além da vontade pessoal, ele precisa lidar com essa energia universal.

As cartas de trabalho dão prosseguimento à intensidade. Nesse nível mais profundo, o Condutor do Carro precisa confrontar seu sombrio Diabo e encontrar os valores mais elevados da Árvore da Vida na Mulher Pendurada (ou Homem Pendurado). No meio disso, o Carro tem que ser conduzido através da meia-luz da Lua, a carta do instinto profundo. Observe a conexão entre as cartas de cada linha. A Sacerdotisa, o Eremita e a Lua estão todos voltados para dentro. Eles testam o Condutor do Carro ao levá-lo a lugares profundos onde uma vontade direcionada para fora simplesmente não é suficiente. Observe também que a Lua apareceu aqui em seu lugar habitual. Para qualquer viajante, seja um Louco ou um Condutor do Carro, a Lua significa uma passagem estranha e difícil.

Lembre-se também que esse foi um embaralhamento aleatório e, no entanto, as três cartas centrais, a Sacerdotisa, o Eremita e a Lua, são todas semelhantes e certamente todas elas são um teste para a vontade direcionada para fora do Condutor do Carro.

As últimas duas cartas permitem que o Condutor do Carro, inicialmente focado no sucesso, desfrute das maravilhas da paixão pura da Imperatriz, seguidas por um Despertar espiritual. No capítulo anterior, examinamos a ideia de que precisamos do Louco uma vez mais entre o Despertar e o Mundo, para que possamos saltar livremente para o estado de ser puro. Algo semelhante acontece aqui. Na Imperatriz, o Condutor do Carro alcança um estado de êxtase. Do ponto de vista mitológico, ele habita dentro do próprio corpo da Grande Mãe. Mas isso não é o fim. O Condutor do Carro precisa retornar mais uma vez ao mundo exterior, simbolizado na carta do Despertar pela cidade, com suas 22 luzes e 22 janelas. Para isso é preciso *vontade*, mas uma vontade agora além das preocupações pessoais. A partir da experiência da Imperatriz, o Condutor do Carro descobriu a alegria divina. Para despertar plenamente, o próprio Carro precisa ser reconhecido como um veículo de amor divino. Em outras palavras, o Carro precisa reaparecer entre as duas últimas cartas.

Essa tiragem de três níveis segue um padrão específico. Você poderia usar Arcanos Maiores alternativos em qualquer sistema. Se desejar, você pode dispor as cartas na Árvore da Vida e descobrir o que poderia significar, por exemplo, que o Carro agora apareça no caminho entre Kether e Chokmah, o Imperador entre Kether e Binah, e assim por diante. O que importa é a liberdade que as alternativas nos dão para brincar e explorar as cartas de novas maneiras.

Encerraremos este livro com uma imagem de Thoth – com cabeça de íbis, dedicado, brilhante. Imagine o deus, nosso ancestral do Tarô, nosso professor e amigo, de pé tranquilamente, um sorriso nos lábios, embaralhando as cartas muito lentamente.

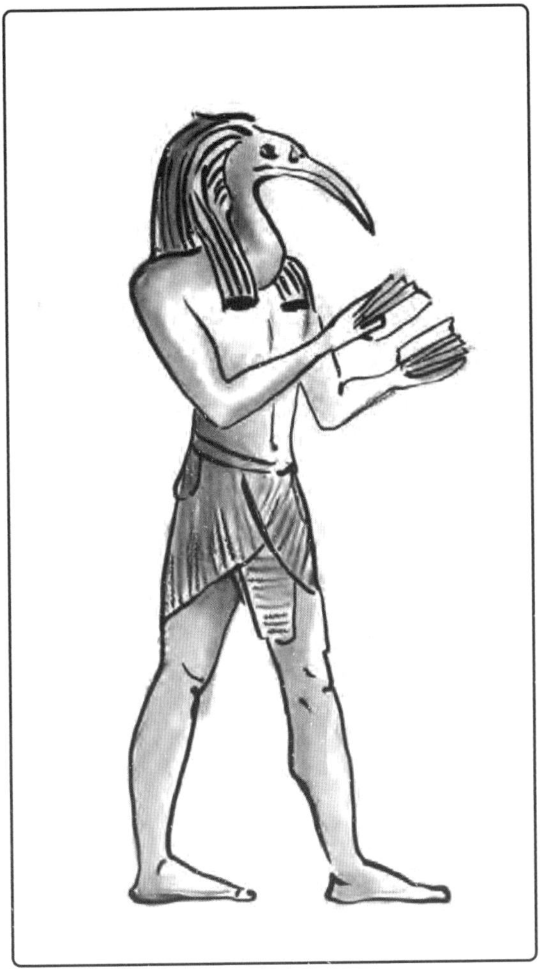

Agradecimentos pelo Uso dos Tarôs

The Brady Tarot [Tarô de Brady], de Emi Brady. © Emi Brady. Usado com permissão. Todos os direitos reservados.

Haindl Tarot [Tarô de Haindl], de Hermann Haindl, usado com permissão da U.S. Games Systems, Inc., Stamford, CT 06902. © U.S. Games Systems, Inc. Todos os direitos reservados.

Motherpeace Tarot [Tarô Motherpeace], de Vicki Noble, usado com permissão da U.S. Games Systems, Inc., Stamford, CT 06902. © por U.S. Games Systems, Inc. Todos os direitos reservados.

The Raziel Tarot [Tarô Raziel], de Robert M. Place com Rachel Pollack. Reproduzido com permissão de Robert M. Place. © Robert M. Place. Todos os direitos reservados. www.robertmplacetarot.com.

The Rider Tarot [Tarô Waite-Smith], de A. E. Waite e Pamela Coleman Smith, publicado em 1909, Londres. Reproduções do original cortesia de Holly Voley, digitalizado para o domínio público.

Sacred Circle Tarot [Tarô Sacred Circle], de Anna Franklin e Paul Mason, é usado com permissão da Llewellyn Worldwide Ltd.

The Shining Tribe Tarot [Tarô Shining Tribe] de Rachel Pollack. Usado com permissão de Rachel Pollack. Todos os direitos reservados.

Tarot of Ceremonial Magick [Tarô Ceremonial Magick], de Lon Milo DuQuette. Usado com permissão de Lon Milo DuQuette. Todos os direitos reservados.

Tarot de Marseilles [Tarô de Marselha], esta versão por volta de 1700. Crédito fotográfico: Isaiah Fainberg/Shutterstock. Usado com permissão apenas para uso editorial.

Tarot of the Spirit, de Joyce Eakins e Pamela Eakins, usado com permissão da U.S. Games Systems, Inc., Stamford, CT 06902. © U.S. Games Systems, Inc. Todos os direitos reservados.

Thoth Tarot [Tarô de Thoth], Aleister Crowley e Lady Frieda Harris. Usado com permissão. © Ordo Templi Orientis e AGM-Urania. Todos os direitos reservados. *Thoth Tarot* é uma marca registrada da Ordo Templi Orientis.

Visconti-Sforza Tarot [Tarô Visconti-Sforza]. "Fortitude, recto." Milão, Itália, por volta de 1480-1500 Pierpont Morgan Library. Manuscrito. M.630.8. Crédito fotográfico: The Morgan Library & Museum, Nova York.

Wheel of Change Tarot [Tarô Wheel of Change], de Alexandra Genetti. Usado com permissão da Destiny Books, um selo da Inner Traditions International, Rochester, VT. © 1997 Alexandra Genetti.

Wirth Tarot [Tarô de Wirth], Oswald Wirth, esta versão de 1889. Direitos: Domínio Público, via Wikimedia Commons.

Leituras Recomendadas

Observe que os muitos Tarôs apresentados neste livro estão relacionados nos "Agradecimentos pelo uso dos Tarôs", na página 315.

Amaral, Geraldine. *Tarot Celebrations*. Red Wheel/Weiser, 1997.

Anônimo. *Meditations on the Tarot*. Element, 1985.

Besserman, Perle. *The Shambhala Guide to Kabbalah and Jewish Mysticism*. Shambhala, 1997.

Black Elk. *The Sacred Pipe*. org. Joseph Epes Brown. University of Oklahoma Press, 1953.

Boer, Charles. *The Homeric Hymns*. Swallow Press, 1970.

Calasso, Roberto. *The Marriage of Cadmus and Harmony*. trad. Tim Parks. Alfred A. Knopf, 1993.

Calvino, Italo. *The Castle of Crossed Destinies*. Harcourt, Brace, Jovanovich, 1976.

Campbell, Joseph. *The Hero with a Thousand Faces*. Bollingen, 1949. [*O Herói de Mil Faces*. São Paulo: Cultrix, 1989.]

Campbell, Joseph. *The Inner Reaches of Outer Space*. Harper and Row, 1986.

Case, Paul Foster. *The Tarot*. Builders of the Adytum, 1974.

Chatwin, Bruce. *The Songlines*. Penguin, 1987.

Chilton, Bruce. *Rabbi Jesus*. Doubleday, 2000.

Critchlow, Keith. *Time Stands Still*. St. Martin's, 1980.

Crowley, Aleister. *The Book of Thoth*. U.S. Games Systems, 1977.

Decker, Ronald, Thierry DePaulis e Michael Dunmiett. *A Wicked Pack of Cards*. St. Martins, 1996.

Diller, Annie. *For the Time Being*. Knopf, 1999.

Dummett, Michael. *The Game of Tarot*. U.S. Games Systems, 1980.

DuQuette, Lon Milo. *Tarot of Ceremonial Magic*.

Eliade, Mircea. Shamanism. trad. Willard R. Trask, Bollingen, 1964.

Ellis, Normandi. *Awakening Osiris*. Phanes Press, 1988.

Fairfield, Gail. *Choice-Centered Tarot*. Newcastle, 1985.

Giles, Cynthia. *The Tarot: History, Mystery, and Lore*. Paragon House, 1992.

———. *The Tarot: Methods, Mastery, and More*. Simon & Schuster, 1996.

Gleason Judith. *Oya: In Praise of the Goddess*. Shambala, 1987.

Gray, Eden. *The Tarot Revealed*. Inspiration House, 1960.

Greer, Mary K. *The Complete Book of Tarot Reversals*. Llewellyn, 2002.

———. *Tarot for Your Self*. Newcastle, 1984.

———. *Women of the Golden Dawn*. Park Street Press, 1995.

Grimm, Jakob e Wilhelm. *The Complete Grimm's Fairy Tales*. Pantheon, 1944.

Huson, Paul. *The Devil's Picturebook*. G. P. Putnam's Sons, 1971.

Kaplan, Rabbi Aryeh. *The Living Torah*. Maznaim, 1981.

Kaplan, Stuart. *The Encylopedia of Tarot*. Vols. 1-3, U.S. Games Systems, 1978, 1986, 1990.

Karcher, Stephen. *Ta Chuan: The Great Treatise*. St. Martin's Press. 2000.

———. *The Illustrated Encyclopedia of Divination*. Element, 1997.

Karcher, Stephen e Rudolf Ritsema. *I Ching*. Element, 1994.

Kerenyi, Carl. *Eleusis: Archetypal Image of Mother and Daughter*. Princeton, 1967.

Kliegman, Isabel Radow. *Tarot and the Tree of Life*. Quest, 1997.

Kusher, Lawrence. *Honey from the Rock*. Harper and Row, 1977.

Lao Tzu. *The Tao Te Ching*, trad. Gia-Fu Feng e Jane English. Vintage, 1989.

Moakley, Gertrude. *The Tarot Cards Painted by Bonifacio Bembo*. New York Public Library, 1966.

Nichols, Sallie. *Jung and Tarot*. Samuel Weiser. 1981. [*Jung e o Tarô*. São Paulo: Cultrix, 1988.]

O'Neill, Robert V. *Tarot Symbolism*. Fairways Press, 1986.

Opsopaus, John. *Guide to the Pythagorean Tarot*. Llewellyn, 2001.

Patai, Raphael. *The Hebrew Goddess*. Avon, 1967.

Pollack, Rachel. "Aphrodite: Transsexual Goddess of Passion." *In* Spring 57. *Spring Journal*, 1995.

———. *The Body of the Goddess*. Element, 1997.

———. "Breaking the Will of Heaven." *In* Spring 60. *Spring Journal*, 1996.

———. *Complete Illustrated Guide to the Tarot*. Element, 1999.

———. "The Four Rabbis Who Entered Paradise." *In* Spring 66, *Spring Journal*, 1999.

———. *The New Tarot*. Aquarian, 1989.

Pollack, Rachel. *Seventy-Eight Degrees of Wisdom*. Weiser Books, 1980, 1983, 1997. [*Setenta e Oito Graus de Sabedoria:* Uma Jornada de Autoconhecimento Através do Tarô e seus Mistérios. São Paulo: Pensamento, 2022.]

———. *Shining Tribe Tarot*. Llewellyn, 2001.

———. *Shining Woman Tarot*. Thorsons, 1994.

———. *Tarot Readings and Meditations*. Aquarian, 1986. (Título anterior: *The Open Labyrinth*.)

Pollack, Rachel e Caitlin Matthews. *Tarot Tales*. Random Century, 1989.

Rosenberg, David. *Dreams of Being Eaten Alive: The Literary Core of Kabbalah*. Harmony House, 2000.

Scholem, Gershom. *Major Trends in Jewish Mysticism*. Schocken, 1941.

———. *On the Kabbalah and Its Symbolism*. Schocken, 1965.

Schwartz, Howard. *Gabriel's Palace: Jewish Mystical Tales*. Oxford University Press, 1993.

Teutsch, Rabbi David A., org. *Kol Haneshamah, The Reconstructionist Prayerbook*, Terceira edição. The Reconstructionist Press, 1994.

Thompson, William Invin. *Imaginary Landscapes*. St. Martins Press, 1989.

———. *The Time Falling Bodies Take to Light*. St. Martin's, 1981.

Waite, Arthur Edward. *The Pictorial Key to the Tarot*. William Rider and Son, 1911. [*A Chave Ilustrada do Tarô de 1911*, publicado na Parte Dois de *O Tarô Original Waite-Smith 1909*, de Sasha Graham, Arthur E. Waite e Pamela Colman Smith. São Paulo: Pensamento, 2023.]

Whitman, Wait. *Complete Poetry and Selected Prose*, coord. James E. Miller. Houghton Mifflin, 1959.

Williams, Charles, *The Greater Trumps*. Gollancz, 1932.